PRESCRIPTIVE STRETCHING

実践ストレッチ

痛みを緩和し 損傷を予防する

著者 クリスチャン・バーグ
総監修 高田 治実
監修 前島 洋／佐藤 成登志
翻訳 藤田 真樹子

This publication is written and published to provide accurate and authoritative information relevant to the subject matter presented. It is published and sold with the understanding that the author and publisher are not engaged in rendering legal, medical, or other professional services by reason of their authorship or pubncation of this work. If medical or other expert assistance is required, the services of a competent professional person should be sought.

This book is a revised edition of *Stora Stretchboken*, published in 1994 by Fitnessforlaget.

Acquisitions Editor: Tom Heine;
Managing Editor: Julie Marx Goodreau;
Assistant Editor: Elizabeth Evans;
Copyeditor: Joy Wotherspoon;
Graphic Designer: Jessica Stigsdotter Axberg;
Graphic Artist: Kim McFarland;
Cover Designer: Keith Blomberg;
Illustrator: Erik Bdijer;
Printer: United Graphics
Human Kinetics
Web site: www.HumanKinetics.com

総監修者序文

ストレッチは、多くの医療関連職種で施行されているのみでなく、殆どの人が一般的な健康法として行っている。しかし、何となくストレッチを行っている人が多く、正確に施行できる人は少ないのが現状である。ストレッチは、筋の走行と反対の方向に伸張することによって効果的に施行できるが、強くストレッチを行えば筋に損傷が生じ、人体にとって有害なものとなる。

私は、主に筋の痛み、筋緊張、筋不全、痺れなどを改善するマイオチューニングアプローチを開発し普及活動をしているが、その中でストレッチの指導も行っている。

私のこれまでの経験から、ストレッチは関節ごとに施行するよりも、1つ1つの筋に対して個別に施行する方が理想的であると考えている。それには、筋の起始・停止、走行をイメージし正確かつ適切に筋を伸張できるスキルを身につける必要がある。

しかし、筋の走行を理解していないために筋を効果的に伸張できなかったり、誤った方法で行った為に筋が破壊され、本来の目的を達成できない人が多数いるのが現実である。また、ストレッチに関する本は数多く出版されているが、個々の筋を正確にストレッチする方法について、基礎知識を含めて解説されている本は少ない。

本書は、個々の筋を効果的にストレッチするための案内役を果たすために編集された本である。本書では、基礎知識として筋系、骨格系、関節の生理学が説明されているので、単に技術を身につけるのみでなく、基礎知識に基づいたストレッチを施行できるようになる可能性が高い。また本書では、ストレッチを行う理由、基本原則、ポイント、最小の関節運動で最大の効果を得る方法、してはいけない時、避けるべきエクササイズなどに関しても述べられているので、より効果的に施行するための基礎知識が身に付くのみでなく、ストレッチの適応に関しても学ぶことができる。

疼痛は、ストレッチで改善しても、悪い姿勢によって再発するので、姿勢に対する指導も重要である。特に、医療関連職によるストレッチ施行後は、患者自身で行うコンディショニングに対する指導も重要である。本書は、悪い姿勢が及ぼす影響、良い姿勢の作り方について、脊柱および腹筋を中心に説明しているので、コンディショニングに対するより質の高い指導も行えるようになる。

ストレッチの各論では、図が豊富に使用され筋が図示されているのみでなく、ストレッチの方向も示されているので、学習し易いのみでなく、筋の走行をイメージでき、個々の筋をより正確にストレッチする技術を獲得できる。

また、各論の中の「筋の説明」では、効果的にストレッチを行うために必要な筋の基本的な知識、「よくある間違い」では間違って行い易いストレッチの方法、「コメント」では正確にストレッチを施行するためのポイントが紹介されていることも本書の特徴である。

これらによって、さらに読者の知識の幅が広がり、筋の損傷を生じさせず、より正確で効果的なストレッチの技術を身につけることが可能になる。

以上より本書は、理学療法士、作業療法士、柔道整復師、鍼灸師、マッサージ師、整体師などの医療関連職種およびスポーツ分野のみでなく、すべての人にとって実践的であり有益なものであると考えられる。

翻訳は、非常に分かりやすい文章で表現しているので、読み易く意味を理解し易い本になっている。また、誤った解釈や不適切な語句に対する充分な注意のもとに行っているが、間違いや語訳もあると思われるので、読者の方々に広くご教示をお願いしたい。

高田 治実

目次

総監修者序文　高田治実 iii
はじめに vi
人体の筋および骨 vii

ストレッチングの基礎 1

生理学 2
筋系／骨格系／関節／運動しよう！／運動不足の結果
なぜストレッチをするのか 8
ストレッチの方法 9
ストレッチをしてはいけないとき 12
良い姿勢が身体を支える 16
腹筋／良い姿勢／悪い姿勢

各部位のストレッチ 25

僧帽筋上部 26
胸鎖乳突筋 30
斜角筋 32
後頭下筋 34
肩甲挙筋（バージョン1） 36
肩甲挙筋（バージョン2） 38
大胸筋（バージョン1） 40
大胸筋（バージョン2） 42
小胸筋（立位） 44
小胸筋（座位） 46
僧帽筋中部および菱形筋（立位） 48
僧帽筋中部および菱形筋（座位） 50
広背筋（立位） 52
広背筋（座位） 55
棘下筋（バージョン1） 57
棘下筋（バージョン2） 60
大円筋 62
棘上筋（バージョン1） 64

棘上筋（バージョン2）………………………………… 66
大殿筋……………………………………………………… 68
中殿筋および小殿筋………………………………………70
梨状筋（立位）…………………………………………… 72
梨状筋（座位）…………………………………………… 75
腰方形筋（側臥位）……………………………………… 78
腰方形筋（座位）………………………………………… 81
大腰筋および腸骨筋（股関節屈筋）…………………… 83
大腿直筋（腹臥位）……………………………………… 86
大腿直筋（片膝立ち位）………………………………… 90
大腿筋膜張筋……………………………………………… 92
ハムストリングス…………………………………………95
恥骨筋、長内転筋および短内転筋……………………… 98
薄筋（長内転筋）…………………………………………100
腓腹筋………………………………………………………102
ヒラメ筋……………………………………………………104
前脛骨筋……………………………………………………106
上腕二頭筋…………………………………………………108
上腕三頭筋…………………………………………………110
前腕屈筋群…………………………………………………112
前腕伸筋群…………………………………………………114
長・短橈側手根伸筋………………………………………116

疼痛を緩和するためのプログラム……………118

朝に多く見られる鈍痛および疼痛………………………119

目覚めたときの頭痛／目覚めたときの斜頸／
目覚めたときに腕が動かない／目覚めたときに肩が痛む／
目覚めたときの腰痛

ストレッチング・スケジュール……………………………121

ぎっくり腰／寝違え／頭痛／上背部痛／
腕および手に拡散する肩部痛／肩部痛／
テニス肘およびゴルフ肘／ランナー膝／腰痛

柔軟性および筋バランスの評価……………133

参考文献……………………………………………………135

著者・監修者紹介…………………………………………136

はじめに

人は腰痛のある人と腰痛になる人の２種類に分類することができる

長年、ナプラパシー師として神経筋骨格症状の治療にあたってきたが、ことあるごとに患者から同じ質問が飛び出す、「本当にストレッチが必要なんですか。しなければいけないんですか」と。

絶対こうだという答えはない。例えば、歯を磨かなければいけないのかと言われれば絶対そうではないが、しなければどうなるかを大半の人は分かっている。だが残念なことに、ストレッチや身体のケアを怠るとどうなるかは、実際に身体のどこかに痛みを覚えるまで分からないのである。

痛みが自分の行動と関係していることさえ気づかないこともある。これまで身体の維持管理の必要はなかったが、なぜここへきて痛みが起こったのか。これまで６ヶ月間歯を磨かなかったとして、虫歯に驚いたりするだろうか。痛みは蓄積する。身体は過去20年間のあなたの振る舞いを忘れはしない。

では、ストレッチは必要だろうか。ストレッチングおよびエクササイズは、毎日の身体維持管理の一部であると私は考えている。歯を磨く習慣となんら違いはないのである。

人類も動物も同様に、何らかの形のストレッチングを習慣的に実践してきた。目覚めるときの猫や犬を思い出してほしい。猫や犬は、何か活動を始める前に肩と腰の筋を伸ばす。人間の生活に求められる活動が少なくなる中、動物本能が失われることはありうるのか。もしそうだとしても、この本能はまだ存在している。朝あくびをするとき、腕を広く伸ばし背中を伸ばさないだろうか。

体操選手として過ごしていた10年間は痛みに苦しめられた。腰にはいつも痛みを覚えていた。ぎっくり腰も経験した。体操選手として柔軟性を備えていた私は、自分のことを筋と柔軟性の専門家だと思っていた。後にナプラパシー師の勉強をするうち、存在さえ知らなかった筋があることを知った。

しかし、学生として過ごす間も、腰の痛みは続いた。治療しても痛みはわずかに軽減するだけであった。しばらくして私は、特定の筋を日常的にストレッチングすることで改善が見られることに気がついた。身体の反対側の筋を柔らかく柔軟にしようと私は決めた。すると結果が表れた。近頃では腰痛に悩まされることはない。トレーニング後やケアをさぼった後に痛みを覚え始めると、私は以前にストレッチした同じ筋をストレッチする。そうすると痛みは消える。私が今知っていることを当時知っていれば、体操選手としてどのような演技をしていただろうと、振り返ってみる。１つの筋が健康であるだけで全く違うのである。

このことを、私は患者に体験として伝えている。そしてどの患者にも、自宅で行うエクササイズを１種類処方する。患者が自宅でエクササイズを実践したか否かはすぐに分かる。一緒に行うことで、疼痛の軽減と可動性の向上という望ましい結果を早く得ることができる。

ストレッチングの本や雑誌には奇跡の効果を謳ったストレッチングに満ちあふれている。悲しいことにそれらはどうしてストレッチングをしなければならないのかは教えてくれない。その中のエクササイズは誤りで、危険であることもある。また、その実践に対する説明は不適切で、理解困難で、先ずありえないような内容もしばしば窺える。

本書は便利なツールである。ツールであるからには、扱いに十分な注意を要する。内容をしっかり理解し、図を十分に研究していただきたい。エクササイズは、正しく行ってこそ効果をもたらすのである。

人体の筋および骨

筋のラテン語名は通常、筋の外観や機能を表している。このため、ラテン語の意味を知っておくと便利である。*levator scapulae*（肩甲挙筋）を例に挙げる。*levator* は、「挙げる」を意味する*levatio* に由来する。これを起源とする現代語には、”elevator”（エレベーター）がある。*scapula* はラテン語で「肩甲骨」を意味する。例を挙げればきりがない。いくつかのラテン語の用語に慣れておけば、筋の作用と位置を推定しやすくなる。次に例を挙げる。

Abdominis = 腹部
Abductor = 外方へ動く
Adductor = 内方へ動く
Antebrachii = 前腕
Anterior = 前部
Bi = 2
Brachii = 上腕
Brevis = 短い
Caput = 頭部
Dorsum = 背部

Externus = 外部の
Extensor = 伸展
Femoris = 大腿
Flexor = 屈曲する筋
Infra = 下部
Internus = 内部の
Lateralis = 側方へ
Levator = 挙げる筋
Longus = 長い

Magnus/Major = 大きい／～より大きい
Minimus/Minor = 小さい／～より小さい
Musculus = 筋
Musculi = 筋(群)
Obliquus = 傾斜した
Posterior = 背部
Processus = 突起
Rectus = 真っ直ぐな
Spinae = 脊柱
Supra = 上部
Tri = 3

ストレッチに関する特記事項

本書では、右側のストレッチのみを示している。
当然、左側も同様にストレッチする必要がある。

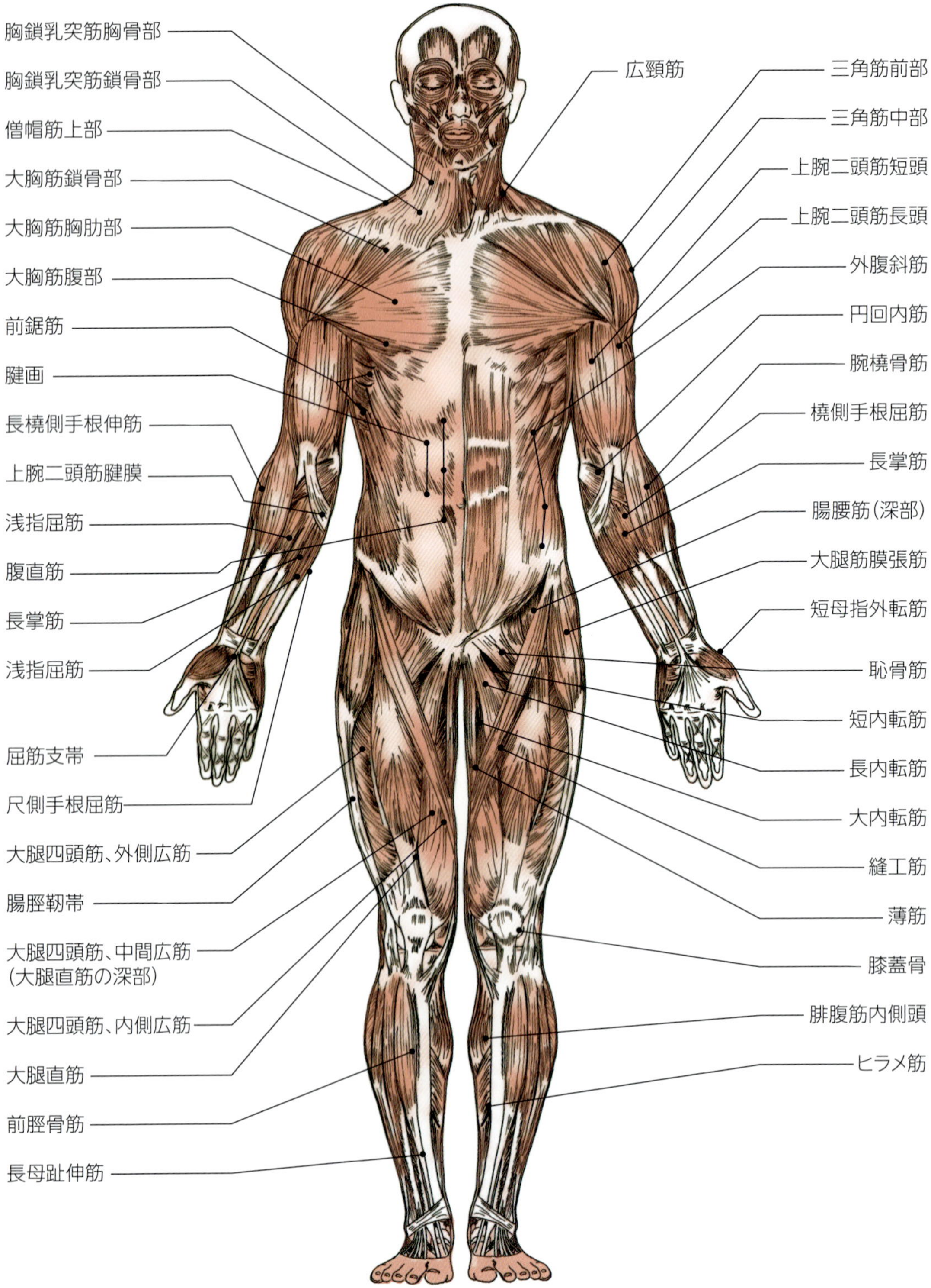
胸鎖乳突筋胸骨部
胸鎖乳突筋鎖骨部
僧帽筋上部
大胸筋鎖骨部
大胸筋胸肋部
大胸筋腹部
前鋸筋
腱画
長橈側手根伸筋
上腕二頭筋腱膜
浅指屈筋
腹直筋
長掌筋
浅指屈筋
屈筋支帯
尺側手根屈筋
大腿四頭筋、外側広筋
腸脛靭帯
大腿四頭筋、中間広筋
(大腿直筋の深部)
大腿四頭筋、内側広筋
大腿直筋
前脛骨筋
長母趾伸筋
広頸筋
三角筋前部
三角筋中部
上腕二頭筋短頭
上腕二頭筋長頭
外腹斜筋
円回内筋
腕橈骨筋
橈側手根屈筋
長掌筋
腸腰筋(深部)
大腿筋膜張筋
短母指外転筋
恥骨筋
短内転筋
長内転筋
大内転筋
縫工筋
薄筋
膝蓋骨
腓腹筋内側頭
ヒラメ筋

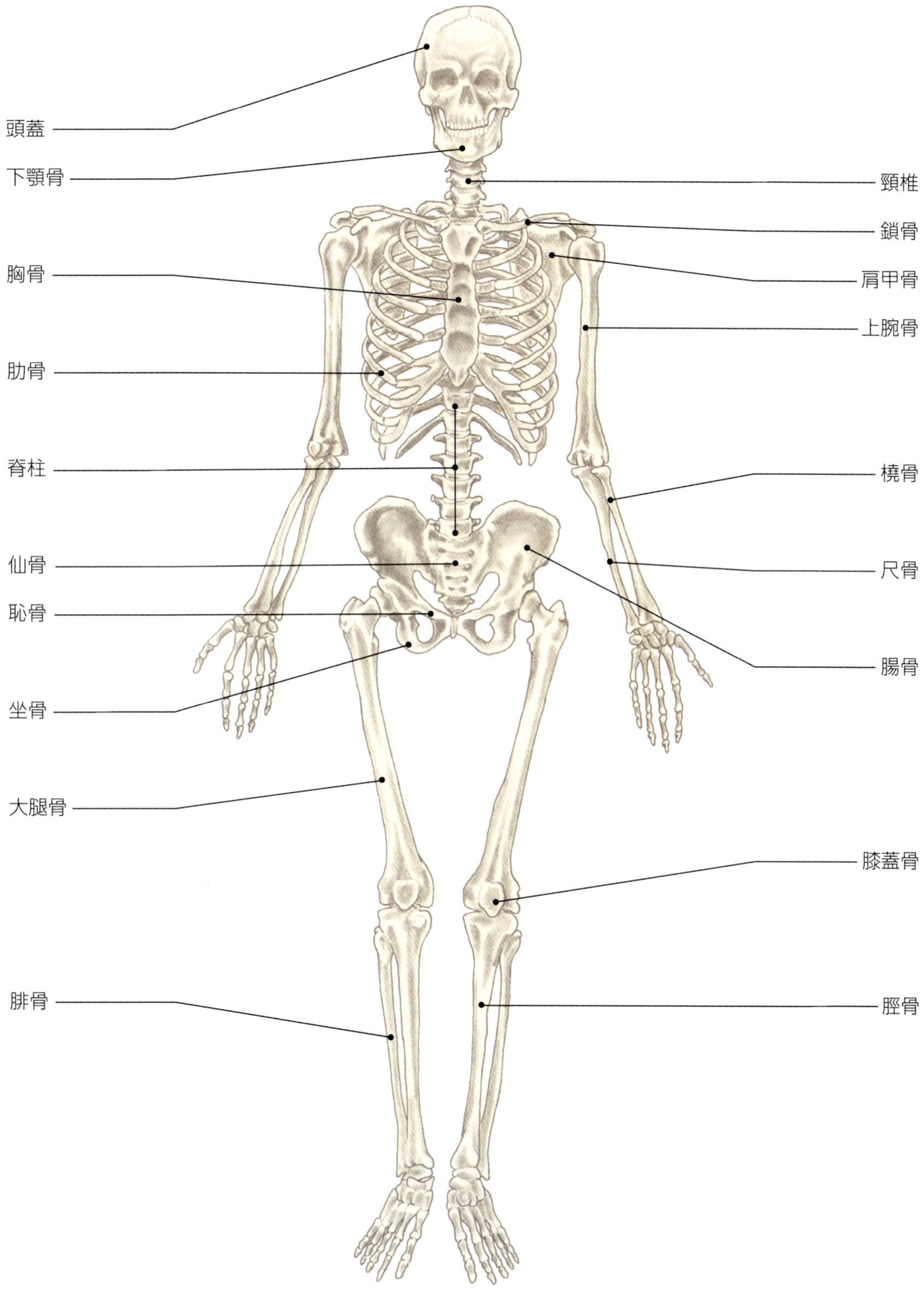
頭蓋
下顎骨
頸椎
鎖骨
胸骨
肩甲骨
上腕骨
肋骨
脊柱
橈骨
仙骨
尺骨
恥骨
腸骨
坐骨
大腿骨
膝蓋骨
腓骨
脛骨

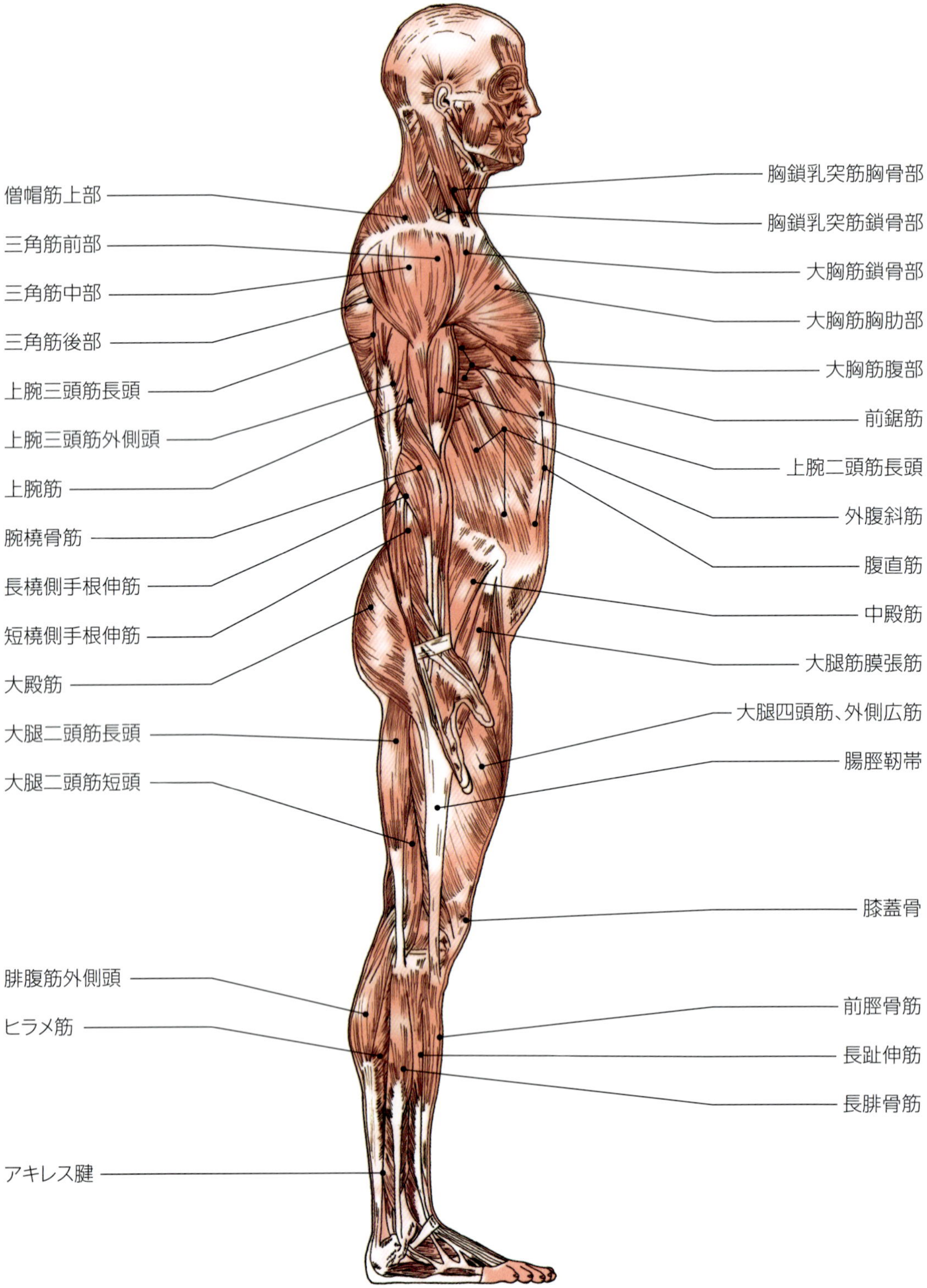
僧帽筋上部
三角筋前部
三角筋中部
三角筋後部
上腕三頭筋長頭
上腕三頭筋外側頭
上腕筋
腕橈骨筋
長橈側手根伸筋
短橈側手根伸筋
大殿筋
大腿二頭筋長頭
大腿二頭筋短頭
腓腹筋外側頭
ヒラメ筋
アキレス腱
胸鎖乳突筋胸骨部
胸鎖乳突筋鎖骨部
大胸筋鎖骨部
大胸筋胸肋部
大胸筋腹部
前鋸筋
上腕二頭筋長頭
外腹斜筋
腹直筋
中殿筋
大腿筋膜張筋
大腿四頭筋、外側広筋
腸脛靭帯
膝蓋骨
前脛骨筋
長趾伸筋
長腓骨筋

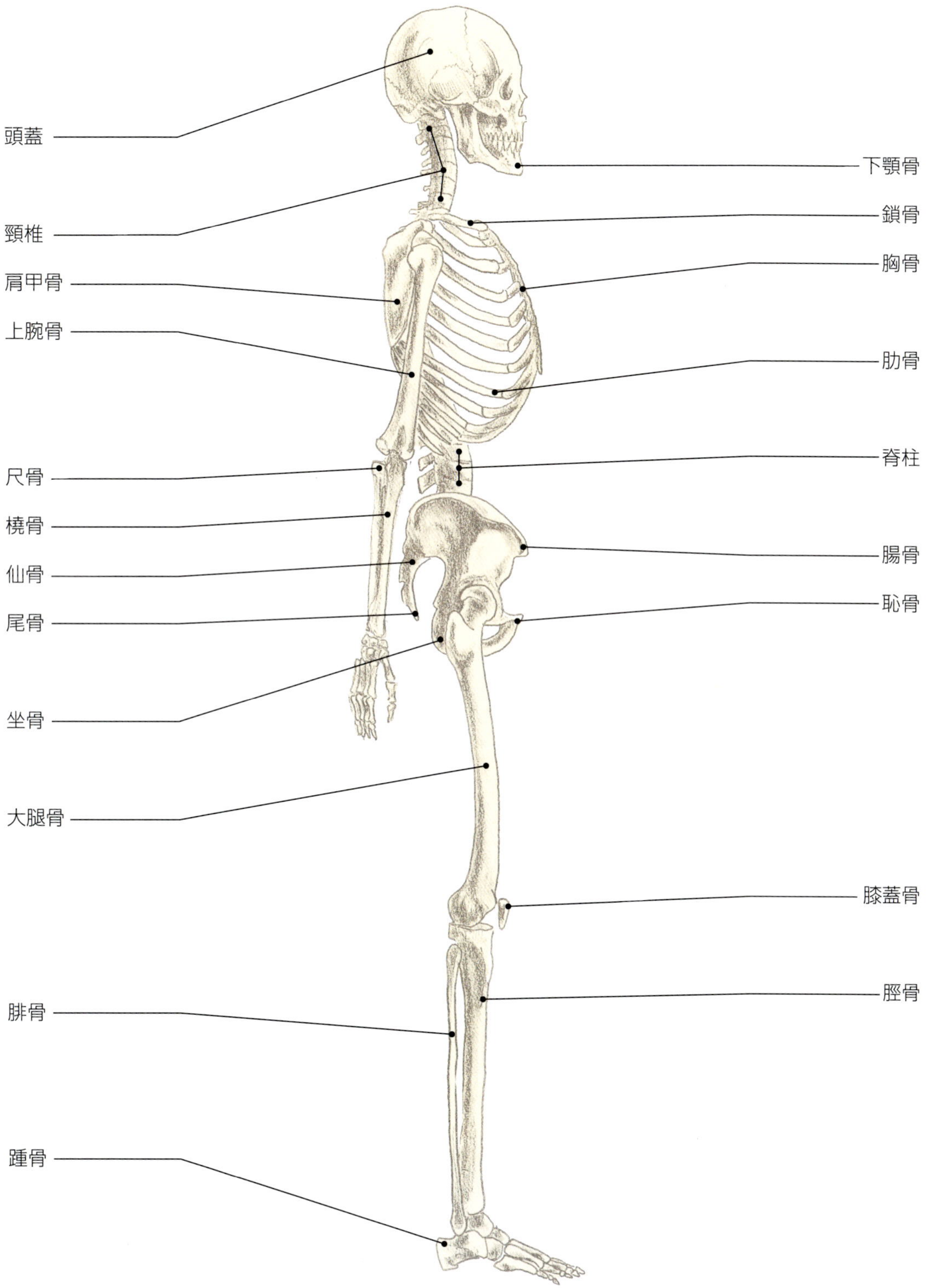
頭蓋
頸椎
肩甲骨
上腕骨
尺骨
橈骨
仙骨
尾骨
坐骨
大腿骨
腓骨
踵骨
下顎骨
鎖骨
胸骨
肋骨
脊柱
腸骨
恥骨
膝蓋骨
脛骨

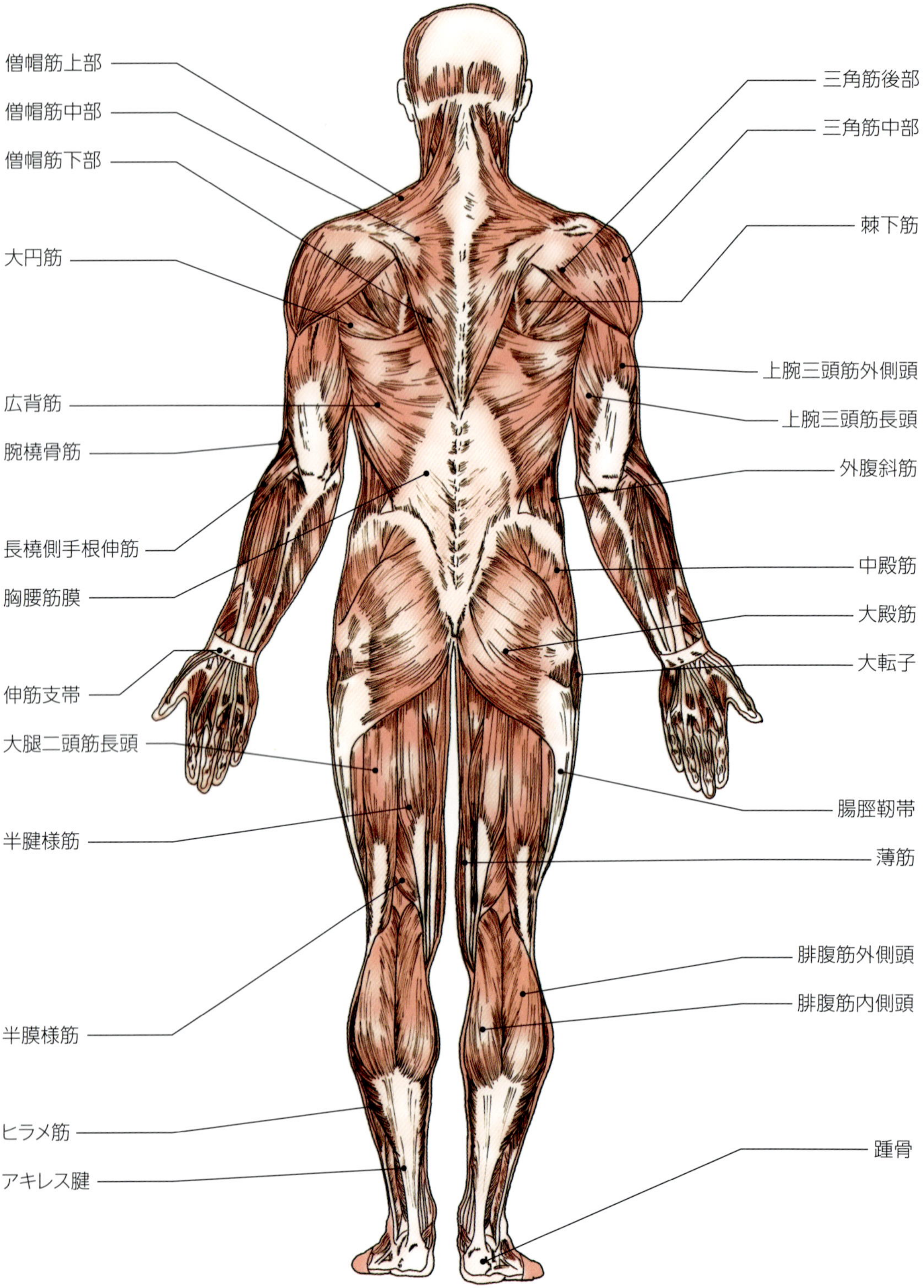

僧帽筋上部
僧帽筋中部
僧帽筋下部
大円筋
広背筋
腕橈骨筋
長橈側手根伸筋
胸腰筋膜
伸筋支帯
大腿二頭筋長頭
半腱様筋
半膜様筋
ヒラメ筋
アキレス腱
三角筋後部
三角筋中部
棘下筋
上腕三頭筋外側頭
上腕三頭筋長頭
外腹斜筋
中殿筋
大殿筋
大転子
腸脛靭帯
薄筋
腓腹筋外側頭
腓腹筋内側頭
踵骨

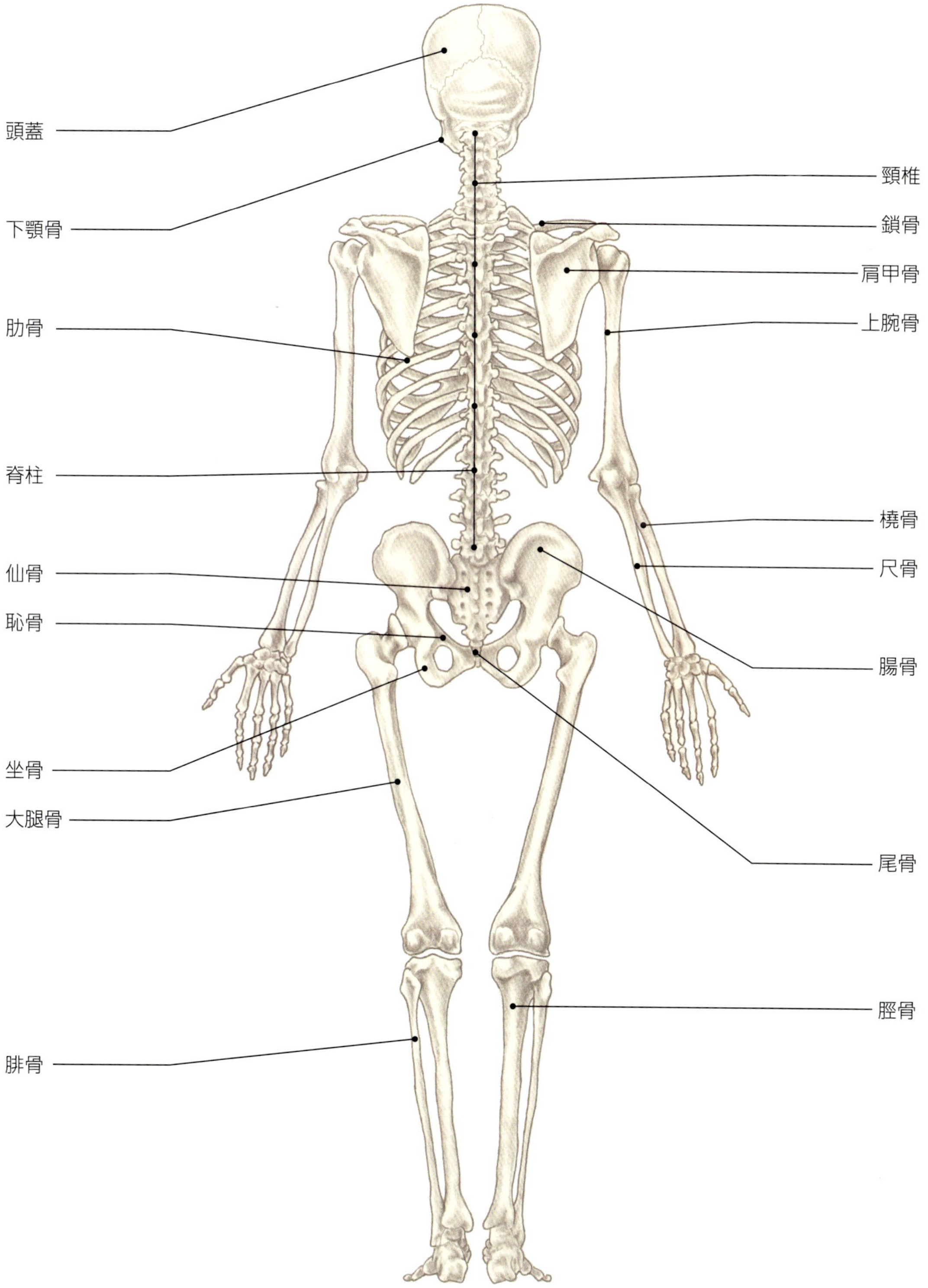
頭蓋
下顎骨
肋骨
脊柱
仙骨
恥骨
坐骨
大腿骨
腓骨
頸椎
鎖骨
肩甲骨
上腕骨
橈骨
尺骨
腸骨
尾骨
脛骨

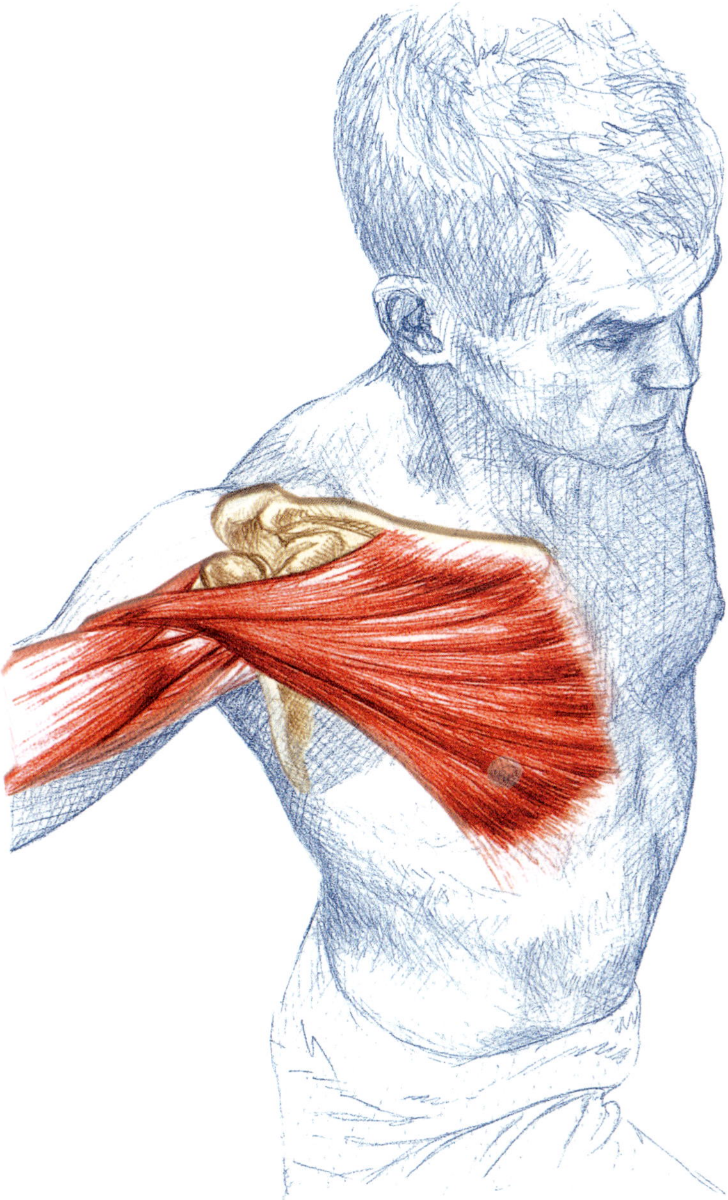

ストレッチングの基礎

生理学

人体とは驚くべき創造物である。視覚や聴覚、循環から、腎臓や心臓まで様々なシステムが、意図するだけですべて機能するのである。最も重要なシステムの１つが、運動、柔軟性、強さ、調整および平衡を制御する運動系である。

この系には、骨、関節、骨格筋が含まれ、いずれも、一生涯健康を維持するための抵抗（の負荷）が必要である。子供のときに積み上げたすべての積み木を大人になっても維持しなければならない。

運動するとき、関連する部位に血流が増加する。血液は、筋が必要とする酸素および他の栄養を運ぶ。また、体温が上がって筋がしなやかになる。身体が次の運動に備えて強くなるよう、筋の抵抗力により成長が促される。身体が適応する機会を持てるよう、抵抗を徐々に増していく必要がある。抵抗が急に増すと、筋に過剰な負荷がかかる。負荷はいずれも相対的である。普段より長時間あるいは頻繁に歩いたり、普段より重いものを持ち上げたりすることなどが含まれる。普段より長時間座ることでも筋肉に過度な負荷を及ぼす。

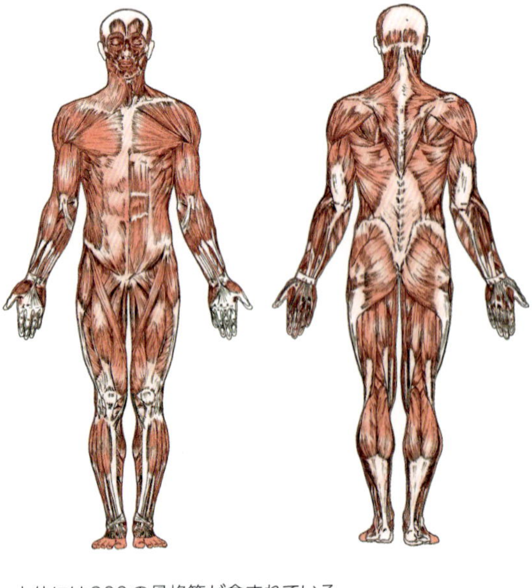

人体には300の骨格筋が含まれている。

徐々に抵抗を増やすことはトレーニングやストレッチなどの間の損傷を防ぐ上で重要である。簡単だとは感じない場合でも、身体は行うすべてのことを記憶する。短期間に何かをしすぎると、身体は痛みを記憶してこの痛みを知らせる。

筋系

身体には関節で運動を作り出すために構成された、約300の骨格筋が含まれている。これらの筋を、引き伸ばされたゴムバンドだと考えてほしい。筋は作用するとき、ゴムバンドのように引っ張られる。筋に弾性があればあるほど、運動は滑らかになる。

何らかの働きをすることを求められない筋は、安静時に強化されることはない。代わりに、ピンと張って短縮すると痛みが起こる。いざその筋を必要とするとき、働くために普段用いられていない筋であるため、すぐに疲労する。その結果、椅子を動かすといった単純な日常動作をするときに腰を痛めてしまう可能性がある。

身体にはバランスが必要である。前側の筋が働くと体のすべてが前へ引かれる。これらの筋が短縮すると、猫背の姿勢になる。このため、真っ直ぐ立つためには、背中の筋も強く長くなるか、あるいは弱く短くならなければならない。最もよいのは、身体の前と後ろの筋が均等に弾性を保ち、バランスを保つために余分なエネルギーを必要としないことである。

身体の反対側（前後または左右）同士の関係は、動作と健康に非常に重要である。

繰り返し収縮した（負荷をかけたときなど）筋は、運動が小さくなるにつれ血流が減り、次第に弾性を失って硬化する。

拮抗筋

拮抗筋は、現在作用あるいは伸張している筋の運動と反対の運動を行う筋である。伸張している筋が肘を屈曲する場合、拮抗筋は肘を真っ直ぐに伸ばす。このため、一連の筋を使って運動を及ぼすとき、張った拮抗筋がその運動に抵抗を及ぼす。大半の損傷を起こすのが拮抗筋であることを知れば、より効果的に運動することができる。例えば、走っているとき、股関節屈筋と大腿四頭筋を使って脚を前に出す。脚を後ろに動かす大腿部の後ろ側の筋は、脚を前に動かすと伸張される。これらの筋が張ると、運動が妨げられる。走る前にこれらの筋をストレッチすることによって、効果的に活動が行える。

短縮した筋とトリガーポイント

筋が作用するとき、副産物が生成される。これらの副産物の1つが乳酸である。長時間荷物を運んだりすると、乳酸の効果が感じられる。まず、筋の燃焼を感じる。だんだん疲労すると、その部位が実際に痛み始める。荷物を手から放すと、血液が筋から乳酸を運び去るため、痛みは消える。

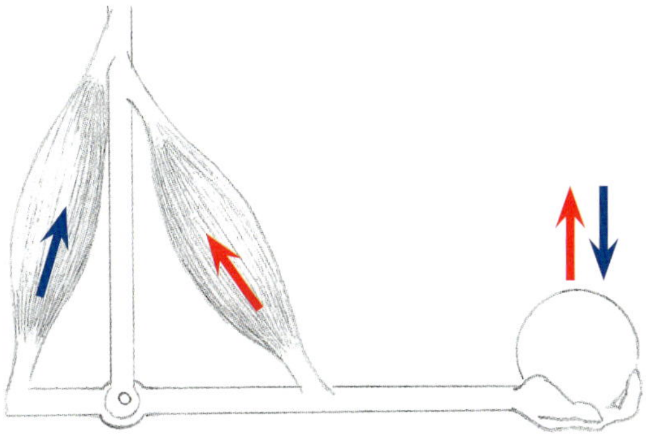

赤い矢印はボールを上げ、青い矢印はボールを下げる。
これらは反対方向に働くため、拮抗筋である。

筋肉が張り締め続けると、乳酸が過剰に生成されるという問題が起こる。現代人は、ストレスのために頸部や肩を持続的に張っている。この習慣も、筋力の低下や短縮した筋への身体の適応により、姿勢の悪化につながる。またこの悪い習慣によって、正しい姿勢で立ったり座ったりしているときの抵抗が増す。この抵抗がさらに筋肉を短縮させる。

トリガーポイントは、分かりやすく言うと、米粒の大きさから豆粒の大きさまで様々な大きさの筋の硬結である。トリガーポイントは身体の局部とその他の部位の両方に痛みを及ぼす。急性のものも潜在性のものもある。例として、肩部、僧帽筋の活動性トリガーポイントは、耳の周辺または額と目の近くのいずれかの部位に頭痛を及ぼす。同じ部位の潜在性トリガーポイントは、押したときに同じ疼痛が起こる。

トリガーポイントは、静的に短縮して硬く張り、乳酸を産生している筋に認められる。休みなく過度に作用する筋にも認められる。トリガーポイントは腕と手や足へと拡散する痛みを作り出す。背中にも局部痛ももたらす。誰でも、いくつかのトリガーポイントが常に同じ場所に痛みを及ぼしている。トリガーポイントは痛みの原因を見つけるために役立つ。ストレッチングは、トリガーポイントを取り除いたり、活動性トリガーポイントを潜在性にしたりするためのよい方法である。

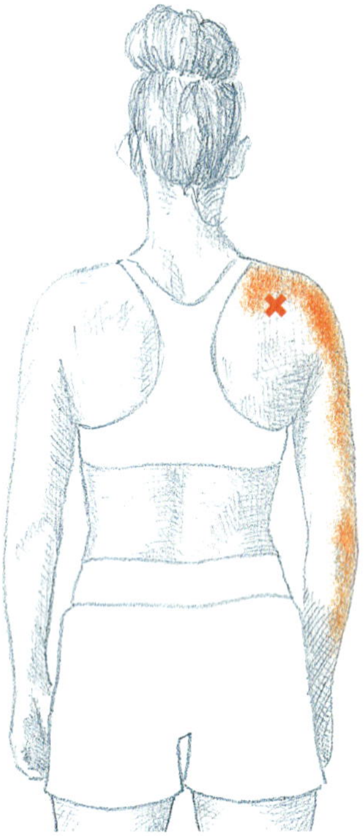

Xはトリガーポイントの位置を示し、
色がついているのは痛みを感じる場所である。
この場所全体が必ずしも痛むわけではない。

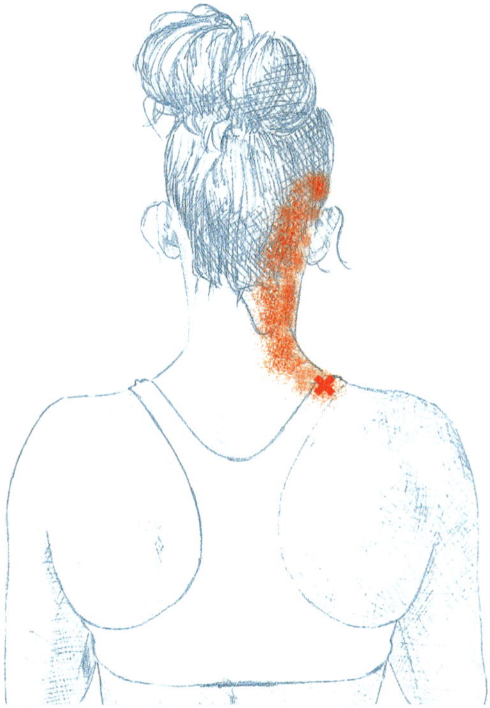

最も一般的な頭痛は
僧帽筋上部のトリガーポイントから生じる。

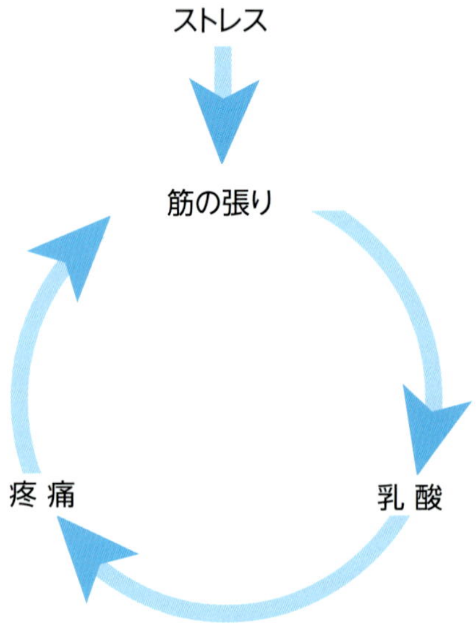

筋の短縮とトリガーポイントの最も一般的な原因は次の通りである

- ストレス
- 不良姿勢
- 静的な負荷
- 座位(基本的な不動)
- 不快な姿勢での長時間の睡眠
- 反復運動(特に頭上での運動)
- 間違った方法でのトレーニング
- 脚を組む
- 鞄をいつも同じ側の肩にかける習慣
- 冷感

骨格系

筋や肺から肝臓、腸に至るまで、身体のすべてのものは骨格によって保たれている。骨格があまりに脆くなれば、バラバラになってしまう。運動と負荷によって骨格を刺激して強化し、夜の間に再形成して次の日の活動に備える。ところが、デスクワークの生活では骨格を強くする必要がない。運動不足によって骨格は再形成をやめ、痩せて耐久性がなくなる。残念なことに、骨格が強化される期間は限られている。骨格の強化は25歳まで起こるが、その後は実質的に骨格を強化することは難しい。なので、子供は一日中家の中でコンピュータやテレビの前に座らせておくのではなく、外に出て走り回らせることが重要なのである。骨格と身体は、安静のためではなく運動のために作られる。

骨折すると、身体が治癒した後、再度傷つかないよう、上に組織の層がさらにできる。

関節

2つの骨をつなぐ関節は、運動系で最も傷つきやすい部位である。骨端は、振動を抑え摩擦を減少する軟骨で覆われている。骨格の他の部分と同様、軟骨にも負荷が必要である。軟骨は生まれてから数年で厚くなる。軟骨に負荷をかけるほど、機能性が高まる。

絶えず開閉する油をささない扉は、キーキーと音を立てる。同じことが関節にも言え、関節には保守と運動が必要である。負荷をかけることは、関節をケアする最適な方法である。可動域の端から端まで関節を動かすと、関節が刺激され、次に使うときにより協調して作用する。

使われない関節は固くなる。ギプスをして12時間経つと、肘関節の可動性は元の機能の30％減少する。

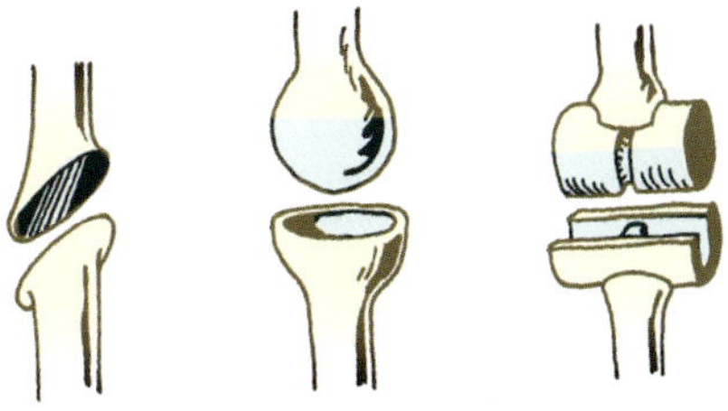

身体の６種類の関節のうちの３つは、
平面関節、球関節、蝶番関節である。
関節の形状によって、行なえる運動が異なる。

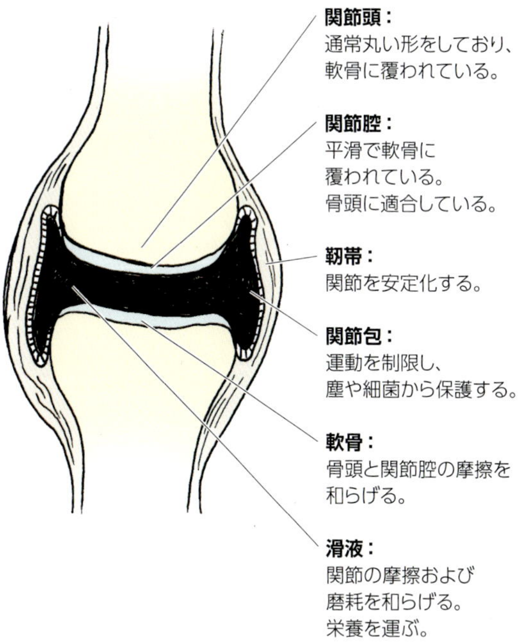
関節頭：
通常丸い形をしており、
軟骨に覆われている。
関節腔：
平滑で軟骨に
覆われている。
骨頭に適合している。
靭帯：
関節を安定化する。
関節包：
運動を制限し、
塵や細菌から保護する。
軟骨：
骨頭と関節腔の摩擦を
和らげる。
滑液：
関節の摩擦および
磨耗を和らげる。
栄養を運ぶ。

1日に30分の運動は、腰と身体全体を保護する最適の方法である。

運動しよう！

残念なことに、椅子やエスカレーター、エレベーターなど、現代人の生活は便利なものに囲まれており、身体に必要な刺激が奪い取られている。1日中休むと、身体は疲れたり怪我をしたりしなくて済むというわけではない。それよりも、健康になる機会も失われてしまう。人間の身体は、週末にリュックを背負って歩くことによって鍛えられる。これは、若い人にも年配の人にも当てはまる。

どのくらい移動したかを知るには、万歩計をつけて歩いた歩数を数えるとよい。だが、脚を動かすだけでなく、身体の他の部位も運動させる必要がある。すべての関節や筋を健やかにするには、日常的に活動する必要がある。身体が健やかであれば、心も健やかになる。

万歩計

1000歩未満：まずは立って歩こう。

1000歩～3000歩：運動不足は健康の大敵。

3000歩～5000歩：まずまず。次は外に出てみよう。

5000歩～10000歩：良好。一般的な歩数。この2倍歩こう。

10000歩以上：優秀 !これだけ歩けば、健康に効果が見え始める。

運動不足の結果

心臓
心臓に負荷をかけることがないと、できる限り最小限の働きしかせず、必要なときに余分に歩くことができなくなる。心臓が弱ると、循環も悪くなる。

筋
使われない筋は衰弱し、必要なときにしっかりと作用できなくなる。腱は負傷しやすくなり、突然の運動により断裂する。メンテナンスされていない筋は弾性が乏しくなり、硬くなる。

関節
身体の軟骨は、若い間に運動により強化される。子供のときに運動不足だと、運動していた場合に比べて軟骨が薄くなる。軟骨が薄いと、関節炎のリスクが高まる。

骨
軟骨と同様、骨は負荷を受けると強くなる。脆弱な骨格の主な原因は運動不足である。骨粗鬆症は高齢者の骨折に最も多い原因である。

循環
運動不足によって毛細血管や小さな血管が退行し、筋やその他の組織への酸素の運搬に支障がでる。

日常生活の中で習慣的に運動をしていれば、多少くつろぐことに何の問題もない。

なぜストレッチをするのか

ストレッチングに関しては多くの研究が行われてきた。残念ながら、それらの研究の大半は適切な方法で実施されていない。だがその後、適切にデザインされたいくつかの研究の結果、継続的なストレッチングによって筋肉が強化され、疼痛が軽減することが分かった。一部の試験では、ストレッチングによって種々のスポーツでの損傷が回避できることが示されている。

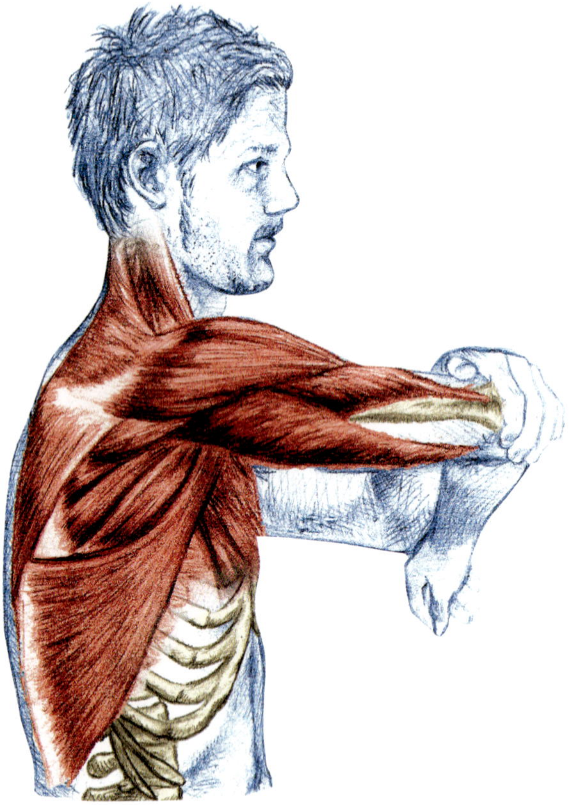

棘下筋のストレッチで、肩の前の疼痛を緩和できる。

一部の所見では、疼痛により筋の化学組成物が変化することが示されている。研究者は、ストレッチングによって筋への血流が増加し、その結果、筋がさらに弛緩すると考えている。循環がよくなると、血液が疼痛を及ぼしている物質を筋から洗い流すことで疼痛が緩和する。

ある研究では、ストレッチングによって可動性が増大するが、用いられる技術や当人の年齢によって異なることが示されている。他の研究では、ストレッチングによって人は疼痛への忍容性がよくなることが示されている。

科学的ではない試験でも、ストレッチが可動性を増大することが示されている。例えば、頸部の急性の不動症状に陥った場合、ストレッチングを行うことで可動域がすぐに改善し、疼痛が和らぐ。しかし、ストレッチングによって筋が伸張されたりさらに弛緩されたりするか否かを科学的に判断することは難しい。いくつかの研究では、ストレッチングによって、筋、特にストレッチされる筋の拮抗筋が強化されることが示されている。これは筋力増強トレーニングを目的とするストレッチングである。広背筋を鍛える場合、胸部の筋をストレッチングすることにより可動性と筋力の両方が増大する。

ストレッチの方法

誤った方法でストレッチングすると、時間の無駄であるばかりか、損傷のリスクが高まる。筋をストレッチするときの事実を認識し、作用する（収縮する）筋の作用と反対の作用を１種類以上行うことに気を配ろう。

筋の機能が肘を曲げることであるなら、これをストレッチするために肘を伸ばす必要がある。筋が股関節を屈曲し、膝を伸ばし、腰の弯曲を大きくする場合は、ストレッチするために股関節の進展、膝関節の屈曲または腰の弯曲を伸ばす必要がある。これらの作用のいずれか１つだけを行うのでは、望ましいストレッチはもたらされない。また、関節の可動性を増大しすぎると、損傷も及ぼしかねない。エクササイズを効果的かつ安全にするために、ストレッチの指示に正確に従うこと。

４つの基本原則

安全にストレッチを行うために、次の４つの基本原則に従う必要がある。すなわち、疼痛を避ける、ゆっくりとストレッチする、正しい筋をストレッチする、必要な関節および筋だけを作用させることである。ストレッチングをより安全で効果的に行い、身体への意識を高めるには、これらの指針に従うことが望ましい。

疼痛を避ける

注意してストレッチすれば、筋は望ましい反応をする。ストレッチを無理やり行うと、筋は思い通りに動かない。痛む箇所をストレッチすると、身体の防御機構が作動し、危険だと判断する。筋が痛みを記憶すると、収縮することによって自己防衛しようとする。これは、ストレッチングによって望むことと反対である。もちろん、不快感が身体全体に広がらないのであれば、ストレッチの間のほんのわずかな痛みは心地よく感じられる。しかし、ストレッチによる筋肉の灼熱感と、損傷を及ぼす疼痛は区別しなければならない。

ゆっくりとストレッチする

腕や脚を投げるようにしてストレッチすると、筋は速く伸張する。このようにすると、身体は、筋が断裂また損傷しそうだと察知する。すると今度は、筋が収縮することで保護しようとし、目的を適えられなくなる。

正しい筋をストレッチする

当たり前のことだが、これを守るには正しいテクニックを用いなければならない。運動する方向のわずかな違いで、筋をストレッチすることにも関節包の上で引き伸ばしてしまい、身体を傷つけることにもなり得る。身体を保護し、時間を有意義に使うためにも、正しく行うことが重要である。

必要な関節および筋だけを作用させる

注意せず適当にストレッチを行うと、他の筋や関節に負の効果を及ぼす場合があり、状況を悪化させることにもなりかねない。よくみられるこの過ちが、ストレッチを効果がないものや痛いものと考えている人がいる主な原因である。

４つの基本原則

疼痛を避ける
ゆっくりとストレッチする
正しい筋をストレッチする
必要な関節および筋だけを作用させる

黄金律

正しくストレッチするには、正しい技術と練習が必要である。その他の原則と同様、練習をすれば完璧になる。運動を開始する際にすべての角度が正しいことを確認する。正しい速度、正しい姿勢で動かさなければならない。筋をストレッチするのに合わせ、できるだけ少しずつ関節が動いていることに注目する。人間の性質として、柔軟で快適に感じられる一番抵抗の少ない、楽な方法をとろうとする。だがそれは最適なストレッチを行う方法ではない。

ポイント

暖かいときと寒いとき、どちらにストレッチするべきか

大半の人は、暖かいときに快適で柔軟だと感じる。だが、最初にウォーミングアップをせずにストレッチはできるだろうか。ストレッチングの基本的な指針に従えば、損傷のリスクは小さい。症状を矯正するために1日10回のストレッチが必要な場合、毎回ウォーミングアップをすることは難しく、また実践的でない場合がある。

運動の前か後どちらにストレッチするべきか

快適に運動し健康を維持する場合、運動の前後と運動中にストレッチをするのが望ましい。重い物を持ち上げる場合、作用している筋ばかりでなく、その拮抗筋もストレッチするとよい。拮抗筋が柔軟でしなやかになれば、ストレッチが行いやすくなり、損傷のリスクが減る。硬く張って短縮したふくらはぎが歩幅に影響している場合が多く、ランニングの間にふくらはぎをストレッチすると、損傷を避けることができる。

1日の日課にする

ストレッチの効果を最大にするには、歯磨きや風呂のように、ストレッチを毎日の習慣にする必要がある。筋はたびたびメンテナンスする必要がある。筋の張りや短縮に関連する問題が起こっている場合は特に必要である。ストレッチをしているときはくだらないと感じるかもしれないが、頭痛や肉離れを防ぐことにつながる。従業員を大事にしている経営者であれば、朝や午後にストレッチングの時間を取らせてくれるだろう。

ストレッチができるために必要なものは何か

ストレッチに必要な器具は何もない。本書のエクササイズはすべて、家や職場、ジムで行えるものである。壁、机、電話帳（上に立って使う）、タオル、アイロン台などを器具として用いる。

黄金律

最小の関節運動で
最大のストレッチを
実施する

実践

ストレッチにはいくつかの方法が存在するが、基本的な考え方は同じである。ストレッチによって筋を伸ばすことが必要である。

最も効果的で安全性の高い方法は、PNF（固有受容性神経筋促通法）法、別名、収縮—解放である。この方法は、身体の自己防衛機構を操るものである。まず、筋が自己の意思に反して作用し始めるまでストレッチする。すると身体は、硬く張って自己防衛するよう筋に働きかける。この体勢を維持すると、筋

は危険である可能性がないと察して、身体は再び弛緩する。

身体の自己防衛を解くために筋を自発的に張ることもできる。PNF法は身体がストレッチに抵抗することがないようデザインされている。最大の効果を得るためには、4つの基本原則を守ることが大切である。

PNF法のステップ

PNF法は6つのパートに分けることができる

正しい開始肢位を確認する。
最終域に達するまでストレッチする。
弛緩する。
筋を動かさずに張る。
弛緩する。
新たな最終域までストレッチする。

3番以降のステップを、エクササイズおよび目的に応じて、3〜6回繰り返す。

最終域

最終域は何らかの理由で運動の止まる位置である。特定の最終域は可動的で、それ以外は固定したものである。筋をストレッチするときは必ず、遅かれ早かれ最終域に到達する。筋にちくりとした感覚や痛みを感じるところで運動を止める。軟部組織(筋および皮膚)と骨の部分がぶつかり合うことでも運動は止まる。PNFストレッチの間は、筋が軽くちくりとするときに最終域に達する。別の種類の最終域に達する場合は、運動を止めてストレッチの方法を正すか、筋のストレッチをいったん休む。ストレッチによっては、他の筋を始めにストレッチしてからでなければ、実施できないものもある。

開始肢位

立位、座位、臥位のいずれか正しい開始肢位からでなければ、効果的にストレッチすることは不可能である。このため、次のストレッチに移る前に、この肢位をしっかり調べることが必要である。ストレッチの開始肢位が難しい場合は、鏡で確かめるか、誰かにチェックしてもらうとよい。開始する前に、指示をじっくりと読んでおかれたい。

ストレッチング

ストレッチングの段階では、軽くちくりとするまで筋を引き伸ばす。効果的に行うために当然、ストレッチはゆっくりと正しい方向を調整して行う(身体の防衛機構を働かせないようにするため)。ストレッチの方向は矢印で示す。

弛 緩

弛緩の段階では、できる限り筋を弛緩しながら、最終域での肢位を維持する。この最終域で、身体が筋を張ろうとしないようにする。自動的に弛緩ができれば、ストレッチはさらに効果的になる。

収 縮

これは、身体の自己防衛を欺くための別の方法である。動かないよう何らかの抵抗(手、床、壁)をかけ、これに対してストレッチされている筋を収縮する。さらに動くことなく収縮すると、身体の自己防衛機構は妨げられる。この段階では、前の段階で感じた軽いちくりとした感じは消える。もし疼痛が増す場合は、最初のストレッチングの段階で引き伸ばしすぎている。うまくいった場合は、新たな最終域感に達するまでストレッチを行うことができる。

ストレッチをしてはいけないとき

ストレッチは大半の場合に効果があるが、特定の状況においては、特別なケアが必要かまたはストレッチを完全にやめておかねばならない。

年齢

当然、子供は大人よりも柔軟である。年をとると、身体は硬くなり、しなやかさや適応性を失う。だからといって、年をとったらストレッチを止めなければいけないということではない。ストレッチによって可動性は向上し、柔軟性は増大するため、年齢によって起こる一部の痛みは防げる。筋に割れ目ができる必要はなく、ただ筋が弛緩できるよう十分動ければよい。ストレッチをすることで、全身の調和が保たれる。年をとるにつれて忘れてはならない最も重要なことは、ストレッチを無理に行わないことである。また、若かったときと同じくらい早く容易に結果が出ると思ってはいけない。

損傷後

特定の損傷の後は、ストレッチをすぐ始めることができる。それ以外の場合は、期間をおいた方が得策である。一般的に、脚の攣りまたはこむら返りが起きてからストレッチを再開するまで48時間あける必要がある。損傷が重度の場合はそれ以上待たなければならない場合もある。足首や膝の捻挫など、損傷が関節に関わる場合は、損傷を診断してもらうまでストレッチングの開始を待つ必要がある。マッサージ師（神経筋骨格症状の専門家）や理学療法士に受診するのが確実である。

肩こりや腰痛など他の急性の損傷や症状では大半の場合、特定の筋のストレッチを始めるのがよい。この種類の損傷では、運動が最も適した治療法である。正しい技術を用いていることを確認すること。

ストレッチングは、反復運動を原因とする損傷にも向いている。反復運動によって、筋は短縮するかまたは硬く張り、腱にまで影響が及ぶ。必ず4つの基本原則に従い、筋のストレッチまたは収縮のいずれかを行うときに疼痛が増す場合は中止すること。

首や腰の筋違い

ぎっくり腰や肩こりになったときの正確な診断はない。これらの苦痛の原因は、筋の痙攣および攣縮から脊椎関節の固定まで（あるいはそれらの複合）多様である。疼痛があり、可動性が低減される何らかの症状は、適切な治療を受けるため正確に診断される必要がある。医師は急性の腰痛を損傷と判断する場合が多いが、この診断だけでは疼痛の特定の位置や原因は分からない。

長年、医師は急性の腰痛に対し2週間ベッドで安静にするよう指導するのが通常であった。近年では、治癒するためには動き続けることが必要であることが分かっている。急性腰痛を発症した人は、マッサージ師、カイロプラクター、理学療法士または医師の診断を受ける必要がある。

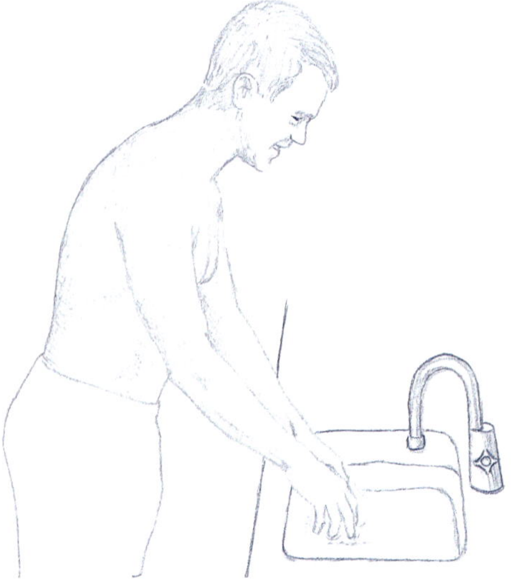

皿洗い時のやや前傾した姿勢が背中に問題を及ぼす場合がある。

過可動性

過可動性とは、関節の可動性が大きすぎる状態を意味する。体操選手、ダンサーあるいは武術を学ぶ人は過可動性になることがある。過可動性は一般的な問題によっても引き起こされる。関節の可動性があまりに大きいと、関節は損傷しやすい。関節と周辺の靭帯も、痛みの信号を送り始めることもある。

面白いのは、関節周辺の筋が短縮していても、関節は過度に運動できることである。従って、過可動性であるからといって必ずしも、筋が弛緩し柔軟であるということではない。関節にこれ以上問題を起こさないために、ストレッチングの基本原則を守る必要がある。技術およびどの筋をストレッチするかによって、過可動性である人がストレッチをするべきか否かは決まる。どのストレッチを行い、健康的なストレッチがどのように感じられるものであるかを知る必要がある。

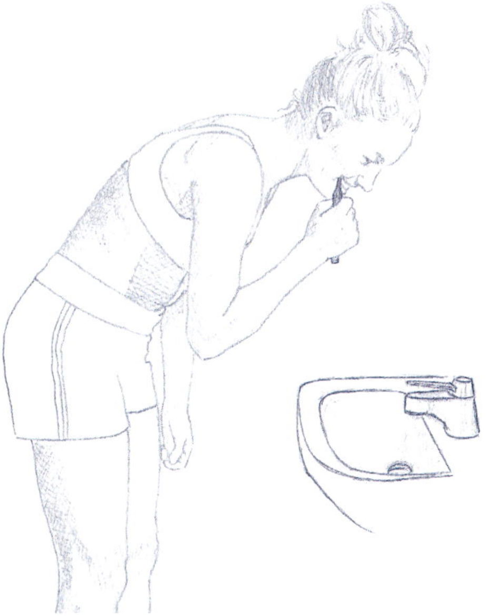

日常の多くの活動が背中を用いるものであり、背中に問題を及ぼす可能性を持つ。
軽い前傾は、背中によい姿勢とは言えない。

妊娠

妊娠中多くの女性が腰痛を経験する。これは主に、胎児の重さが加わることが主な原因だが、負荷が加わることによって筋の短縮も起こる。私がストレッチングのエクササイズを指導したほぼすべての女性が、疼痛の緩和を実感している。

ストレッチングの間または後に骨盤に疼痛を及ぼすことなくストレッチができる場合は、妊娠中にストレッチングを継続することができる。出産直後は、骨盤底の靭帯を再度引き寄せられるようにする必要がある。通常、完全なストレッチングのプログラムを再開できるまで、出産後12週間かかる。妊娠中のストレッチングの方法が分からない場合は、マッサージ師や理学療法士に相談するとよい。

健康上の問題

ストレッチングが身体に負の影響を及ぼすような薬剤や疾患はない。ただし、大量にコルチゾンを摂取した場合は、通常よりも注意が必要である。コルチゾン注入を受けた場合は、その後10日間はその部位のストレッチングを避ける。気になる場合は、医師または医療専門家に相談されたい。

避けるべきエクササイズ

一般に、関節を最大限広げるだけで筋のストレッチが起こらないエクササイズはどれも、よい方法とは言えない。この例としては、臀部に踵の裏をつけて大腿部の前部をストレッチしようとするエクササイズが挙げられる。この場合、膝関節が大きく曲げられるが、当該の筋はそれほどストレッチされない。運動の一部が腰へのストレスも及ぼす。ここでの大きな問題は開始肢位にある。この方法の代わりに、86ページの大腿直筋の背臥位エクササイズを試していただきたい。

次のエクササイズは避ける

- 立位から始め、大腿部の後部をストレッチする
- 立位から始め、大腿部の内側をストレッチする。
- 腹臥位から始め、ふくらはぎを大腿部につけながら大腿部の前部をストレッチする。
- 座位から始め、殿筋をストレッチする。
- 立位から始め、後ろの脚を真っ直ぐ伸ばしながら、股関節屈筋をストレッチする。
- 腕を肩の高さの下で真っ直ぐ伸ばして、胸部をストレッチする。
- 膝立ち位から始め、大腿部の前部をストレッチする。
- 立位から始め、大腿部の前部をストレッチする。
- 立位から始め、上背部を丸めて膝の間で手を交差しながら、肩甲骨の間の筋をストレッチする。

次の症状がみられるときはストレッチを行わないこと

- 骨折後
- 高熱時
- 関節に炎症があるとき
- 筋を被う皮膚に開口創や縫合があるとき

立った状態で大腿部の内側をストレッチする(開脚ともいう)ことはお薦めできない。このエクササイズは膝の内側に負担がかかる。

うつ伏せになって大腿部の前部をストレッチすると、腰を大きく動かすことになる。また、膝関節の運動も最大になる。

背を丸め、脚を過伸展して大腿部の後部をストレッチすると、膝関節と背中の両方に負担がかかる。

殿筋をストレッチするときは、腰をこの図のように丸めるのではなく、アーチ状にするべきである。

後ろの脚を真っ直ぐに伸ばしながら股関節屈筋を
ストレッチすることはお薦めできない。
股関節屈筋をストレッチするときは、腰のアーチを
大きくするべきではなく、背中を真っ直ぐにする。

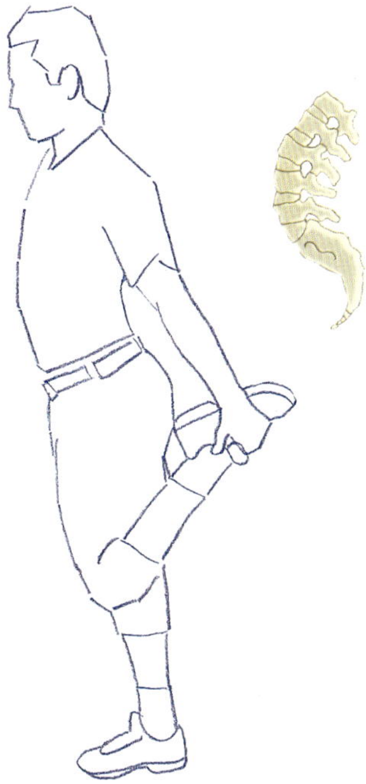

立位で大腿部の前部をストレッチするとき、
運動の大部分が腰で起こる。膝関節の運動も最大になる。

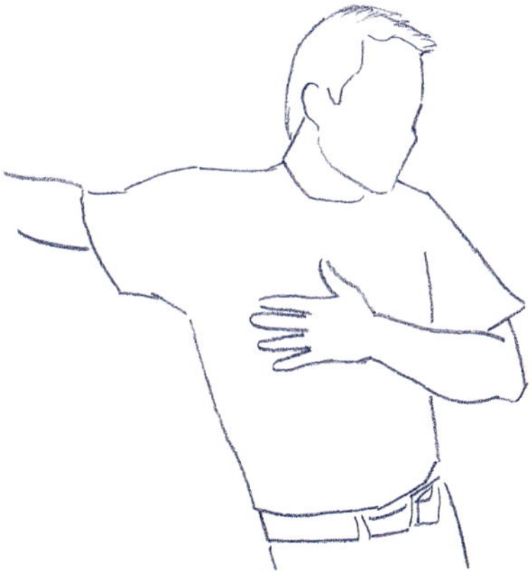

肩下の高さで腕を真っ直ぐ伸ばして胸筋をストレッチすることは
お薦めできない。腕を真っ直ぐに維持することにより、
肘関節に負担がかかる。

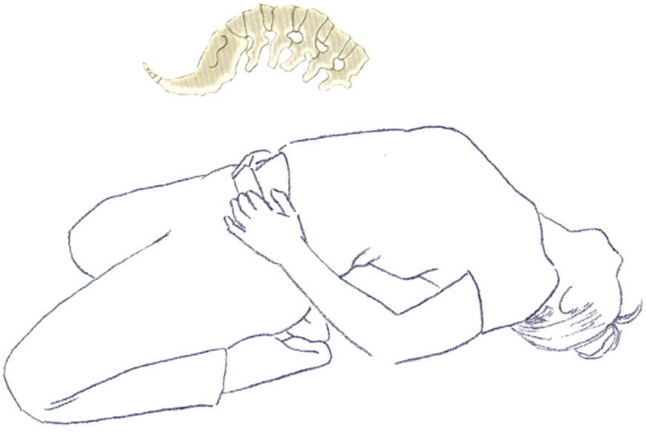

膝立ち位から大腿部の前部をストレッチすることは
お薦めできない。腰のアーチが大きくなり、膝関節の運動を
最大に行うだけである。

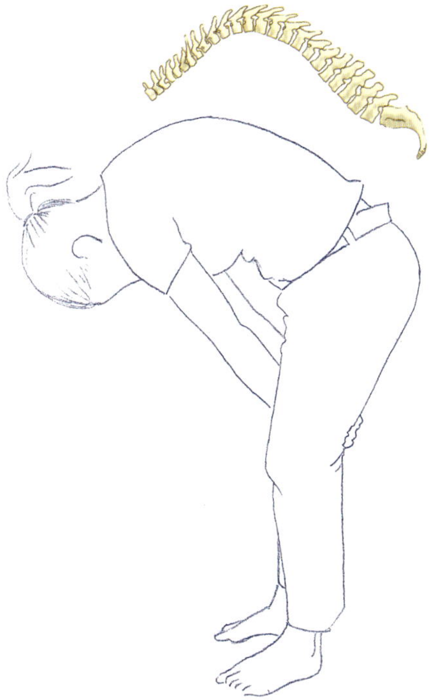

立位で肩甲骨の間の筋をストレッチすることは、
脊椎の椎間板に負担をかける。

良い姿勢が身体を支える

良い姿勢を保つと不要な静的負荷が軽減されるため、筋をいたわることになる。筋は、静的な負荷を強いられるとエネルギーを余分に使うため、乳酸がさらに産生され疲労が及ぼされる。良い姿勢は、できる限り身体の中心近くに負荷をかけることで、座る、立つなどの運動を効率よく行わせる。

悪い姿勢は次の原因によって起こる：

- 筋の短縮
- 筋力低下
- 未治療の陳旧性損傷
- 周囲の人々の姿勢（子供が大人の姿勢を真似る）
- 不安およびストレス
- 疼痛

脊柱

脊柱は、過度の負荷を及ぼさない良い姿勢を構成する主要な要素である。脊柱とその周辺の筋を治療することが身体を治療する有効な方法となる場合は多い。

脊柱は、下から上へと徐々に小さくなって連なる24個の脊椎で構成されている。これらは、複数の関節と靭帯で結合されている。仙骨および尾骨は脊柱の一番下にある。仙骨は、5つの脊椎が融合されて1つの骨を成すもので、寛骨の間に埋め込まれている。仙骨の下側の骨は通常、尾骨と呼ばれる。尾骨も、4、5個の小さい脊椎が融合したものである。

脊柱全体は、多数の小さい筋に被われている。脊柱の最上部を除き、各脊椎の間には椎間板がある。

脊柱の側面図　　脊柱の側面図

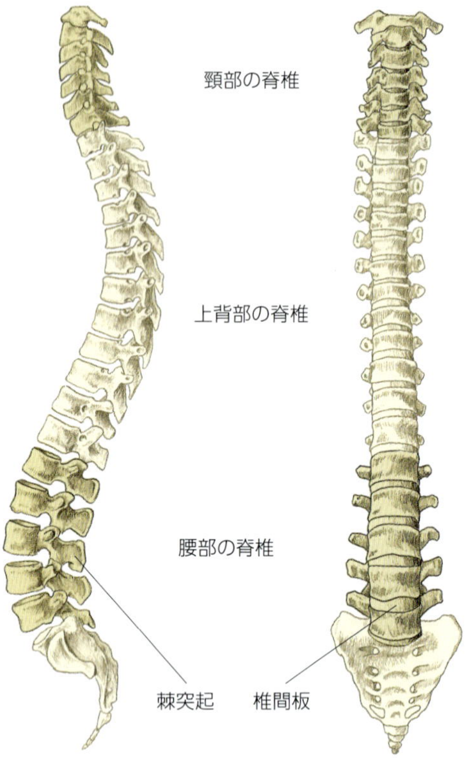

脊椎の側面図　　脊椎の上面図

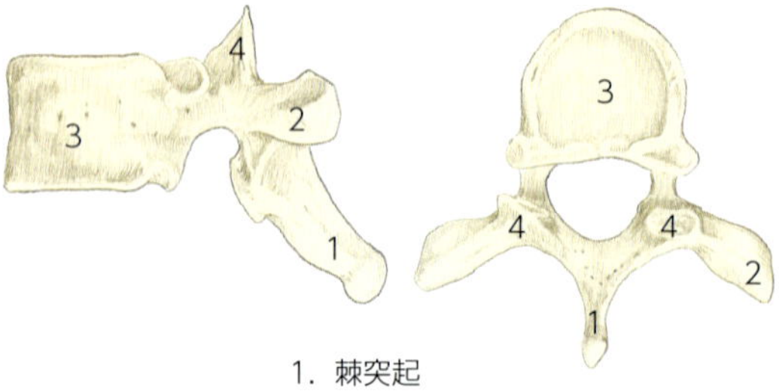

1. 棘突起
2. 横突起
3. 椎体
4. 上関節突起

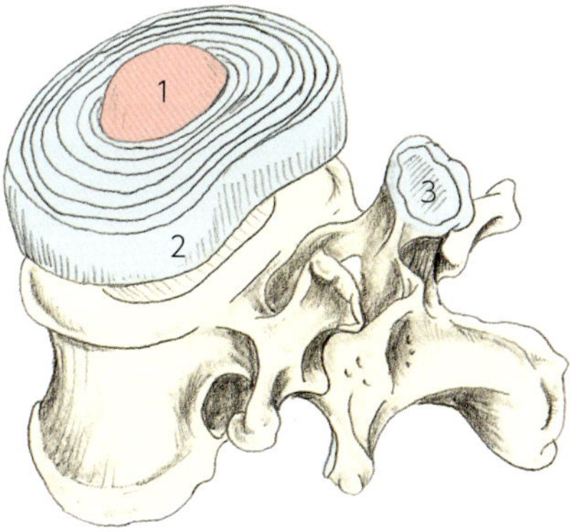

1. 髄核 = ゼリー状の物質
2. 環状繊維 = 繊維軟骨性の輪
3. 上関節突起

脊柱の運動には次の種類がある：
1. 側屈
2. 後屈
3. 前屈

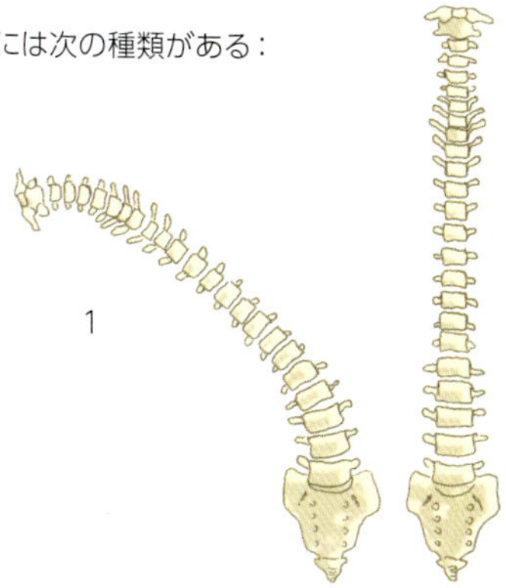

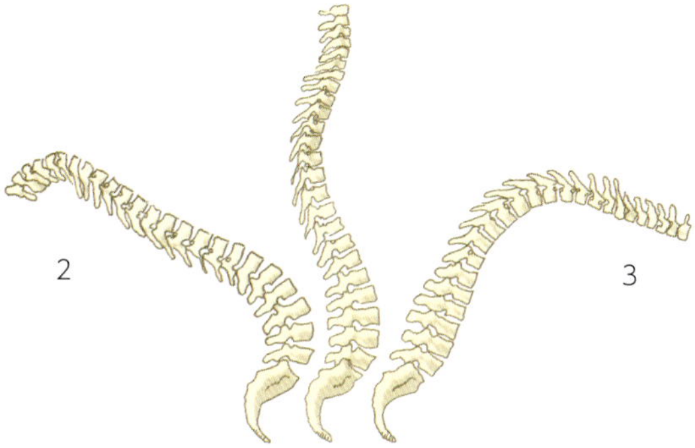

椎間板は、輪状の軟骨とゼリー状の物質である髄核で構成されている。椎間板はいわば、ランニングシューズの靴底と同じクッションの役割を果たしている。

椎間板は、力と振動を吸収する緩衝体である。椎間板がなければ、立ったり歩いたりする間に繰り返し受ける力のため、脊椎が壊れてしまうだろう。脊柱は、横から見ると分かる3つの特殊な弯曲を含み身体を中心で支える、可動式の柱である。

頸部の7つの脊椎は前弯部にある。次の胸部の12個の脊椎は丸まった後弯を形成する。腰部の最後5つの脊椎がもう一つの弯曲を作る。背部は、これら3つの弯曲を増減することで圧力を和らげ、力の吸収を可能にする。脊柱はこれらの可動的な部位をすべて定位置に維持するため、協働する靭帯と小さな筋に覆われており、これにより背部は安定しつつ運動が可能なのである。

脊柱は多くの使命を担っている。中を通る脊髄を保護し、身体を直立させるばかりではない。屈曲を可能にする柔軟性を備え、走行や歩行時にかかる力を吸収し、重いものを持ち上げるときの過大な圧力に耐えなければならない。同時に、複数の方向に運動できることも必要とされる。これが、脊柱が巧妙に構成されている理由である。

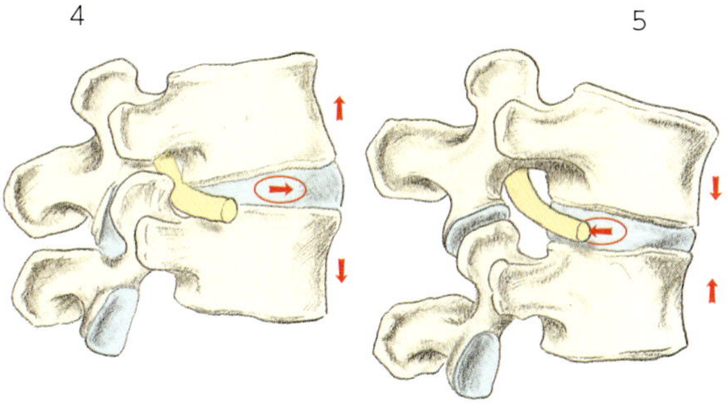

4. 後屈は神経の通る空間を狭める。
5. 前屈は神経の通る空間を広げるが、
椎間板前部への圧迫も強まり、髄核が後ろに押される。

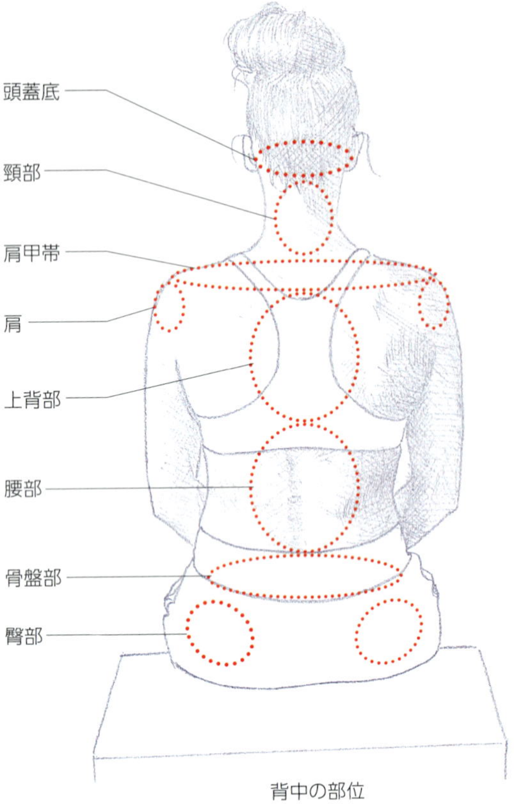

背中の部位

次の悪い習慣を改めなければ、椎間板は確実に破裂する

悪い姿勢で歩き回り、立つときも座るときもできるだけ前屈になる習慣。地面からの力が脊柱の中心を通らない場合、椎間板に及ぼされる衝撃は９倍も大きくなる。

重い物を持ち上げるときに脚を使わない習慣。一回でも何回でも、脚を真っ直ぐにしたまま背中をまげて物を持ち上げると、椎間板は破裂する。物を持ち上げながら身体をねじろうとすれば、椎間板損傷の確立は高まる。

１日中、何日も、何年もただ座っているだけの習慣によっても破裂は起こる。長い年月の間にじわじわと破裂に向かう。

破裂が理由もなく起こることはない
必ず原因がある

破裂椎間板

椎間板が破裂すると、輪状軟骨が壊れ、ゼリー状の中心部が漏れ出す。運が悪ければ、この破裂が神経を圧迫し、疼痛を及ぼす刺激や炎症が生じる。疼痛は、局所的な場合もあれば、挟まれた神経の支配を受ける部位に拡散する場合もある。最も一般的に破裂の起こる部位は、腰部の第４腰椎と第５腰椎の間である。不幸なことに、ここは坐骨神経の通る場所でもある。坐骨神経が挟まれると、脚および足にまで疼痛が拡散し、反射や運動制御が鈍ることにもなる。だが、最も破裂のひどい椎間板は疼痛や症状を誘発しない、すなわち、無症候である。実際、45歳までに大半の人は、自分では気づかずに１か所以上の椎間板の破裂を経験する。

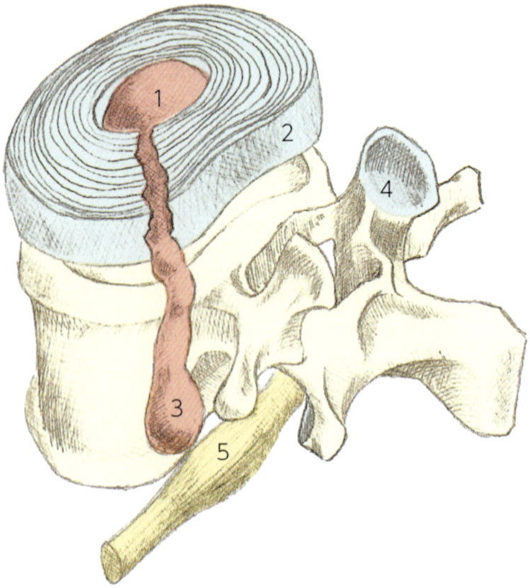

1. 髄核
2. 環状繊維
3. 髄核が神経(5)の方へ漏れ出す
4. 上関節突起

腹筋

腹筋については、その位置もトレーニングの方法も一般的によく知られているが、本当に必要なときの使い方は知られていない。腹筋は、姿勢および脊柱の状態に重要な役割を果たす。腹筋は、上体と下体の間に安定性をもたらし、脊柱における椎間板の圧を下げてくれる。

腹筋の一部とみなされる4つの主要な筋は、腹直筋、内・外腹斜筋および腹横筋である。これらの主な機能としては、体幹を前屈し、回旋し、側屈することが挙げられる。これらはいずれも重要な機能だが、最も重要な機能は腹腔内圧である。内圧は、呼吸、閉口、腹筋の引き締めによって及ぼされる。腹腔内圧が高まると、脊椎は互いに離れ、椎間板への圧迫を軽減する。腹腔内圧が強まると、下側の椎間板への圧力が約50％も減り、その上の椎間板への圧力が約30％和らぐ。これを知れば、重い物でも軽い物でも、物を持ち上げるときに腹筋により、なぜ腹腔内圧が生じる必要があるのか容易に理解できる。

この圧力の減少を及ぼすには、腹筋を引き締めることが必要である。簡単なようで、意外と多くの人が正しく行っていない。腹筋は、腹部を外に押し出すことによって、または引っ込めようとすることで引き締められると考えている人がいる。どちらの動作も望ましい効果を及ぼすことはできない。

腹筋を確かめてみよう

- 壁に背を当てて立つ。踵、尻、肩甲骨および後頭部がすべて壁に触れるようにする。ここで、尻や肩はそのままで、腰を壁に押し付けてみる。腰が実際に壁の方に動いているかどうかわからない場合は、腰と壁との間に手を置く。
- 脚と足をつけて、あおむけになる。通常であれば、腰と床との間に空間があることが分かる。ここで、腰を床に押し付けてみる。腰と床の間の手がまだ動くようであることを思うと、腰を床に押し付けることがいかに大変であるかが分かる。

これらの運動では、もっぱら腹筋だけが作用する。壁や床にまったく腰を動かせない人もいる。そういう人は腹筋が使えていないのである。彼らは、腰を動かしたい方向へ近づけるのではなく、身体をねじる。このテストを成功させてみよう。そうすれば、腹筋をうまく活用することができるようになるため、姿勢はより美しく楽になる。

腹筋を引き締めることが不可能な場合、咳をしてみるか、もしくは、いきんでみる。股関節屈筋や脚の前部の大腿四頭筋など、他の筋が張っているかまたは短縮していると、やはり腹筋を引き締めることは難しいかもしれない。これらの筋のストレッチを、本書のエクササイズのセクションの83ページと86ページに掲載する。

立位

横から見ると、耳、肩、股関節、膝関節および足がすべて一直線に並び、鉛直線を形成しなければならない。脊柱の弯曲が正常であれば、脊柱により吸収される力が各脊椎および椎間板を難なく通り抜ける。膝関節は過進展するよりもやや屈曲している方がよい。

よくある間違い

- 耳が肩より前になるよう顎を前に押し、コンドルの首の姿勢をとる。
- 肩を前に丸め、上背部を円背にする。
- 股関節を前に押し出して腰を大きく弯曲させる（残念ながら、多くの人の安静姿勢である）。
- 骨盤を後ろに傾けて腰部の弯曲を小さくし、おじぎのような姿勢になる。

前から見ると、頭は傾いたり回旋したりせず、真っ直ぐでなければならない。（これはごく微細なのではっきりとは分かりづらい。）肩は下ろし、両側が同じ高さでなければならない。足は腰幅ほどに開き、つま先はやや外側に向ける。

一見、これは簡単そうに思える。だが辺りを見渡してみると、このような姿勢で立つ人はほとんどないことに気付くだろう。みな前や後ろ、あるいは横に傾いている。片側の脚により多く体重をかけている場合もある。

正しく立つ方法

- 足は腰幅ほど開き、つま先は数度外に向ける。
- 両足の踵および母指球に均等に体重をかける。
- 膝関節はやや曲げる。まず、膝関節の過伸展を試みた後、わずかに屈曲する。膝を2.5cmほど前に出せば十分である。
- 腹筋をやや引き締めて身体を安定させる。
- 脊柱は自然な弯曲を成す。
- 肩を落とす。
- 頭は真っ直ぐにする。

肩を誰かに押し下げてもらうことで姿勢を確認できる。正しく立っている場合は、揺れることはない。この圧迫により、腹部が前に押し出されないことが特に重要である。押し出された場合は、腰の弯曲が大きすぎるのである。壁に背を向けて行ったエクササイズのように、腹筋を引き締めて腰背部を真っ直ぐにすることでこれを正すことができる。

良い姿勢

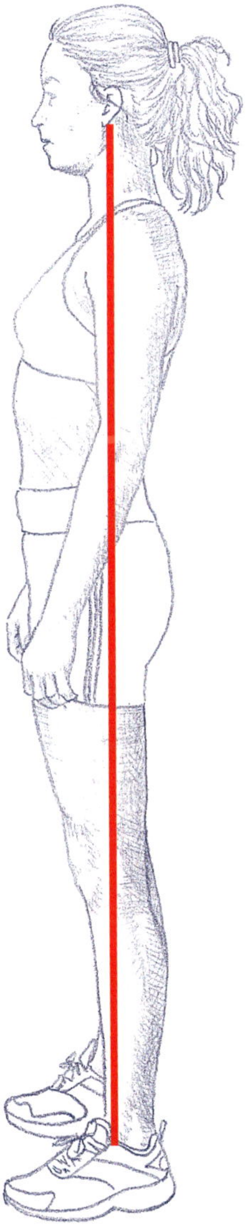

鉛直線は、耳、肩、脊柱、膝関節および足首の外側を通る
仮想の線である。

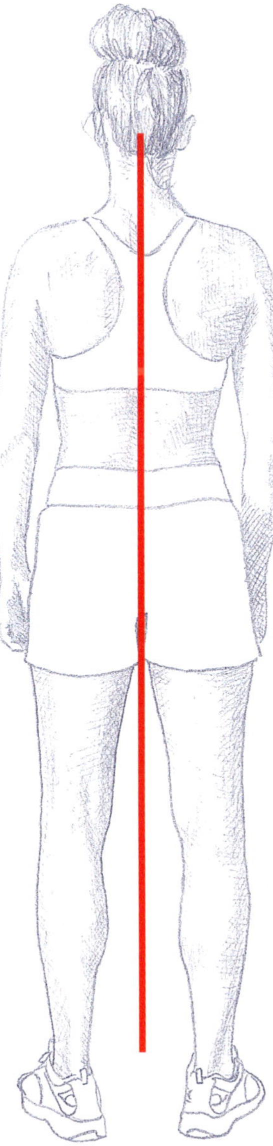

体重は、この線の左右に均等にかかられなければならない。

悪い姿勢

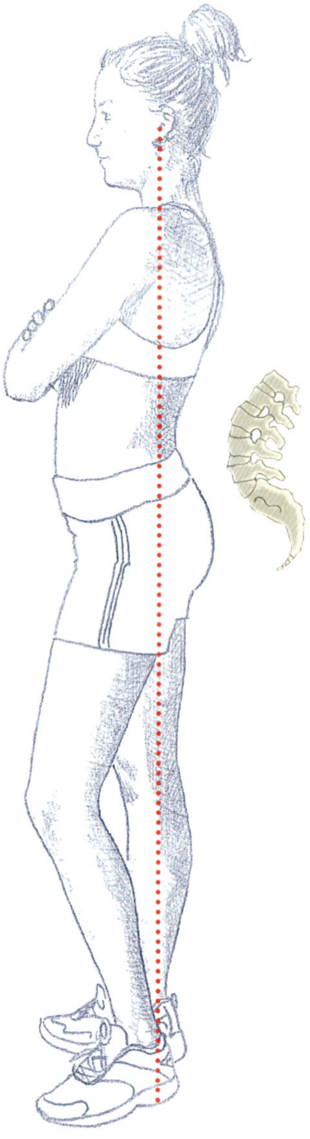

片脚に傾き背中を弯曲すると、鉛直線は後ろに下がる。

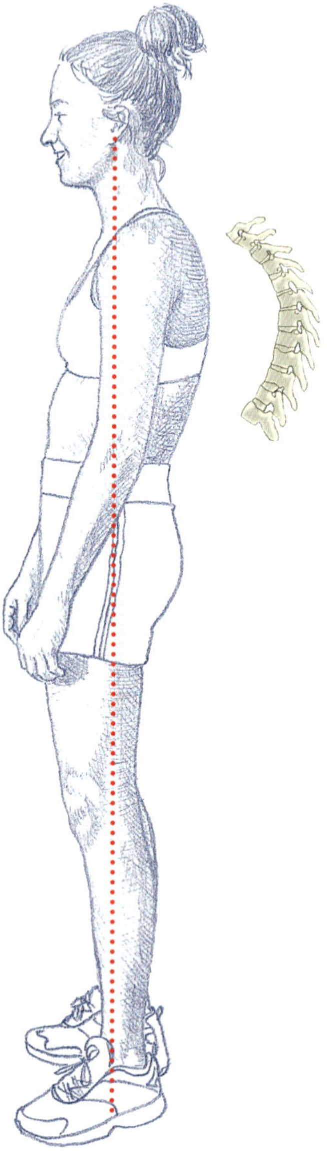

円背になると、鉛直線は前に出る。

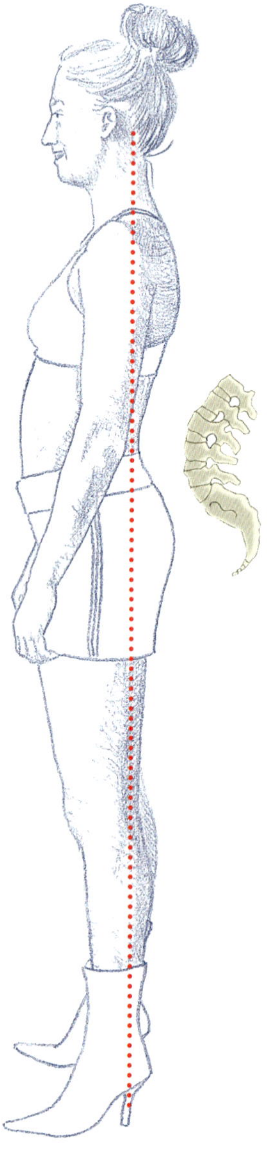

高いヒールに体重をかけると、鉛直線は後ろに下がる。

座位

座りっぱなしがよくないとはいえ、座らなくてはならないときはある。座っているときも常に筋を作用させておくことは非常に重要である。すべての筋を弛緩してはいけない。特定の筋を常に作用させるのである。ほとんどの場合、長時間正しい姿勢で座ることは容易ではない。だがそれだけに、立ち上がって歩き回るきっかけにもなる。

正しく座るためには必ずしも上等な椅子が必要ではないが、正しい立ち方を知ることは必要である。正しい立ち方を知っていれば、座っているときに、脊柱が正しい位置にあるかどうかが分かる。座っていてもやはり、背部の弯曲によって身体の他の部分にかかる負荷が変わる。

しっかりと支えるには、足を広げて足底を床にしっかりとつけて座ることが重要である。座面の高い椅子に座る場合は、大腿部と背部の角度を大きくすると座りやすい。45度以上は開くべきだろう。背部は真っ直ぐにし、立っているときと同じ弯曲を維持する。耳と同じ鉛直線上で肩は下げたままにする。できるだけ背もたれは使わない。背部を保護するためには活動的に座ることが最も望ましい。背もたれを使うと、背部の自然な弯曲が減少し、椎間板への圧力が増す。その上、自分で直立するために筋を使うことがなくなってしまう。身体の安定を、靭帯や関節包など他動的な構造に頼ることになる。

正しく立つ訓練を十分に行っていない場合は、座ることが好ましいこともある。だが、上質で高価な椅子だからといって、背部に疼痛が及ばず、背部の健康が保たれるとは限らない。どれほどの時間座るか、どのように座るか、筋がどれほど強く柔軟であるかによってすべて決まる。

椅子を買うとき、ただ座るのと座りながら筋を作用させるのとでは全く違うことを忘れてはならない。

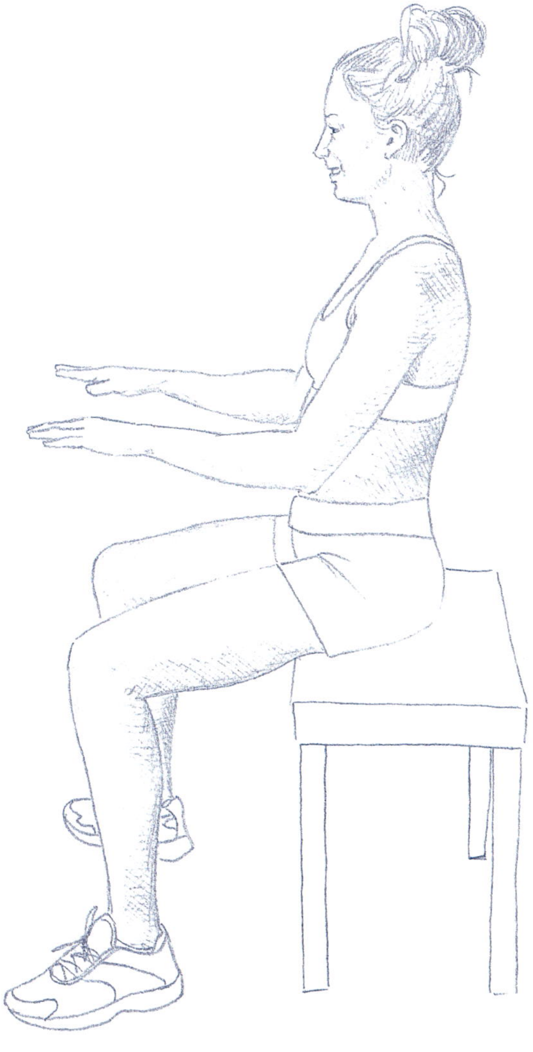

座っているときも、良い姿勢で立っているときと同じように
脊柱が弯曲していなければならない。

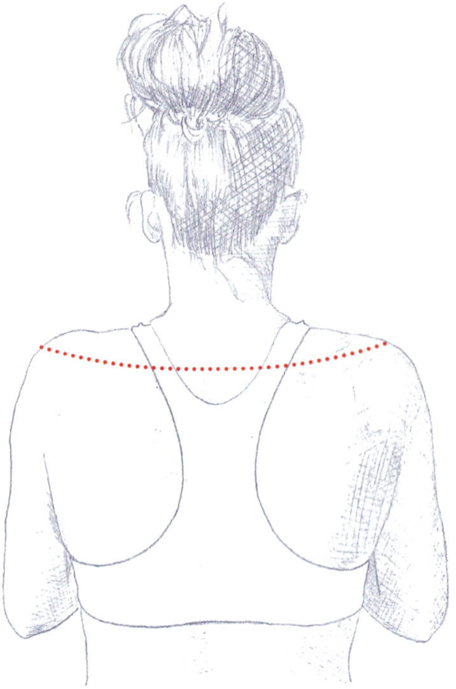

ストレスにさらされると、肩が上がる傾向があり、
これにより筋は静的に働く。

悪い姿勢の結果

長時間座っているかまたは活動していないと、正しく立つための機能が損なわれる。これらの機能を行う重要な筋は、座るときに硬く張って短縮するため、歩いたり走ったりすることすら辛くなることがある。

悪い姿勢は次の症状を及ぼす

- 筋の短縮、張りが姿勢をさらに悪化させる。
- 走行や歩行時の悪い運動パターンにより、他の損傷が引き起こされる。
- 筋のトリガーポイントが局部の不快感または腕や脚への疼痛の拡散を及ぼす。
- 頭痛が緊張を引き起こし、筋の乳酸産生を増やし、頭痛がさらに悪化する。

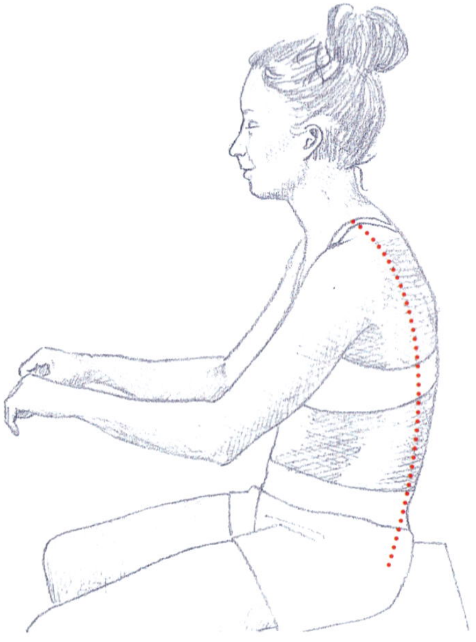

座っているときの円背の姿勢は、腰部の椎間板への圧迫を
10倍も増大させる。頭部が前に落ちないよう、
頸部の筋さえも静的に作用させなければならない。

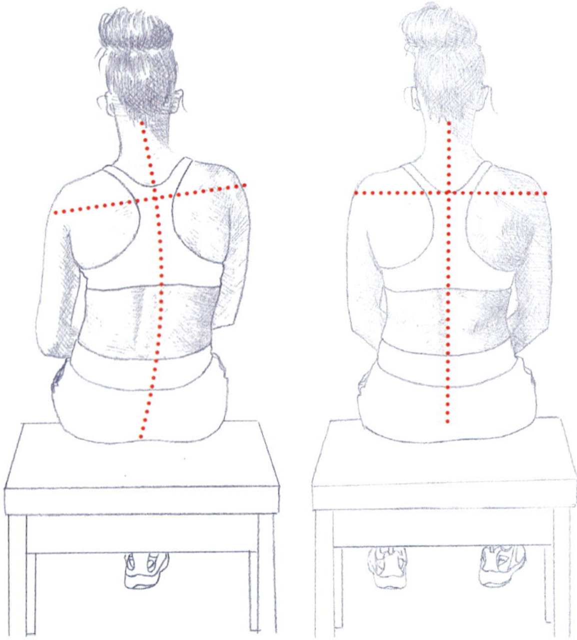

座りながら脚を組むと、身体が片側に押される。
片側に倒れないために、
他の筋が代わりに働かなくてはならない。

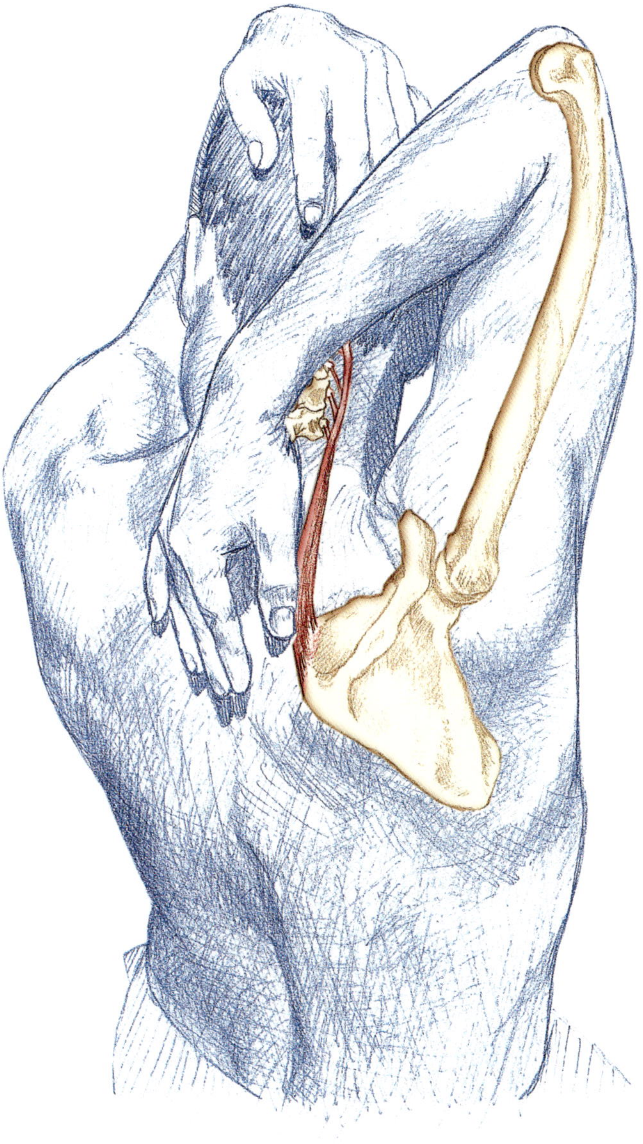

各部位のストレッチ

僧帽筋上部

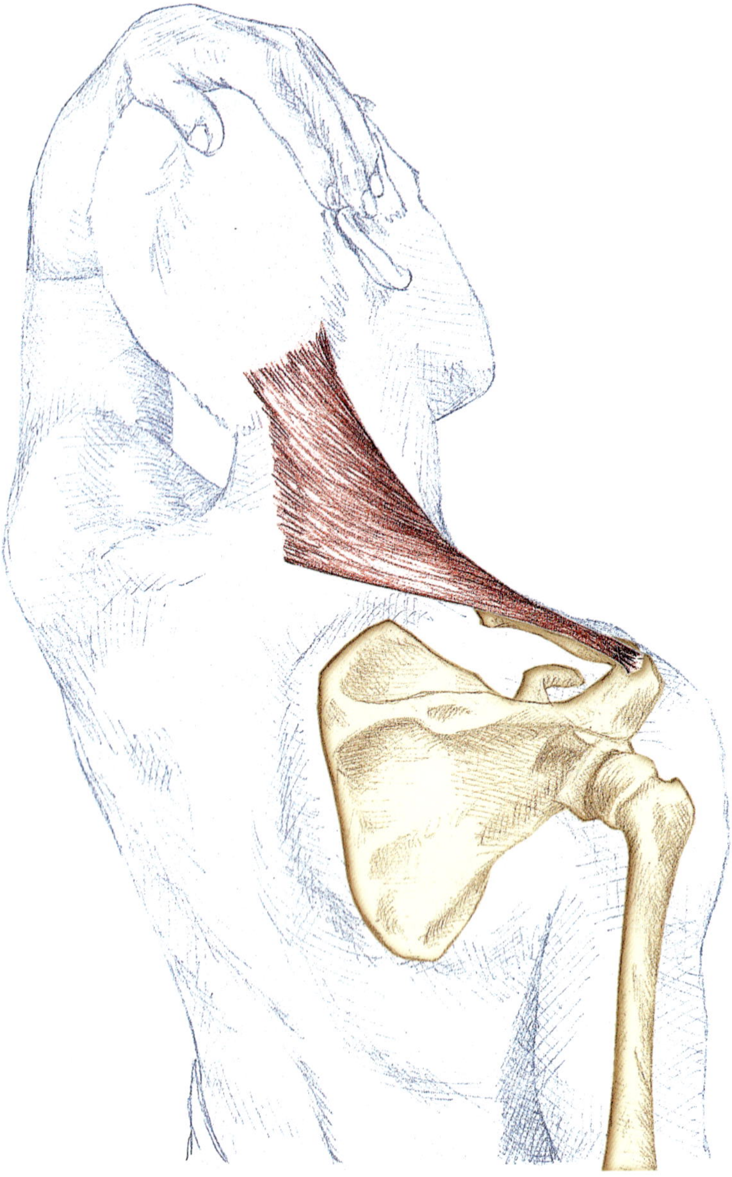

このエクササイズは、正しく行うと非常に効果的である。開始の肢位と手の位置が非常に重要であり、筋の静的な緊張を少なくするため、ストレッチを行う間は肩を下げたままにしなければならない。このエクササイズは全力で行う必要はない。ステップ１と２は簡単に実践できる。

筋の説明

僧帽筋は、肩、頸部、上背部を覆う大きく平らな皮下の表層筋である。僧帽筋は、肩甲骨を寄せて肩を挙げ、頭部を回旋し、頭部を側方に傾けるのを補助する。

張りの原因

僧帽筋は、無意識に肩を持ち上げるとき、張って短縮する。これにより、肩に持続的な静的緊張が及ぼされ、この部位全体が常に緊張することになる。肩を持ち上げる理由は、寒いときやストレスを感じたときなど様々である。

ストレスを感じるときに首や肩がうまく弛緩できないことは一般によく知られている。この部位は緊張が現れる部位である。僧帽筋が一度肩を挙げた後、度重なるストレスを受けると僧帽筋は弛緩しなくなる。このため、僧帽筋が非常に硬く張って短縮し、疼痛や疲労が生じる。

張りの徴候

- 頭蓋底、耳の上部、眼の外側、または眼の奥に起こる頭痛
- 肩甲帯にかけての局所痛
- 肩甲骨の間の局所痛
- 頭部の回旋や側屈の困難

柔軟性テスト

頭部をほぼ45度側方に傾けることができ、左右にほぼ90度回旋できることを確かめる。

注 意

ストレッチの間に痛みが筋全体にではなく耳の下に集中する場合は、このエクササイズは避ける。

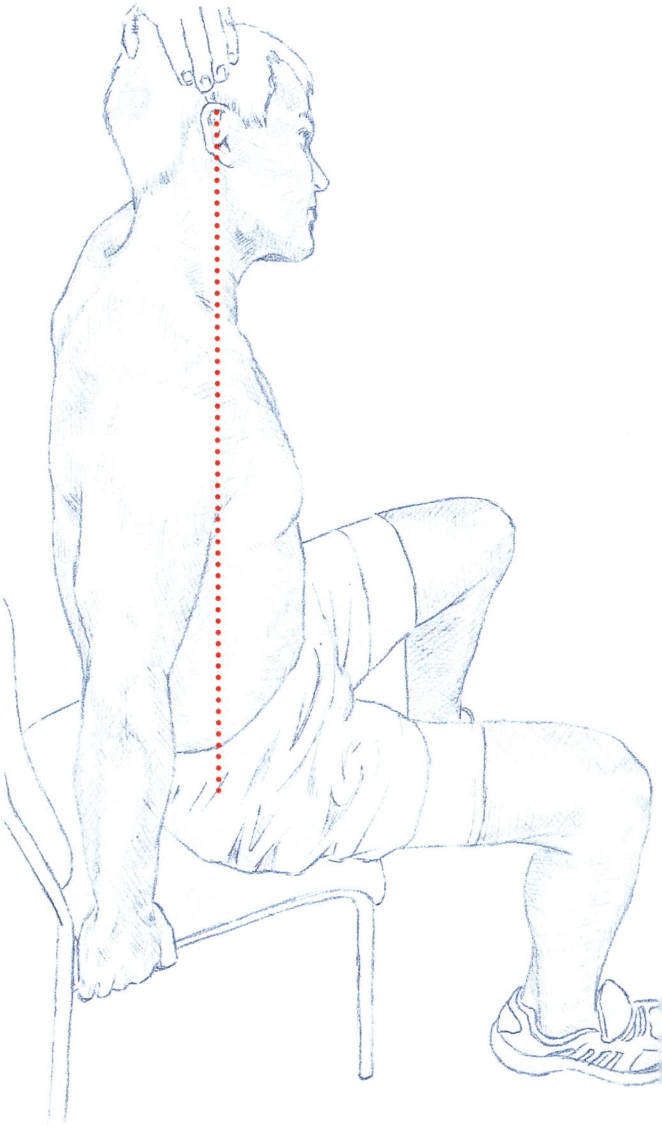

頭部が上体と一直線であることを確かめる。

方 法

両足を開き、背中と腹筋を少し引き締めて、椅子またはベンチに座る。右手を背後に伸ばして、椅子の縁をつかむ。上体を左に傾け、頭部は直立に保つ。右肩または右上腕が軽く引っ張られていることが感じられる。

次に、右肩を天井に向けて5秒間持ち上げる。身体を横に動かさないこと。数秒ほど弛緩した後、上体をもう少し側方に傾ける。その状態がこのストレッチの正しい開始肢位である。

頭部を左に注意深く傾け、やや右に回旋させる。頭部に左手を置いて、その手で頭部を注意深く側方に押しながら5秒から10秒間、筋をストレッチする。頸部と肩にちくりとした痛みが生じたら動きを止める。5秒から10秒間、筋を弛緩する。

新たな最終域に到達するまで、頭部を左に動かしてストレッチを深めていく。

これを2、3回繰り返す。

よくある間違い

- 真っ直ぐに座れていない。
- 頭部を前に傾ける。
- 手を椅子の前側に置いている。

コメント

筋がうまくストレッチできない場合は、深部組織マッサージを試みて筋を弛緩し、ストレッチしやすい状態にする。あせらず、時間をかけて始めるとよい。

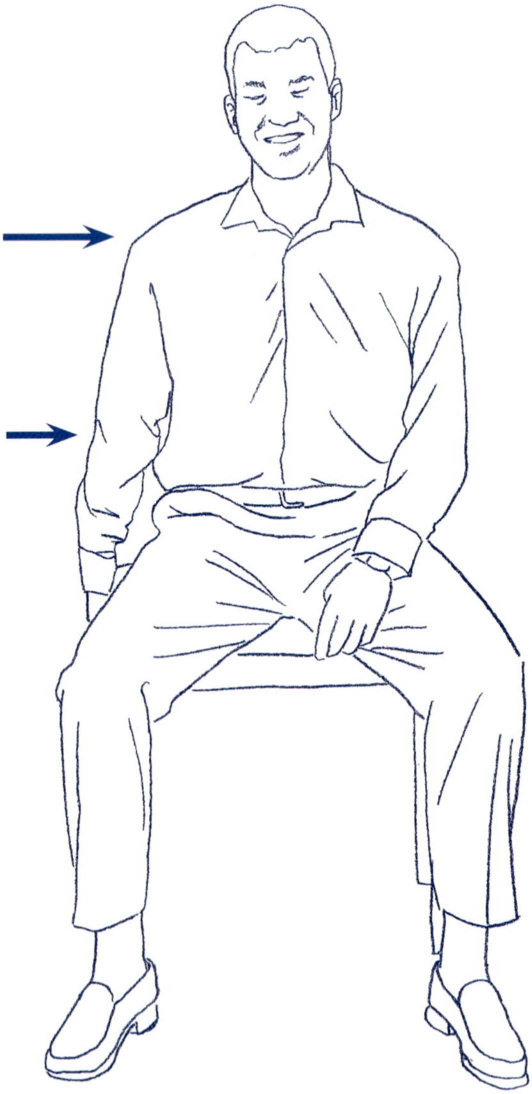

開始肢位では手を斜後方に置くようにする。
上体を側方に傾け肩の位置を下げる。

肩を天井に向けて挙げ、抵抗を及ぼす。
その後、肩を弛緩し、さらに側方に傾く。

頭部を反対方向にやや回旋させながら注意深く側方に動かす。
頭部を手に注意深く押し返して抵抗を及ぼす。

胸鎖乳突筋

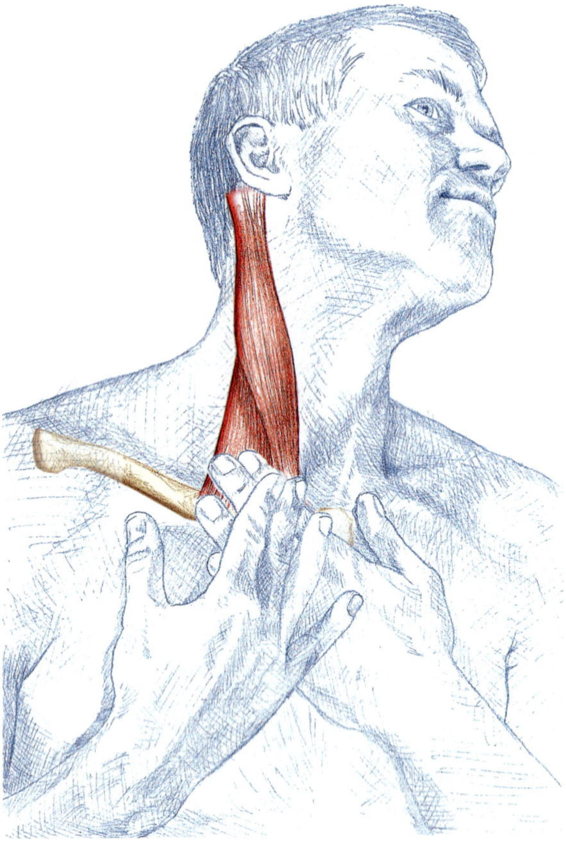

この筋は重要な場所にあるため、このエクササイズは、難しく感じられるかもしれない。不快感を覚える場合はこのエクササイズは避ける。最初は療法士の助けを借りるのもよい。筋の位置を簡単に特定するには、鏡の前に立ち、頭部を片側に向ける。すると、筋がはっきりと分かる。

筋の説明

前頸部の皮下にあるこの丸い筋は見つけやすい。鎖骨の内側から頸部の側方に沿って走行し、耳のすぐ後部の頭蓋底に付着する。胸鎖乳突筋は、頭部を同側の側方に傾け、回旋する。強制吸気も補助し、首の付け根を前に、頭部を後方に傾ける。

張りの原因

前屈みになってテレビやコンピュータの画面を見るなどの悪い姿勢が、この筋を短縮させる。大胸筋の短縮によっても、悪い姿勢になる。胸鎖乳突筋の短縮によって作り出される悪い姿勢は、コンドルの首（valture neck）と呼ばれることがある。コンドルが首と頭を動かす様子を連想させるためである。

ストレスにさらされている人はよく、強制呼吸をして肩を挙げるため、この筋が長期に渡って静的に作用を強いられる結果、緊張や疼痛が及ぼされる。

張りの徴候

- 頭頂部の頭痛
- 脊椎の上部に頭部を真っ直ぐ維持できない。

柔軟性テスト

背中と後頭部を壁につけて立つ。片手を首の後部に置いて、壁の方に首を押してみる。手に対して首を押し付けることができるかを確認する。

注 意

首の疼痛、めまいまたは呼吸困難が生じた場合はこのエクササイズは避ける。

方 法

このエクササイズは、座位または立位で行う。

鎖骨の右側で筋の付着部を探し、筋の付着部の2.5cmほどに右手の指3本を当てる。指の先に左手を当て、これを支える。

頭部の右側にわずかな灼熱感を覚えるまで、頭部をやや左後方に動かす。次に、5秒から10秒間筋を弛緩する。

開始肢位に向かって頭部を戻しながら抵抗を及ぼす。片手を額に当て、頭部を手に向かって5秒から10秒間押すことにより、動きを遅くすることができる。5秒から10秒間筋を弛緩する。

新たな最終域に到達するまで、頭部を左後方に動かしてストレッチを深めていく。

よくある間違い

- 筋の位置を誤っている。
- 頭部を間違った方向に回旋している。

コメント

このエクササイズが難しい場合は、筋に手を当てる前に頭部を前に動かすと、ストレッチしやすくなる。

指を筋に当てる。頭部を側方および後方に傾ける。

開始肢位に向かって頭部を戻しながら抵抗を及ぼす。

斜角筋

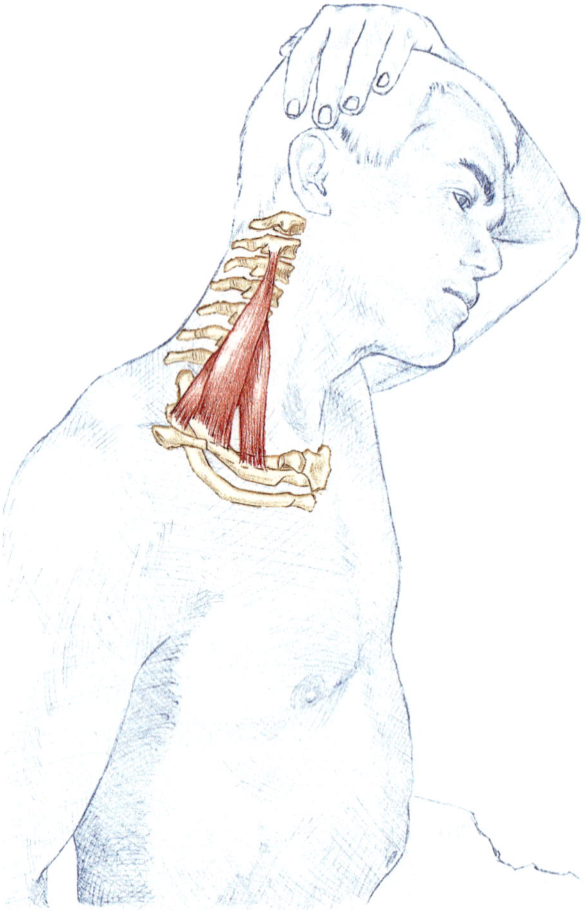

このエクササイズは26ページの僧帽筋上部のエクササイズと同じである。違いは、頭部を回旋させず片側に真っ直ぐ傾けることである。

筋の説明

斜角筋は僧帽筋上部と胸鎖乳突筋の間、頸部の側部に位置する。頸椎と上位2つの肋骨の間を走行する。斜角筋は頭部を側方に傾けるのを補助し、強制吸気にも役割を果たす。

張りの原因

頭部を側方に傾けて座る習慣（頬と肩の間に受話器を挟んで通話するなど）により、斜角筋が硬く張り短縮する。

ストレスを受ける間は強制呼吸が増加するため、斜角筋はストレスを受ける筋の一つであると考えられる。

張りの徴候

- 頭部を側方に傾けにくい。
- 手や腕のしびれやうずき

柔軟性テスト

頭部をほぼ45度側方に傾けることができることを確認する。

注 意

ストレッチの間に頸部に痛みを覚える場合はこのエクササイズは避ける。

方 法

両足を開き、背中と腹筋を少し引き締めて、椅子またはベンチに座る。右手を背後に伸ばして、椅子の縁をつかむ。上体を左に傾け、頭部は直立に保つ。右肩または右上腕が軽く引っ張られていることが感じられる。

次に、右肩を天井に向けて5秒間持ち上げる。身体を横に動かさないこと。数秒ほど弛緩した後、上体をもう少し側方に傾ける。その状態がこのストレッチの正しい開始肢位である。

頭部を左に注意深く傾ける。左手を頭部の上から頸部の右側に置く。その手で頭部を注意深く左側に押しながら5秒から10秒間筋をストレッチする。頸部と肩にちくりとした痛みが生じたら動きを止める。5秒から10秒間、筋を弛緩する。

新たな最終域に到達するまで、頭部を左向きに押してストレッチを深めていく。

これを2、3回繰り返す。

よくある間違い

- 真っ直ぐに座れていない。
- 頭部が脊椎との正しいアライメントから外れている。
- 頸部ではなく頭部をつかんでいる。

コメント

このストレッチがうまく行えない場合は、時間をかけて僧帽筋と胸鎖乳突筋のストレッチを行った後に、もう一度試みるとよい。

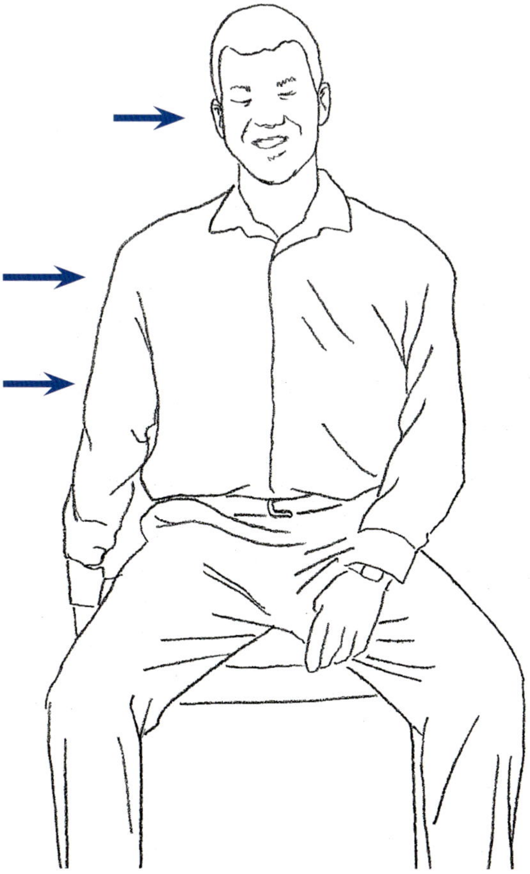

開始肢位では手を斜後方に置くようにする。
頭部と体を真横に傾ける。

頭部を手に向かって押して抵抗を及ぼす。

後頭下筋

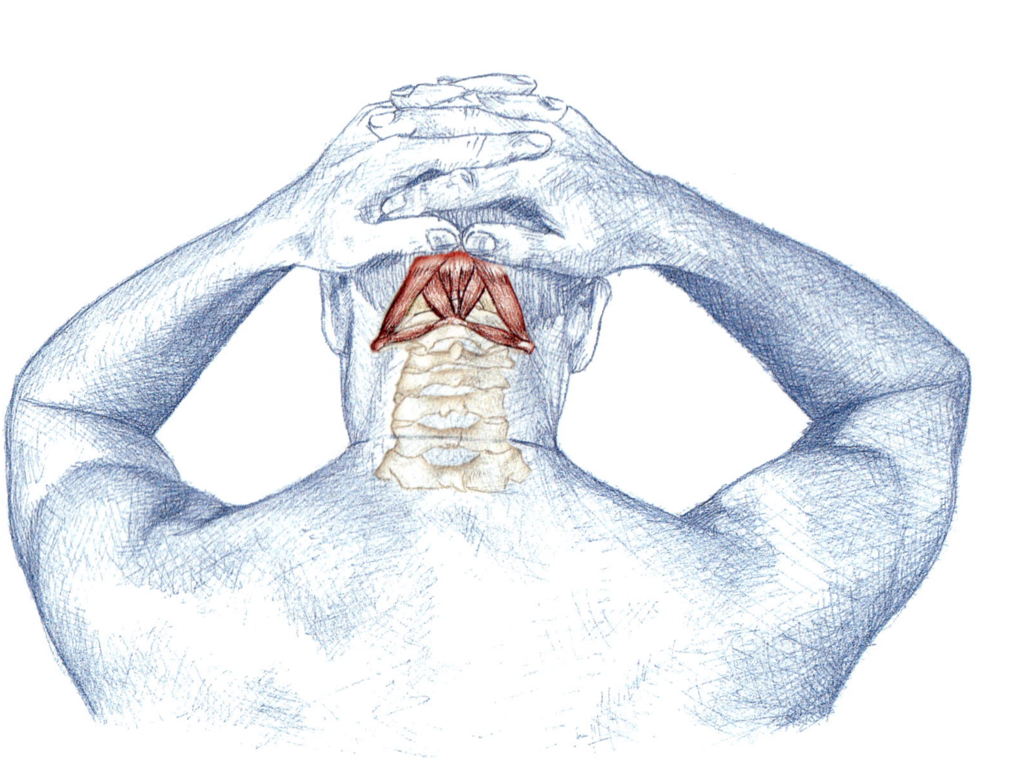

このエクササイズでは、主に2つの注意事項がある。まず、上体を前に崩さないこと（頸部だけを前に屈曲すること）と、母指の位置を意識することである。最良の結果を得るためには、頭蓋底のすぐ下の軟部組織を母指で押し上げるとよい。

筋の説明

後頭下筋群は、頭蓋底のすぐ下に位置する。上位2頸椎から走行し、頭蓋底に付着する。後頭下筋は頭を後方に屈曲し、頭部を安定させ、頭部の運動を適切に調整している。

張りの原因

頭部が身体の前に位置する不良姿勢により、これらの筋が静的に作用し、視線が地面ではなく前方を向くようになる。これにより筋が短縮する。

後頭下筋もやはり、ストレスを受けたとき、特に夜間の歯ぎしりや歯の食いしばりなどによって作用する。目覚めたときに頭痛がする場合は、夜間にこれらの筋を必要以上に働かせている可能性がある。

張りの徴候

- 顎を胸の方に動かしづらい。
- 頭蓋底部や頭頂部の頭痛

柔軟性テスト

後頭下筋は、胸鎖乳突筋と同じ運動を及ぼすので、同じ可動性テストを用いる。通常は両方の筋が同時に凝る。

背中と後頭部を壁につけて立つ。片手を首の後部に置いて、壁の方に首を押してみる。手に対して首を押し付けることができるかを確認する。

注 意

首の疼痛または軽い頭痛が生じた場合はこのエクササイズは避ける。

方 法

このエクササイズは座位または仰向けのどちらでも行うことができる。指を交互に組んだ手を頭蓋底に当てる。母指で頭蓋底のすぐ下の筋を押す。5秒から10秒間、頭部をゆっくりと前方に押して筋をストレッチする。母指が筋に押されるのを感じる。次に5秒から10秒間、筋を弛緩する。

筋に伸張感またはちくりとした軽い痛みを覚えるまで、頭部を前方に押してストレッチを深めていく。それが新たな最終域である。

これを2、3回繰り返す。

よくある間違い

- 直立に座れていない。
- 頭部を前にではなく下向きに押している。

コメント

ほどよい伸張感が得られない場合、頭蓋底の下の辺りを母指で数分ほどマッサージするか、あるいは、エクササイズを一人で行えるようになるまで療法士の力を借りるとよい。

母指を頭蓋底のすぐ下の軟部組織に当てる。
頭を前に傾けるときに前屈みにならないようにする。

手に頭部を押し返して抵抗を及ぼす。

肩甲挙筋（バージョン1）

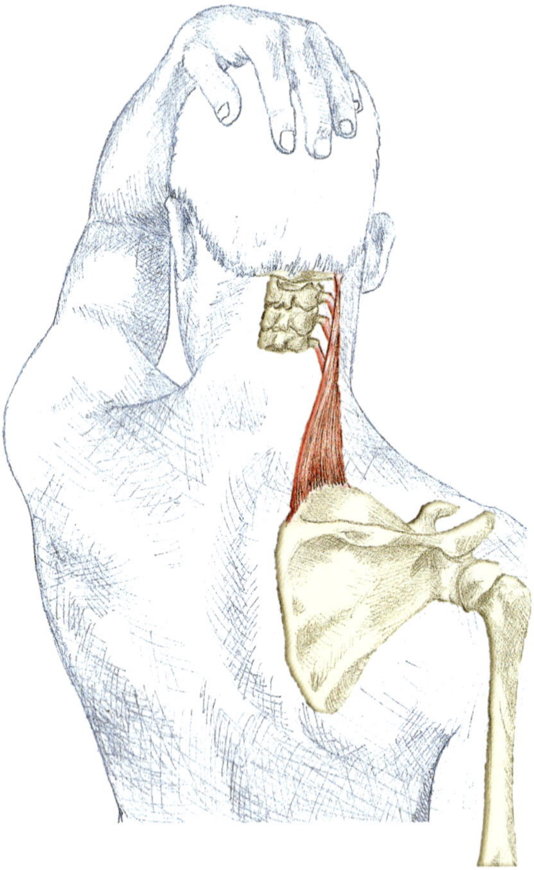

ストレッチを行う際は正しい肢位で開始することが常に重要である。前屈みになって座っていると、直立に座っているときほどのストレッチの効果を得ることはできない。頭部の回旋を意識すること。頭部を45度回旋して前方に傾き始めるときは、筋を誤った角度で引かないよう、必ずすべてを一直線にしなければならない。

筋の説明

肩甲挙筋は、肩甲骨の上部と上位4頸椎の間を走行する。僧帽筋上部のすぐ下に位置する、細く平らな筋である。

肩甲挙筋は、頭部を回旋させ側方に傾ける。筋の両側が同時に作用することにより、肩甲骨を挙げ、頭部を後方に屈曲する。

張りの原因

肩甲挙筋は悪い姿勢、肩または肩甲帯を持続的に挙げる、または、頬と肩の間に受話器を挟んで通話をする、などの原因で短縮する。

ストレスを受けるたびに緊張に応じて肩が挙がることが増えるため、肩甲帯を挙げる作用を持つ肩甲挙筋が静的に働く。

張りの徴候

- 頭部回旋が困難。
- 顎を胸の方に動かしづらい。
- 後頭部の頭痛
- 頸部の凝り
- 柔軟性テスト

  約90°の頸の回旋と約45°の頸の側屈ができる。

注意

頸部に痛みが生じた場合はこのエクササイズは避ける。

方法

両足を開き、背中と腹筋を少し引き締めて、椅子またはベンチに座る。右手を背後に伸ばして、椅子の縁をつかむ。上体を左に傾け、頭部は直立に保つ。右肩または右上腕が軽く引っ張られていることが感じられる。

次に、右肩を天井に向けて5秒間持ち上げる。身体を横に動かさないこと。数秒ほど弛緩した後、上体をもう少し側方に傾ける。その状態がこのストレッチの正しい開始肢位である。

頭部を左に45度回旋する。左手を後頭部に置き、膝の方へやさしく引く。この方法で5秒から10秒間筋をストレッチする。頸部の右側にちくりとした痛みが生じたら動きを止める。5秒から10秒間、筋を弛緩する。

頭部を手に注意深く押し返して抵抗を及ぼす。次に5秒から10秒間、筋を弛緩する。

新たな最終域に到達するまで、頭部を胸の方向へゆっくりと引きストレッチを深めていく。

これを2、3回繰り返す。

よくある間違い

- 真っ直ぐに座れていない。
- 頭部を前下方に動かすのではなく、頸部を圧縮している。
- 頭部の回旋が過度または不十分である。
- 膝に正面を向ける方向に運動が行えていない。

コメント

他の筋が張っていると、この筋のストレッチは難しい場合がある。このエクササイズが難しいと感じる場合は、僧帽筋上部と後頭下筋のストレッチを先に行うとよい。

開始肢位では手を斜後方に置き、頭部を45度回旋する。前屈みにならず、頭部を左膝の方へ下向きに動かす。

頭部を手に押し返して抵抗を及ぼす。

肩甲挙筋(バージョン2)

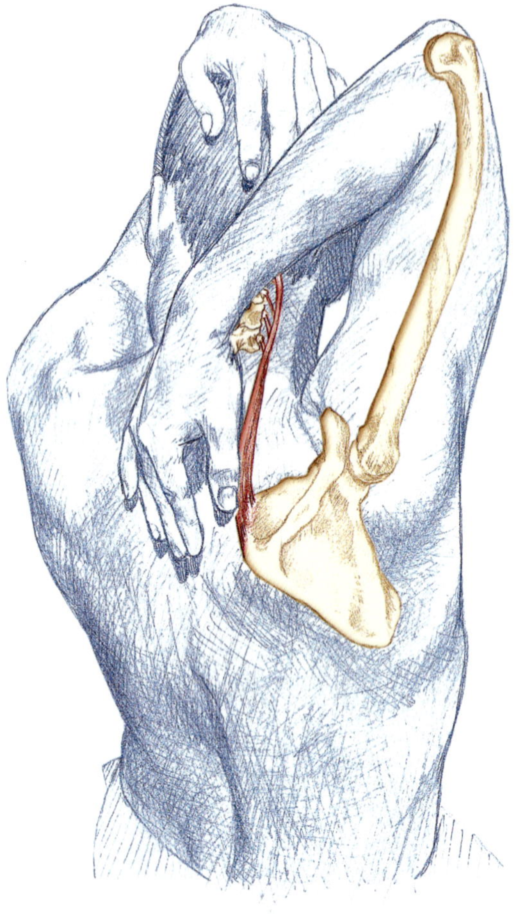

こちらのバージョンは前のバージョンによく似ている。頭部の位置、運動、方向は同じである。ただしこのバージョンでは、腕を頭部の上に持っていき、肩甲骨を外側に回旋することで、ストレッチを強化する。

注 意

肩関節または頸部に痛みが生じた場合はこのエクササイズは避ける。

方 法

両足を開き、背中と腹筋を少し引き締めて、椅子またはベンチに座る。右腕を頭の上に持っていき、肘関節を屈曲し、頭部の後ろ側に手を当てる。左手は頭部の後部に当てる。

頭部を左に45度回旋し、鼻が左膝関節を向くようにする。頸部右側にちくりとした痛みを覚えるまで、左手を使って頭部を左膝の方向にその角度で引く。この方法で5秒から10秒間、筋をストレッチする。その後5秒から10秒間、筋を弛緩する。

頭部を左手に注意深く押し返して抵抗を及ぼす。次に5秒から10秒間、筋を弛緩する。

新たな最終域に到達するまで、頭部を膝の方向へ引き続けながらストレッチを深めていく。

これを2、3回繰り返す。

よくある間違い

- 真っ直ぐに座れていない。
- 頭部を前下方に動かすのではなく、頸部を圧縮している。
- 頭部の回旋が過度または不十分である。
- 膝に正面を向ける方向に運動が行えていない。

コメント

肩関節の筋が張っていると、この筋のストレッチは難しい場合がある。このエクササイズが難しいと感じる場合は、広背筋と大胸筋のストレッチを先に行うとよい。

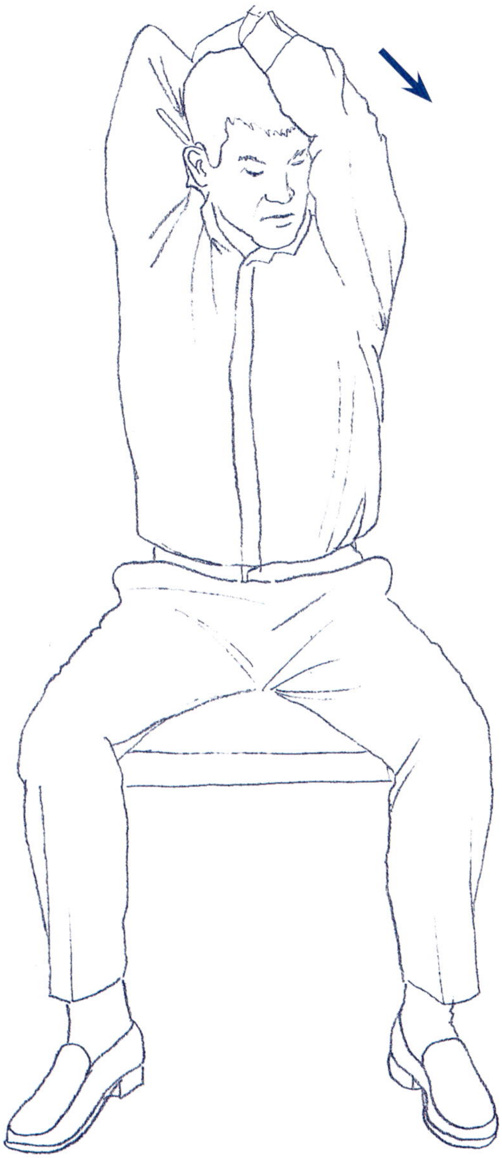

できるだけ腕を頸部の後部に降ろす。
頭部を左膝の方向へ前方に動かす。

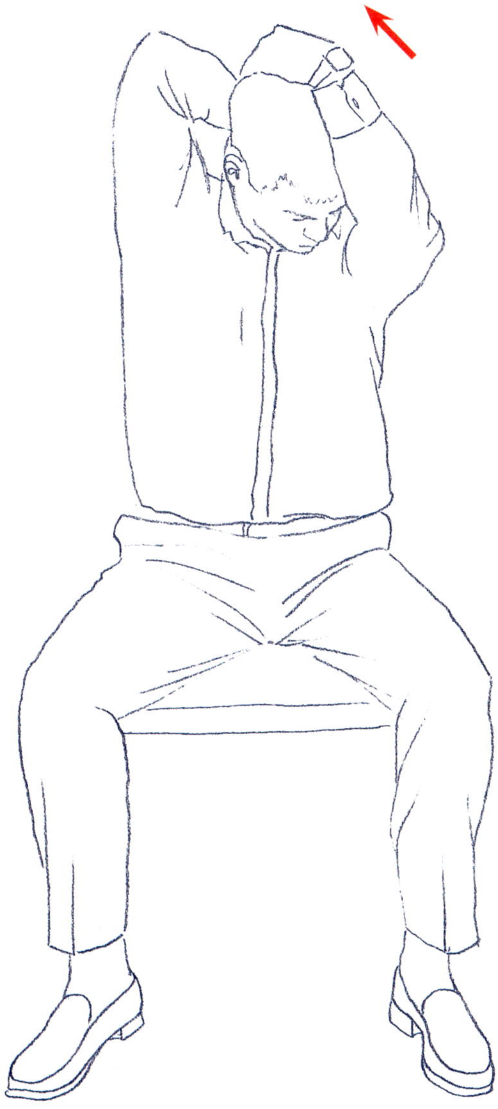

頭部を手に押し返して抵抗を及ぼす。

大胸筋（バージョン1）

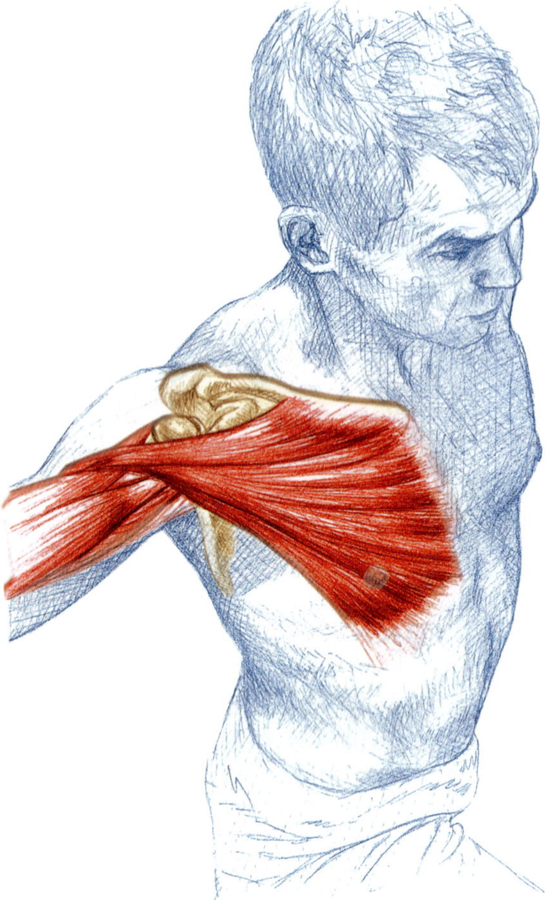

運動のほとんどが起こる肩関節の過可動性により、大胸筋はストレッチが難しくなる。また、筋があまりに張っている場合もストレッチは難しくなる。このエクササイズでは方法が非常に重要である。腹筋の張りを保ち、腰が曲がらないようにする。

筋の説明

大胸筋は、肋骨郭前部の皮下に位置する大きな筋である。鎖骨、胸骨、腹部の上部から起こり、上腕部へと走行する。大胸筋は上腕を内旋し、肩甲骨を前方に動かす。

張りの原因

大胸筋は前屈みの姿勢や腕を前に伸展しての作業など、悪い姿勢の習慣によって短縮する。美容師やマッサージ師、コンピュータを使った仕事をする人が関わることが多い。

大胸筋は、ストレスの影響を直接的には受けないものと考えられるが、大胸筋をストレッチすることによりリラックス感を得る人もいる。呼吸が楽になったという人もいる。大胸筋の張りを軽減することで、姿勢もよくなり、他の筋の弛緩にもつながる。

張りの徴候

- コンドルの首の姿勢（頭が身体より前に出ている）
- 肩甲骨の間の疼痛または筋スパズム
- 胸骨の疼痛
- 胸部への圧迫（狭心症様の）
- 特に夜間に感じられる、上腕のうずきやしびれ

柔軟性テスト

テスト1

背中を壁につけて立つ。両腕を肘が肩よりやや高い位置にくるまで横に広げる。腕を90度屈曲し、前腕を壁にぴったりとつけ、上腕を肩と同じ高さにする。腰を曲げることなく、前腕全体と手の背面が壁に触れられるかを確認する。

テスト2

右斜めの角を向いて立つ。片足を角に置き、腕を90度屈曲する。次に、肘を壁に当て、前腕が壁にぴったりとつき、上腕が肩と同じ高さになるように腕を回

旋する。上体を角に傾ける。柔軟性があれば、胸部が角に近づいて動く。

注 意

ストレッチの間、肩関節、肩甲骨の間、または腰に痛みが生じる場合は、このエクササイズは避ける。

方 法

右手と前腕をドア枠につけて立つ。肘関節が肩よりやや高くなるようにする。腹筋を引き締めて腰が曲がらないようにする。右足を一歩前に踏み出す。

右脚をゆっくりと屈曲して、5秒から10秒間ストレッチする。これにより、身体が前下方に傾く。胸筋にちくりとした痛みが生じたら動きを止める。5秒から10秒間、筋を弛緩する。

右肘を5秒から10秒間ドア枠に押し付けて抵抗を及ぼす。次に5秒から10秒間弛緩する。

これを2、3回繰り返す。

よくある間違い

- 肘関節の位置が低すぎる。
- 腹筋を張っていない（そのために腰が曲がっている）

コメント

肩関節の可動域が大きいと、大胸筋がうまくストレッチされない。その場合は、腕の位置を高くするとよい。

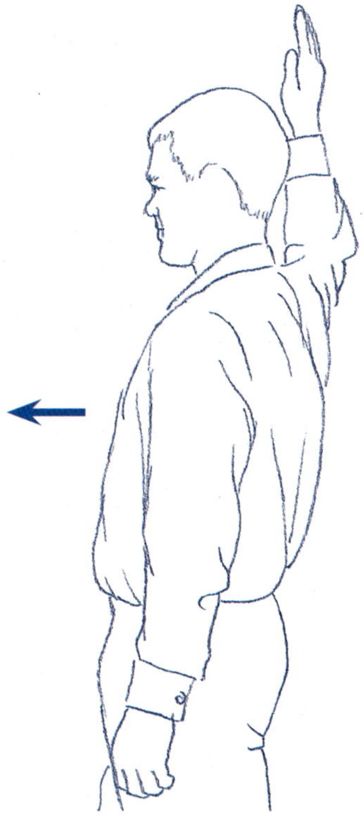

肘を肩よりやや高くする。
腹筋を引き締めて上体を前方に傾ける。

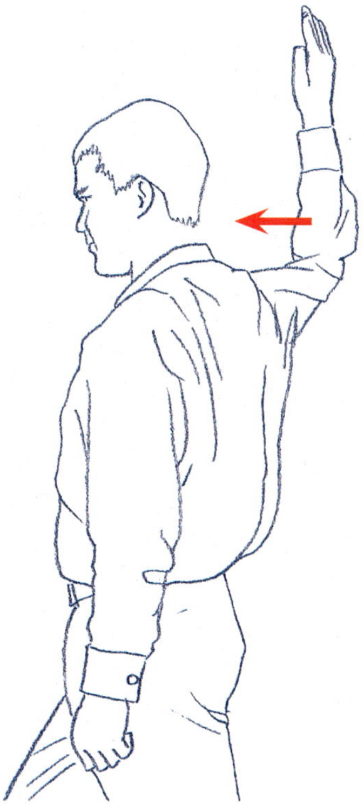

身体は動かさず、ドア枠に肘を押し付けて抵抗を及ぼす。

大胸筋(バージョン2)

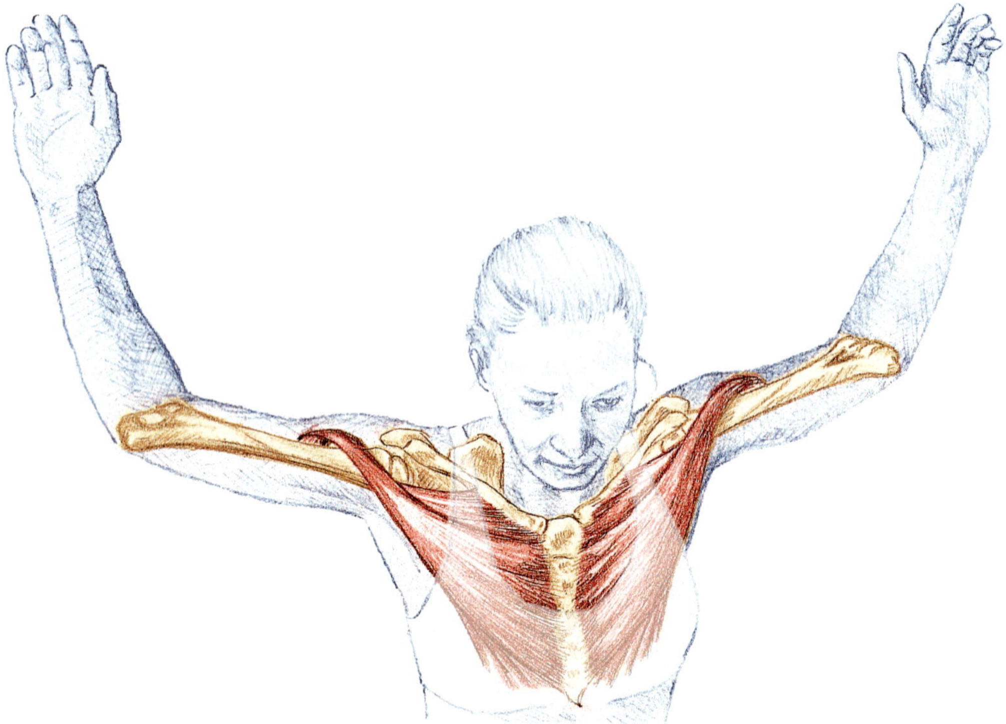

大胸筋、肋骨周囲の筋、肋骨と脊椎の間の筋の柔軟性を高めたい場合、このエクササイズは非常に効果的である。このエクササイズは、胸部の両側の筋を同時にストレッチする。このため、両側が均等にストレッチできるよう、肘の高さを同じにするよう注意が必要である。また、前脚の位置が変わることにも注意する。

方法

直角の角に向って立つ。片足を角に置き、手と前腕を壁につける。肘は肩甲骨よりやや高くなるようにし、前腕は天井を指すようにする。腹筋を引き締めて腰が曲がらないようにする。

前の脚を屈曲して身体を角の方へ傾け、胸部の筋にちくりとした痛みまたは伸張感を得られるまで、5秒から10秒間ストレッチする。その後5秒から10秒間、筋を弛緩する。

上体はそのままで両肘を壁に5秒から10秒間押し付けて抵抗を及ぼす。筋にちくりとした痛みを覚えたら止める。5秒から10秒間、筋を弛緩する。

再びちくりとした痛みを覚えるまで脚を曲げ上体を角に傾けてストレッチを深める。そこが新たな最終域である。

これを2、3回繰り返す。

よくある間違い

- 肘関節の位置が低すぎる。
- 前腕が真っ直ぐ上を向いていない。
- 腹筋を張っていないために腰が曲がっている。

コメント

柔軟性が悪くうまくストレッチされない場合は、このエクササイズを行う前にまずバージョン1を行う。筋をマッサージすることも弛緩につながる。

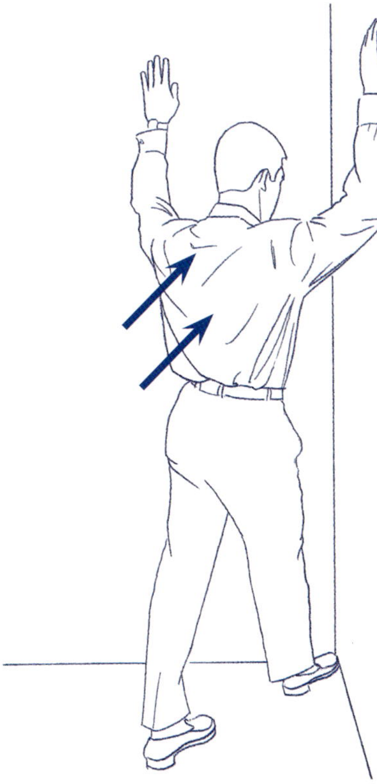

両肘を肩よりやや高くする。
腹筋を引き締めて上体を前方に傾ける。

身体は動かさず、壁に肘を押し付けて抵抗を及ぼす。

小胸筋（立位）

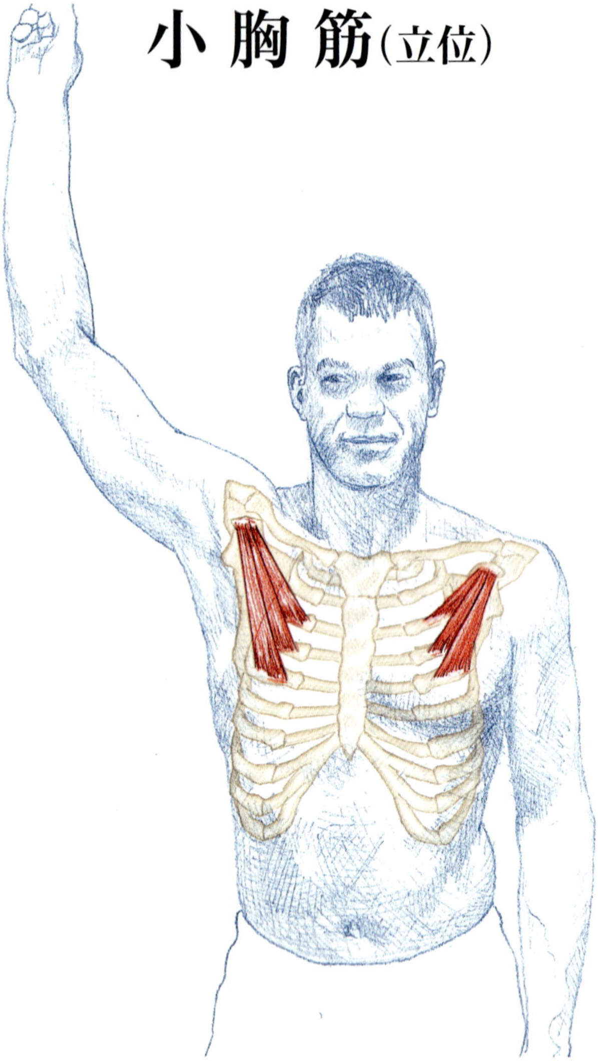

小胸筋は非常に張りがあり運動が小さいため、ストレッチの効果を実感するのは難しい。それほど実感できなくても、効果はある。このストレッチにより、夜間の手と腕のしびれが軽減する。ストレッチを行う間、腕や手になんらかの感覚が得られれば、この筋が作用していることが分かる。筋が柔軟になればこの感覚はなくなるというわけではない。

筋の説明

小胸筋は、大胸筋の下に位置し、3～5つの肋骨の前部から起こり、肩甲骨上部の突起へと走行する。肩を下げ、肩甲帯を固定する。また、強制吸気・吐気の補助も行う。

張りの原因

長時間の静的作業および不良姿勢により、この筋はぴんと張る。他の筋と同様、ストレスを受けたとき、特に呼吸が速くなっている場合に、上胸部の緊張が強まる。

張りの徴候

- 上腕へと拡散するしびれと疼痛
- テニス肘と同様の徴候
- 深呼吸の困難
- 筋全体の疼痛（狭心症や心臓発作様の）

注 意

ストレッチの間に肩関節または頸部に痛みを覚える場合は、このエクササイズは避ける。

方 法

右の前腕および手をドア枠につけて立つ。肘は肩関節よりかなり高くする。前腕は真っ直ぐ上を向け、身体と肘との間は約130度に開く。腹筋を引き締めて腰を曲げないようにする。右足を一歩前に踏み出す。

右脚をゆっくりと曲げ、上体を前下方にゆっくりと傾けて、5秒から10秒間ストレッチする。筋にちくりとした痛みを覚えたら動きを止める。5秒から10秒間弛緩する。

右肘を5秒から10秒間前方にゆっくりと押して抵抗を及ぼす。5秒から10秒間弛緩する。

ちくりとした痛みを覚えるまで右脚を屈曲してストレッチを深める。これが新たな最終域である。

これを2、3回繰り返す。

よくある間違い

- 肘の位置が高すぎるかあるいは低すぎる。
- 肩関節の柔軟性がない。
- 腹筋を十分に張っていないために腰が曲がっている。

コメント

小胸筋は認識しにくいため、このエクササイズは難しい。小胸筋のエクササイズの前に大胸筋のストレッチを行うとよい。

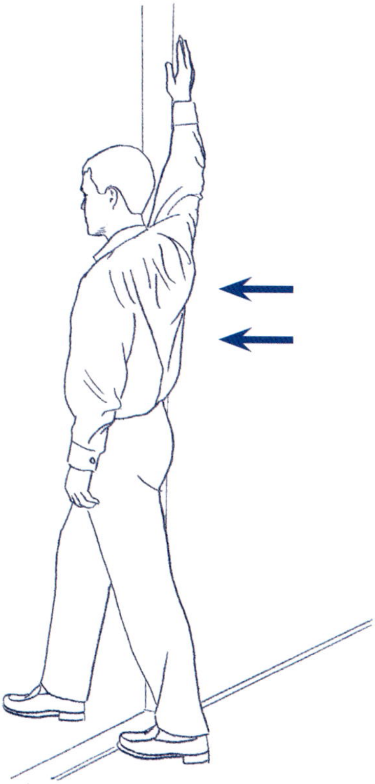

肘を目の高さにする。
腹筋を引き締めて上体を前方に傾ける。

身体は動かさず、ドア枠に肘を押し付けて抵抗を及ぼす。

小胸筋（座位）

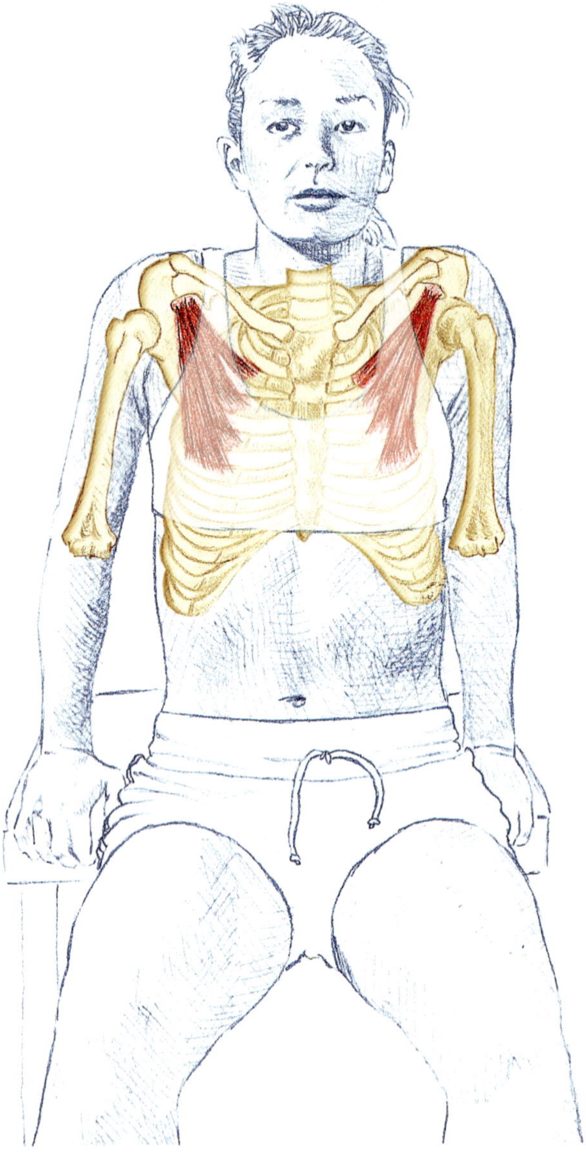

このエクササイズは、腕の筋力を必要とし、安定したあるいは据え付けのベンチで行う必要がある。非常に注意して始める。最初に肩と肩甲帯に伸張が感じられるが、この感覚は次第に消える。

注 意

肩、頸部または手関節に痛みが生じる場合、あるいは、腕を真っ直ぐに維持し、体を保持するのが難しい場合はこのエクササイズは避ける。

方 法

据え付けのベンチなど、安定した面に座る。指を前に向けて手をベンチに置く。床に足をつけてから、腕で支えながら腰を前方に移動させる。上体は直立に、腹筋を引き締めてバランスを維持する。

肩と肩関節を上に動くように肩の筋を弛緩させ、5秒から10秒間ストレッチする。胸部の前部の筋にちくりとした痛みを覚えたら止める。5秒から10秒間弛緩する。

肩甲帯を使って上体を5cmほど上に持ちあげ、抵抗を及ぼす。

新たな最終域に達するまで、上体を再度ゆっくりと下にしずめてストレッチを深める。

これを2、3回繰り返す。

よくある間違い

- 肘が少し曲がっている。
- 肩が完全に弛緩できていない。

コメント

他の筋を動かしてはいけないため、僧帽筋下部も過度に張って鎖骨の内側の関節に痛みを覚える場合がある。このエクササイズを行う前に、大胸筋のストレッチを行うとよい。

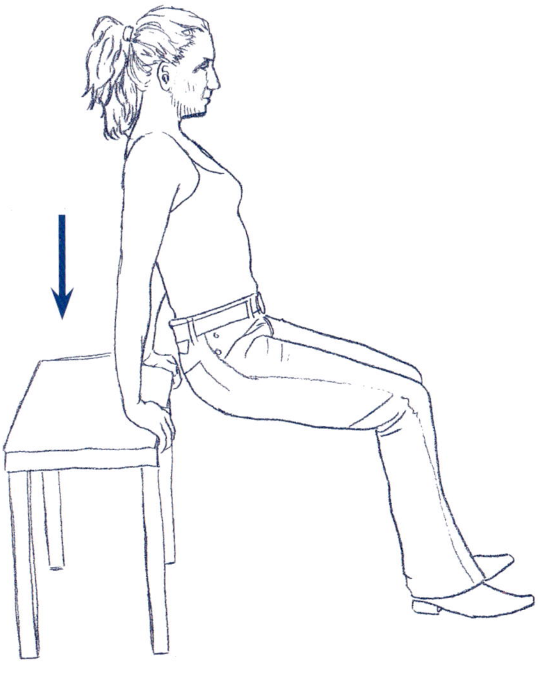

支持面は堅固で、上肢は完全に伸展しているか確認する。
肩が浮くようにゆっくりと体が沈むようにする。

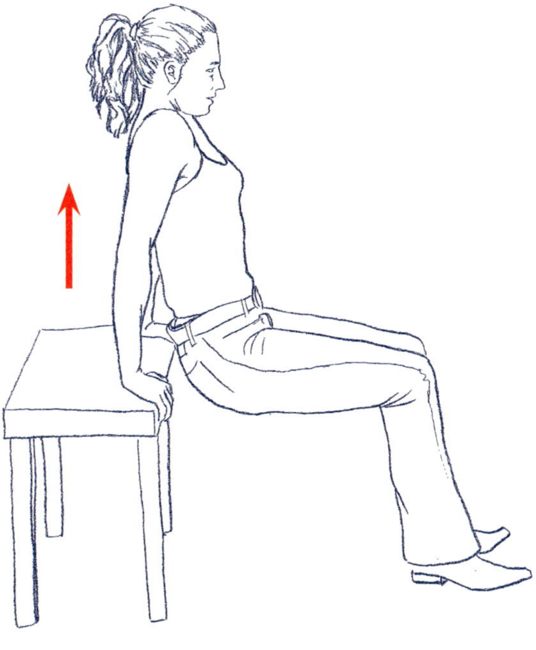

5cm程度上体が上がるように抵抗を及ぼす。

僧帽筋中部および菱形筋（立位）

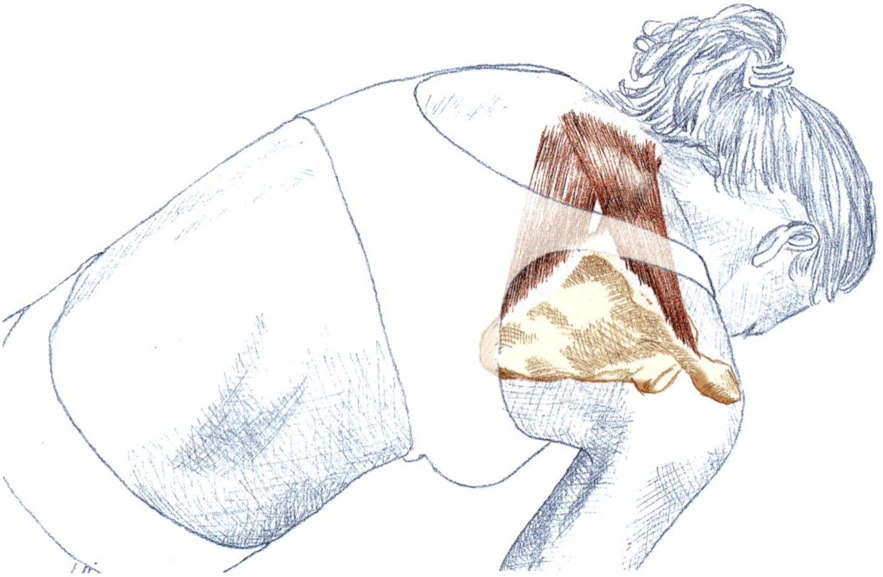

肩甲骨の間の筋は非常に張っているため、このエクササイズには力がいる。しかし、問題が一つある。このエクササイズを正しく行うためには、腰を痛めないよう腹筋をしっかりと引き締める必要がある。腰に痛みを覚える場合は、代わりのエクササイズを試すこともできる。このエクササイズの目的は、腕を使って肩甲骨をできるだけ前方および側方に引くことである。

筋の説明

僧帽筋の中部は、筋系の表層にあり、脊椎の棘突起から肩甲骨の外端へと走行する。大・小菱形筋は、僧帽筋の下側にある。棘突起から肩甲骨の内側端へと走行する。これらの筋は肩甲骨を強く引き寄せ、肩甲帯を固定する。

張りの原因

姿勢が悪いとき、これらの筋が静的に働いて脊椎と椎間板の靭帯を保護する。胸部の筋が短縮すると、許容以上にこれらの筋が補おうとする。

張りの徴候

- 肩甲骨の間の疼痛
- 肩の前方にかけての痛み
- 肩甲骨の間のしびれ

注 意

腰または肩関節に痛みを覚える場合はこのエクササイズは避ける。

方 法

安定したベンチや椅子に右足を乗せ、床に左足をつけて立つ。左脚はわずかに屈曲する。右腕を脚に交差させて椅子の左側をつかむ。手は左膝の10cmほど前に、指は左側にする。左手は左大腿部の膝のすぐ上に乗せる。腹筋を引き締めたまま、頭部を垂れ下げる。

椅子から身体を離さずにゆっくりと注意深く、右股関節と左膝関節を伸展して立つ。この方法で５秒から10秒間ストレッチする。大腿部に左手を押し付けることによってストレッチを高めることができる。右側の肩甲骨と脊椎の間にちくりとした痛みを覚えるまで続ける。５秒から10秒間、筋を弛緩する。

腕で椅子の方へ注意深く引き、抵抗を及ぼす。上体は静止させたまま、５秒から10秒間、筋をストレッチする。その後、５秒から10秒間、筋を弛緩する。

新たな最終域に達するまで、大腿部に置いた手を押して押し上がろうとすることによりストレッチを深める。これを2、３回繰り返す。

よくある間違い

- 肩甲骨がリラックスしていない。
- ベンチにかけた手が前に離れすぎている。
- 運動に従って身体がねじれている（背中は水平のままにする）。

コメント

これらの筋が張って短縮しているためにうまくストレッチできない場合がある。この場合は、深部組織マッサージを行うとよい。

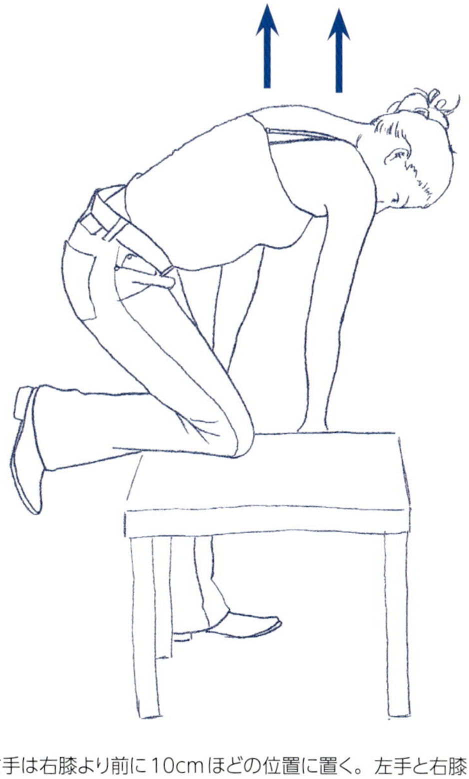

右手は右膝より前に10cmほどの位置に置く。左手と右膝関節で押し上げようとする。腹筋は引き締めておくこと。

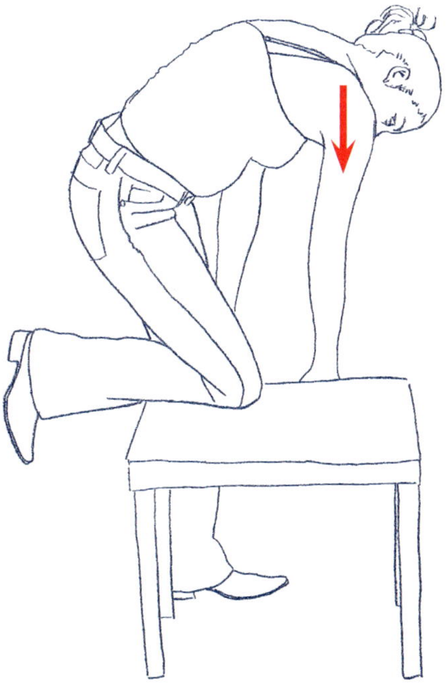

実際には身体は動かさず、
ベンチに身体を引き寄せようとする。

僧帽筋中部および菱形筋（座位）

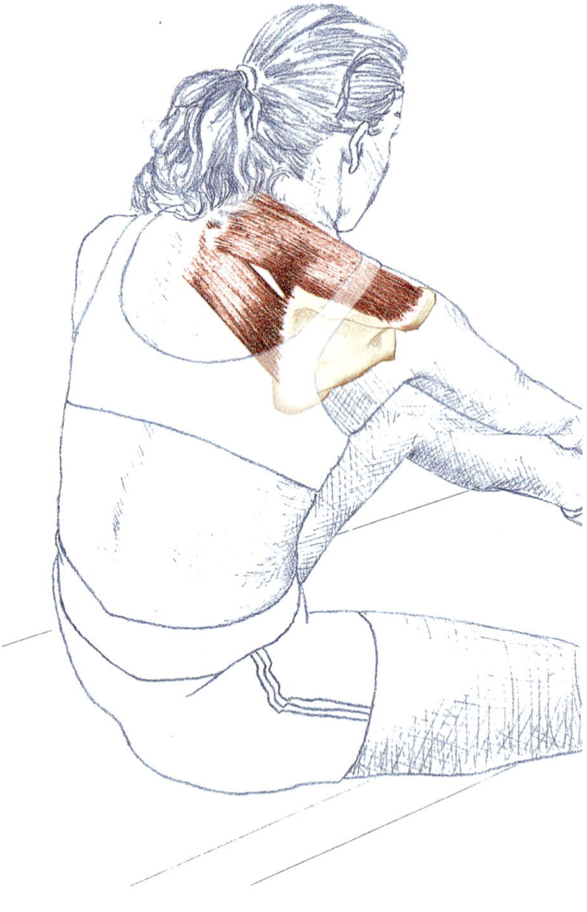

このエクササイズはベンチまたは床の上で行うことができる。柔軟性が悪い場合は難しい。その場合は立位のバージョンを行う。立位でのエクササイズと同様、腹筋を引き締めて腰を保護することが必要である。

注意

腰または肩関節に痛みを覚える場合はこのエクササイズは避ける。

方法

床に右足、ベンチに左足を乗せてベンチに座る。右手で左足の外側がつかめるまで、左膝関節を屈曲する。左手は左大腿部の膝のすぐ上に乗せる。左手を大腿部に押し付けながら上体を後方へ傾けてストレッチする。右側の肩甲骨と脊椎の間にちくりとした痛みを覚えたら止める。5秒から10秒間、筋を弛緩する。

右手で上体を足へと注意深く引き、5秒から10秒間抵抗を及ぼす。上体は実際には動かさないこと。(右側をストレッチするには、身体を右側へねじろうとする。) 5秒から10秒間、筋を弛緩する。

新たな最終域に達するまで、上体を後方に傾け左手を押しつけることによりストレッチを深める。

これを2、3回繰り返す。

よくある間違い

- 背中が曲がっている。
- 運動に従って身体がねじれている

コメント

　これらの筋が張って短縮しているためにうまくストレッチできない場合がある。その場合は深部組織マッサージが役立つ。腰に痛みを覚える場合は、腹筋をしっかりと引き締めていないことが考えられる。

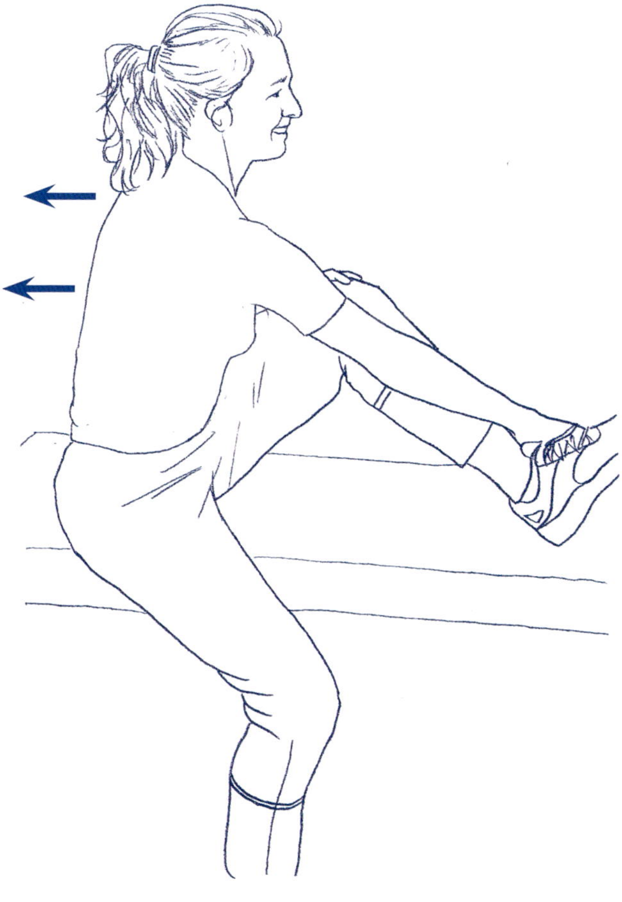

開始肢位でできるだけ身体を直立にして座る。
左手で大腿部を押しながら上体を後方に傾ける。
腹筋を引き締めることを忘れない。

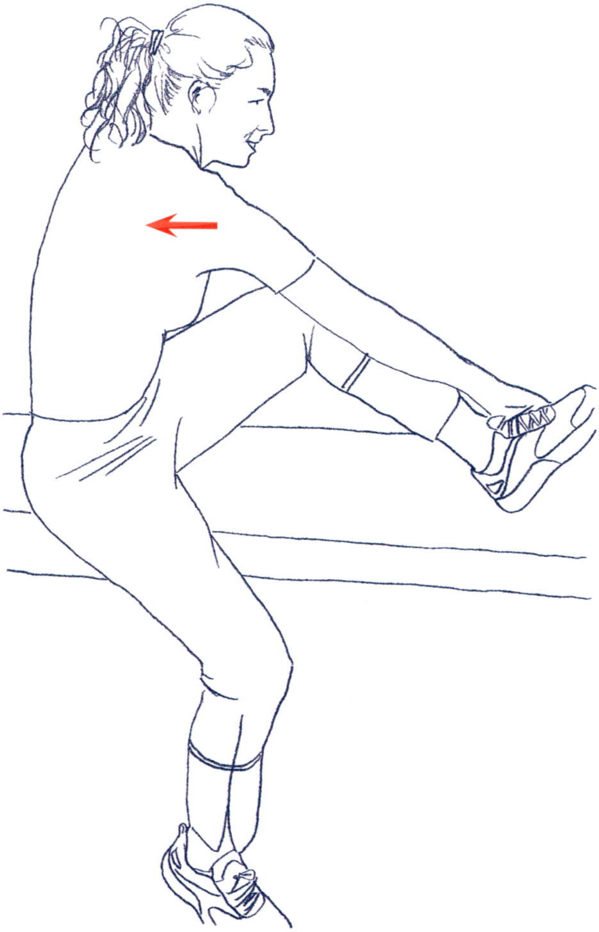

実際には上腕は動かさず、
腕と肩を後方に引いて、抵抗を及ぼす。

広背筋(立位)

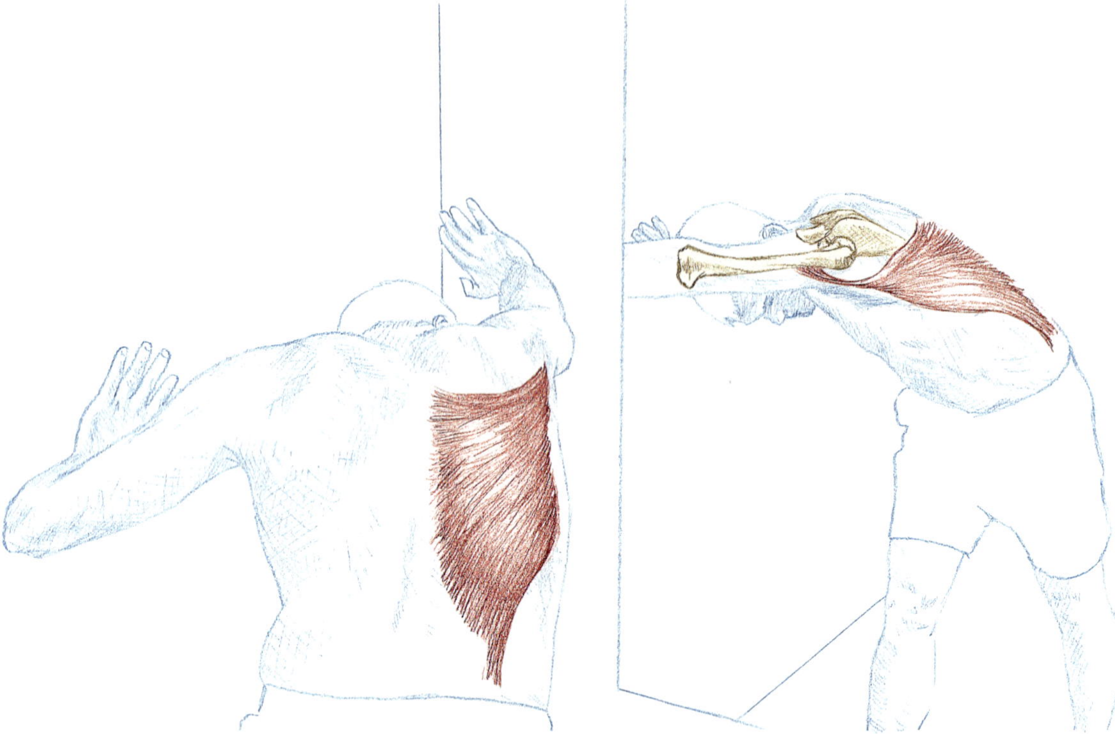

このエクササイズは、技術的に複雑だと思われるかもしれない。だが、一度理解できれば非常に役に立つ。背中の片側全体を腋窩の方へと引き伸ばすことができる。身体を弓のように屈曲しながら、できる限り腕と肩甲帯を遠くへ伸展するようイメージすると、行いやすい。

筋の説明

広背筋は、皮下の表層に位置する広い筋である。腸骨稜(腰部)と脊椎に始まり、前へと走行して上腕の内側部に停止する。

広背筋は体幹を身体に対して後方、および内側へと動かし、肩甲帯を下げ、肩甲骨を寄せ、脊椎を後方および側方に屈曲し、また、腕を頭の上へ挙げるときに背部の弯曲を大きくする。

張りの原因

頭より低い位置での腕の運動が主なため、この筋は運動不足によって張りを生じ短縮する場合が多い。腕が肩より低い高さにあるときは、肩関節の運動が制限されるため、張ることはめったにはない。だが、この筋が張ると、クロスカントリースキーや体操、クライミング、ゴルフなど、肩より高い位置での運動が制限される。

張りの徴候

- 頭より高い位置での手の運動が難しくなる。
- 肩関節の疼痛
- 腰の疼痛または彎曲

柔軟性テスト

壁に背を向けて立つかまたは腕を脇につけて床に寝そべる。腕を上げて手の甲を壁または床につける。腰を壁または床につけたまま腕を真っ直ぐに維持する。

注 意

ストレッチの間、肩関節または腰に痛みを覚える場合は、このエクササイズは避ける。

方 法

ドアの取っ手、または同様の硬いものを探す。へそと同じ高さのものであること。腕の長さほど離れて立つ。右手で取っ手をつかみ、左肩が右肩よりも壁に近くなるよう横に一歩動く。腕と身体が一直線になるように上体を前に屈曲する。

ここで、横から見ると身体はVの字になっている。後ろに倒れないよう、取っ手をしっかりつかんでおく。

右脚を後方やや左に伸ばす。背後からみると、脚と身体と腕が弓の形であること。左手をドアまたは壁に、右手のやや左側に置く。押す動作に使えるよう、左腕をやや屈曲する。

左手で壁を押して身体の弓型を大きくし、背中の片側にちくりとした痛みを覚えるまで5秒から10秒間ストレッチする。筋を5秒から10秒間弛緩する。

右腕を横に動かそうとして5秒から10秒間抵抗を及ぼす。取っ手は離さず、身体は動かさない。身体を5秒から10秒間弛緩する。

弓の屈曲を大きくしてストレッチを深め、新たな最終域に到達するまで、ドアまたは壁を押し離そうとし続ける。

これを2、3回繰り返す。

よくある間違い

- ドアまたは取ってから遠すぎる位置に立っている。
- 壁を押す腕を屈曲しておらず、押す力が不十分である。
- 肩関節が開いた状態(真っ直ぐ)になっていない。

コメント

このエクササイズが難しい場合は、開始姿勢を誰かに確認してもらう。ストレッチを高めるには、ハンドルを下から握る。押すのが難しい場合は、壁に近づいて立つ。

後方へ押せるよう左足を十分に前方へと離す。
左脚と左手で押す。

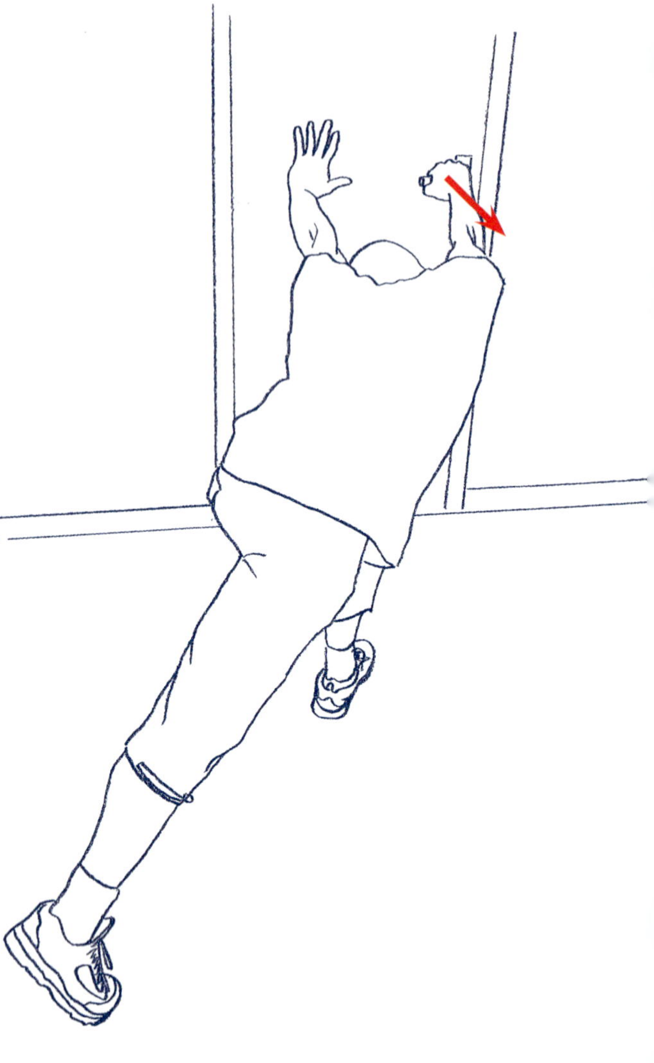

実際には身体は動かさないで、右手を右側に
動かそうとする。

広背筋（座位）

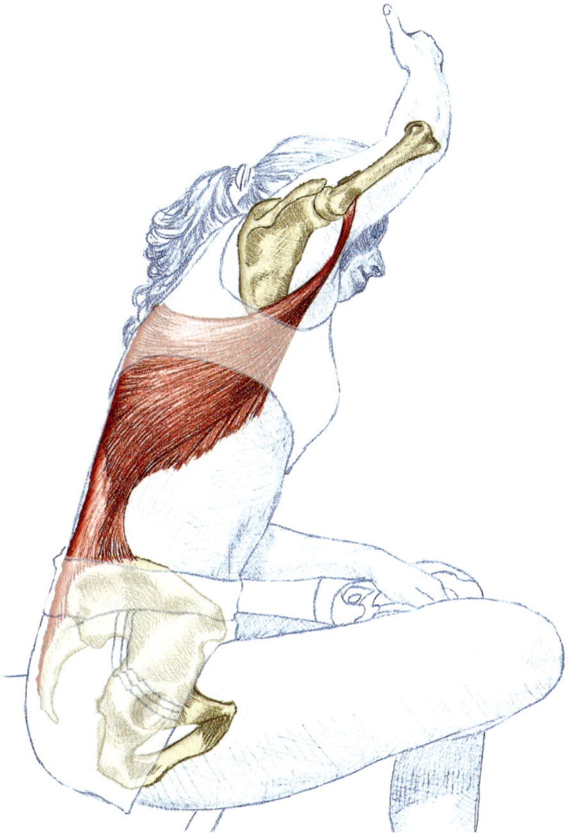

このエクササイズは、かなり柔軟な人に向いている。職場で行うにも最適である。このエクササイズを実行するには、開始肢位で全身が直立した状態で座ることができなければならない。このエクササイズの前に、片手の支えを使ってゆっくりと注意深く開始肢位をとる。これを行わないと、ストレッチのときに過剰な力を用いてしまうリスクが生じる。

注 意

　ストレッチの間に膝や背中に痛みが生じる場合は、このエクササイズは避ける。

方 法

　身体の右側が机に向くように椅子に座る。幅を広げた足を床につける。右脚の足首を左脚の大腿部に乗せ、右膝を机の下に入れる。背中を完全に真っ直ぐ伸ばし、腹筋を引き締めて座る。上腕が耳につくように右腕を頭上に挙げる。頭部と頬に腕を乗せる。

　上体を左にまっすぐ屈曲して、5秒から10秒間ストレッチする。5秒から10秒間、上左方に手を伸ばそうとする。

　机で右膝を押すかまたは上体を直立の方へ上げようとすることで5秒から10秒間、抵抗を及ぼす。両方を組み合わせてもよい。5秒から10秒間、筋を弛緩する。

　新たな最終域に到達するまで、重力に従い側方に引きストレッチを深める。

　これを2、3回繰り返す。

よくある間違い

- 直立するために他の筋を過剰に引き締めている。
- 側方ではなく前方に傾いている。
- 腕を十分に高く挙げられていない。

コメント

　これは技術的に難しいエクササイズなので、正しくできていることを実感するには練習が必要である。足を床にしっかりと固定し、支えを頼りにしてエクササイズするとよい。まず腰方形筋をストレッチすると行いやすい。

テーブルの台の下に脚を入れ、できるだけ高く腕を挙げる。
上体を左へ傾け、上腕を前側方へ伸ばす。

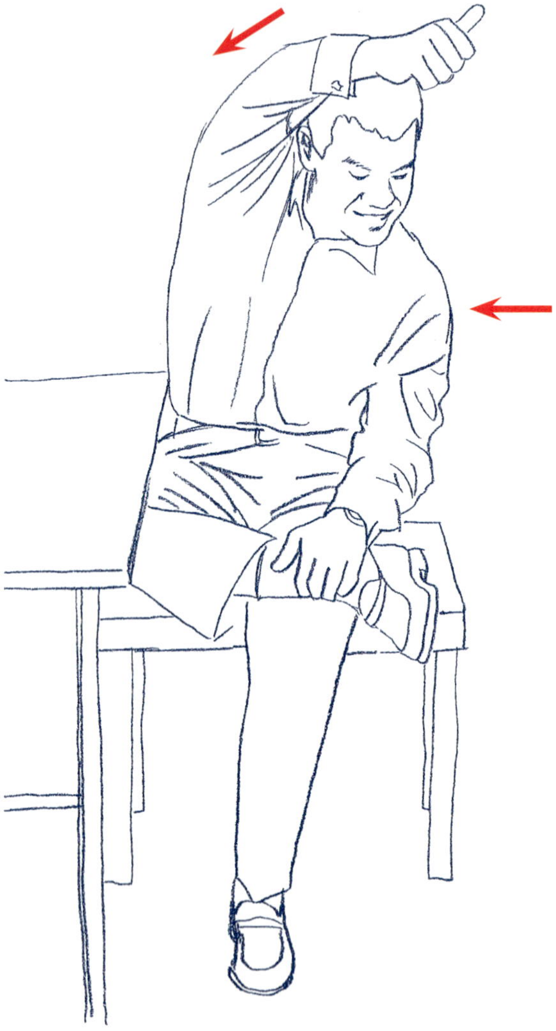

テーブルの台に注意深く膝を押し付けるかまたは
上体を5cmほど上げて抵抗を及ぼす。

棘 下 筋(バージョン1)

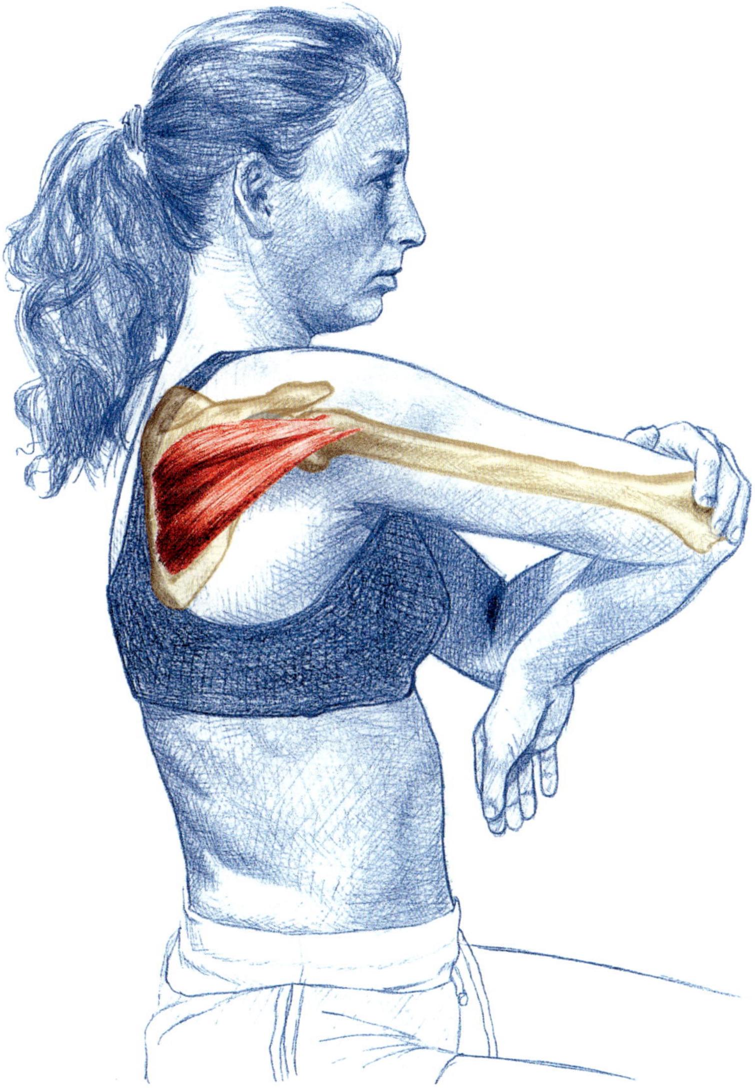

棘下筋は、肩部の疼痛を回避または最小化する上で最も重要な筋の一つである。繊細な筋であることが知られているため、注意して行う。筋の伸張を実感しなくても、エクササイズは効果がある。棘下筋は上腕を内旋し、肩を外側にストレッチする。このエクササイズから期待される効果を得るには、ストレッチの間、肘を挙げるかまたは下げてはいけない。また、抵抗を及ぼす際に過度に動かないことも重要である。

筋の説明

棘下筋は、皮下の表層にあり、肩甲骨から上腕の外側へと走行する。主な機能は、肩関節で上腕を外旋することである。また、関節の運動を協調させて微調整することにより、肩を安定させる。

張りの原因

棘下筋は上腕が動いているときは常に静的に作用している。キーボードでの作業により、張りと短縮が及ぼされることが多い。筋力トレーニング、特にベンチプレスなどにおける過用が多くみられる。また、頸部の後ろで押し引きするエクササイズによっても緊張する。

張りの徴候

- 肩甲骨の局所または全体の疼痛
- 肩の前部の刺痛
- 上腕、前腕および手へと拡散する疼痛

柔軟性テスト

床にうつ伏せになるか、壁を向いて立つ。後方に手を伸ばし、ベルト通しまたはウェストラインのできるだけ後部に指を置く。うつ伏せの場合は、重力に従って肘を降ろし、床に触れる。立っている場合は、肘を前方に引いて壁に触れる。

注 意

ストレッチの間、肩の前部に痛みを覚える場合は、このエクササイズは避ける。ストレッチの後に疼痛が生じる場合は、次回行う際に注意する。

方 法

このエクササイズは、座りながらでも立った状態でも行える。右上腕を身体の前に真っ直ぐ出し、前腕を胸の方へ引いて、肘関節の角度を90度にする。左手で右肘をつかみ、左の前腕を右前腕の上に乗せる。左腕を乗せたまま、右上腕を楽にする。弛緩して肩を下げる。

右肘の位置を保ったまま左前腕で右手を押し下げ、5秒から10秒間、筋をストレッチする。5秒から10秒間、筋を弛緩する。

左前腕を右手で注意深く押し上げて抵抗を及ぼす。5秒から10秒間、筋を弛緩する。

新たな最終域に達するまで、手と前腕を押し下げてストレッチを深める。

これを2、3回繰り返す。

よくある間違い

- 肩が完全に弛緩できていない。
- 動きが早すぎる。
- 肩関節周辺の他の筋を引き締めている。

コメント

棘下筋に十分な伸張感を得るのは非常に難しい。肩甲骨全体ではなく、肩の前面にだけ感じることはある。この筋をよく認識するには、棘下筋のストレッチを行う前に、胸部と背中の筋の運動によりこれらの部位の血流を高めることである。それでも難しい場合は、ストレッチの前に部位の深部組織マッサージを試みるとよい。左手で肘を前方に引いて回旋を開始する前に、肩関節を開いておくことも試みる。

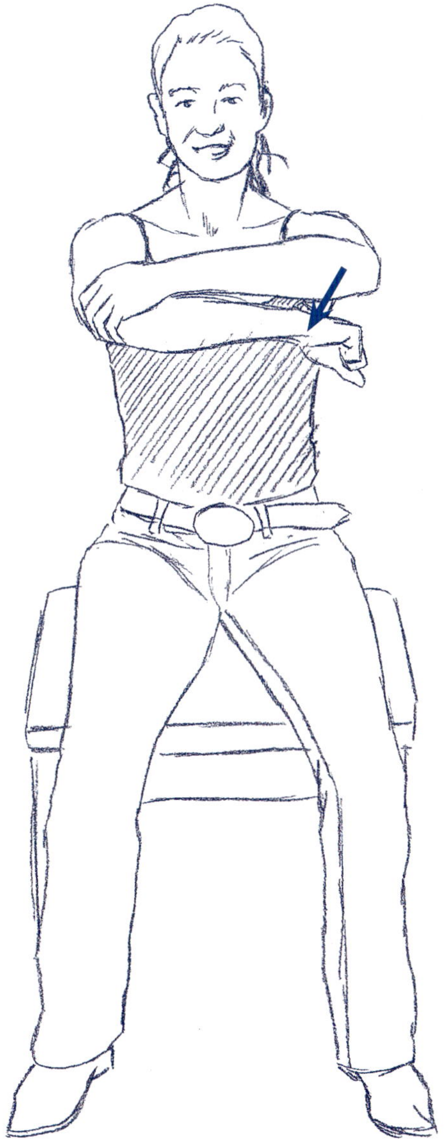

右腕を完全に弛緩し、左腕で持ち上げる。
左肘で腕を内旋する。

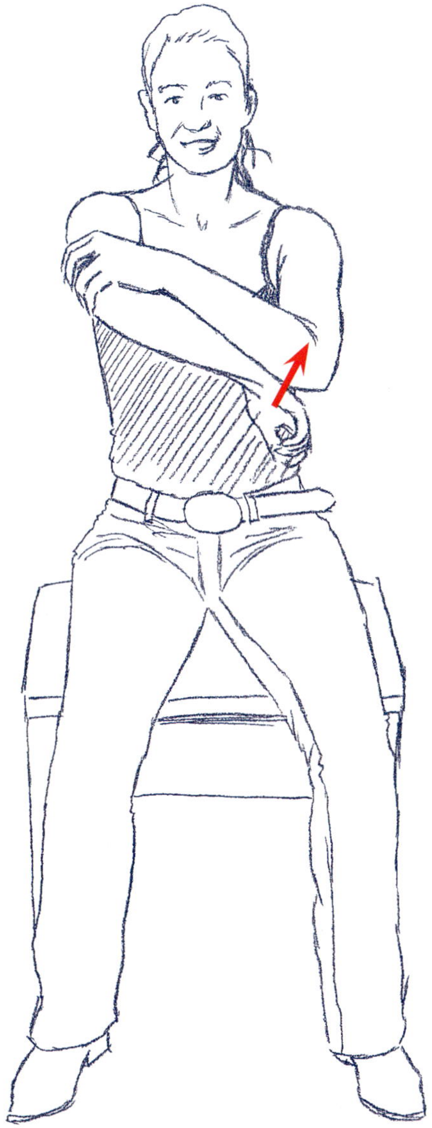

左肘に対して右手で押して抵抗を及ぼす。

棘下筋（バージョン2）

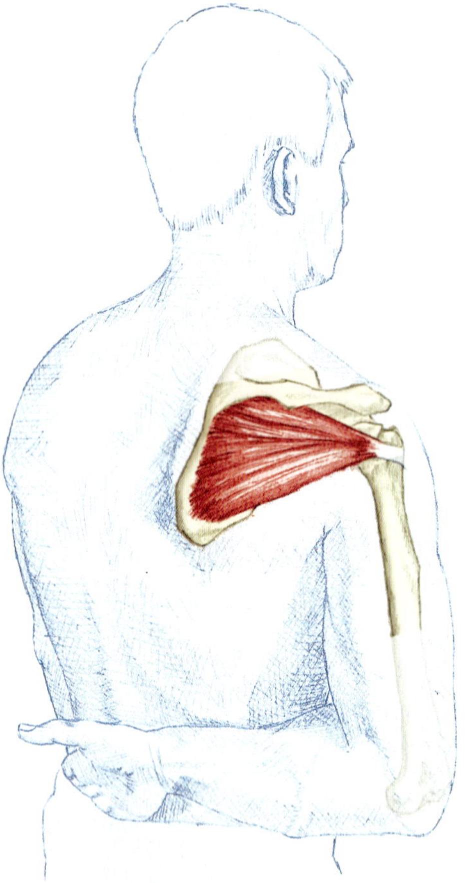

このエクササイズは、犯罪者が捕縛されるポーズだが、棘下筋のストレッチに非常に効果的である。注意深く行い、体重に対する棘下筋の大きさを考慮する。身体を傾ける間、よくバランスをとり、重力以上の余分な力をかけないよう注意する。開始肢位に達したときにこのエクササイズで行うことは、身体を後方へ移動させながら肘を前方へ移動することである。抵抗（この場合はドア枠）は、肘の後部に対してかける。

注 意

エクササイズの間または直後に肩に痛みを覚える場合は、このエクササイズは避ける。

方 法

片方の脚を前に出し、もう片方の脚で戸口に立つ。手を後ろに回し、ベルト通しまたはズボンのウェストラインに指を置く。肘の後部をドア枠にもたれる。筋にわずかな伸張感または痛みを覚えるまで、上体を後方に5秒から10秒間注意深く傾ける。これが正しく行えていれば、肘は前方に来る。5秒から10秒間、筋を弛緩する。

新たな最終域に到達するまで、身体を後方に傾けて肘を前方に動かして、ストレッチを深める。

これを2、3回繰り返す。

よくある間違い

- 肩を完全に弛緩できていない。
- 肩関節周辺の筋が緊張している。
- 腕がドア枠に触れすぎている。

コメント

筋を伸ばすのが難しいかまたは痛みが生じる場合は、手前横のベルト通しを持つ。腕全体ではなく肘だけをドア枠に触れる。

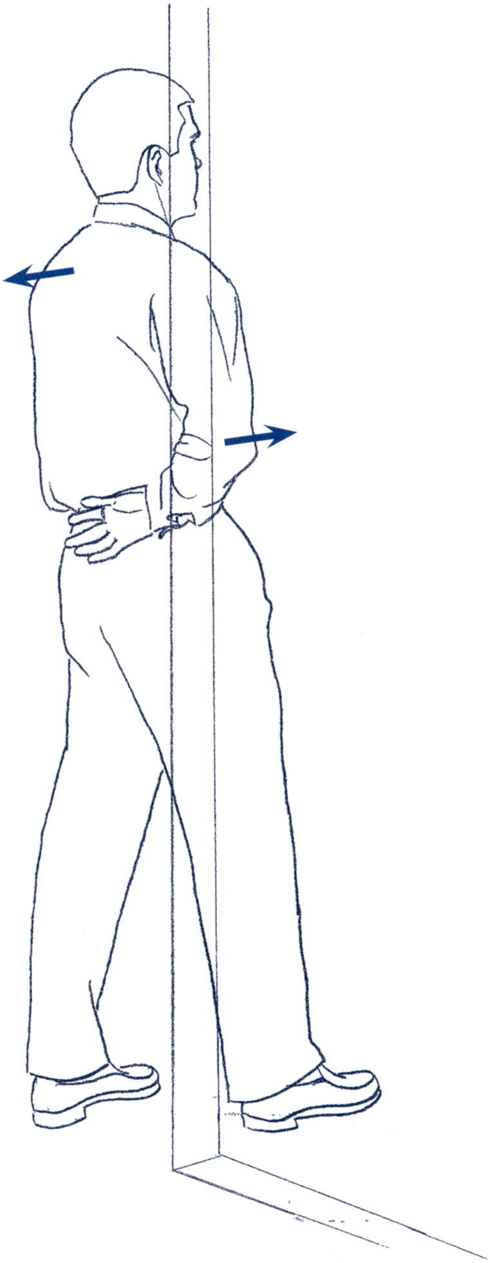

ドア枠の前に肘を置く。
肘が前方に移動するよう、上体をゆっくりと後方に傾ける。

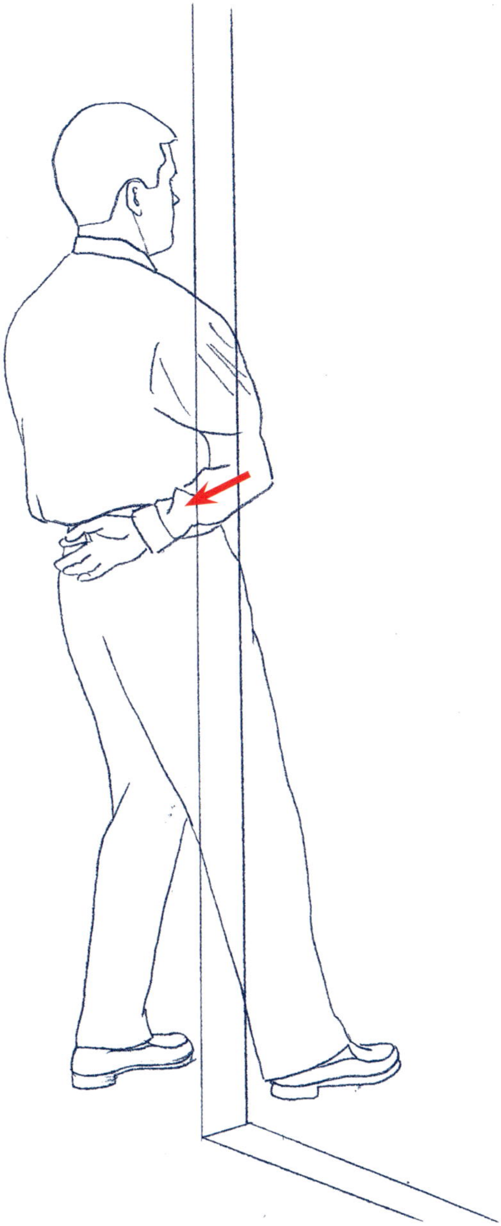

ドア枠に肘の後部を注意深く押し付け、抵抗を及ぼす。

大 円 筋

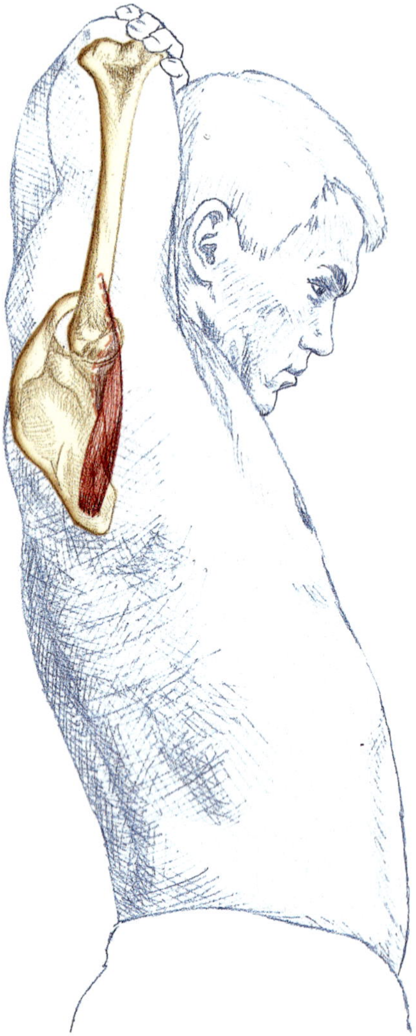

大円筋は、肩関節で広背筋と同じ機能を持つため、52ページおよび55ページと同じ方法でストレッチを行う。大円筋のエクササイズに特有なことは、肩甲骨を壁に固定する点である。

筋の説明

大円筋は肩甲骨の下角部から、上腕内側部の停止部、そして広背筋へと走行する。大円筋は、身体前面または側面のあらゆる位置から、上腕を身体の方へと動かす。また、上腕の内旋も補助する。

張りの原因

長時間の静的な作用によりこの筋が張るが、この緊張が肩より下で行われる運動を妨げることはまずない。しかし、頭部より上で行われる運動は緊張により制限される。その例として、クロスカントリースキーや体操、クライミング、ゴルフなどが挙げられる。

張りの徴候

- 腕へと拡散する疼痛
- 腕および指のしびれ
- 腕を頭部より上へと挙げる運動時の筋力低下

注 意

肩または頸部に痛みを覚える場合は、このエクササイズは避ける。

方法

壁に身体右側を向けて立ち、30cm強、足を壁から離す。右腕を頭上に挙げ、肘を90度曲げる。肩甲骨だけが壁に触れるよう、身体右側を壁に注意深く傾ける。左手で右肘をつかむ。

肩の外側すぐ下に抵抗感またはちくりとした痛みを覚えるまで、頭部の後ろ側で肘を左に引き、5秒から10秒間ストレッチする。5秒から10秒間、筋を弛緩する。

左手で抵抗をかけながら、壁に向かって注意深く肘を動かし、抵抗を及ぼす。5秒から10秒間、筋を弛緩する。

新たな最終域に到達するまで、頭部の後ろ側で肘を引き、ストレッチを深める。

これを2、3回繰り返す。

よくある間違い

- 肩甲骨を固定するために壁に近づきすぎている。
- 肩関節や他の関連する筋が硬いために頭部の後ろ側に腕を持っていけない。

コメント

このエクササイズが難しい場合は、広背筋と大胸筋のストレッチを先に行うとよい。

頭部の後ろ側に右腕を持っていく。
もう片方の手で肘を左に引く。
右肘を左手に押し返し、抵抗を及ぼす。

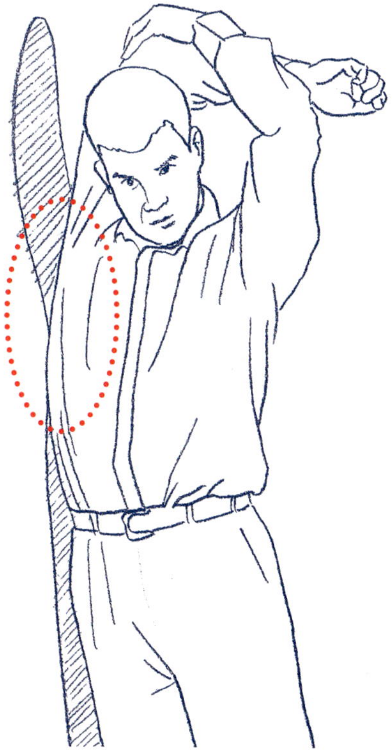

壁に肩甲骨を固定させることが重要である。

棘上筋（バージョン1）

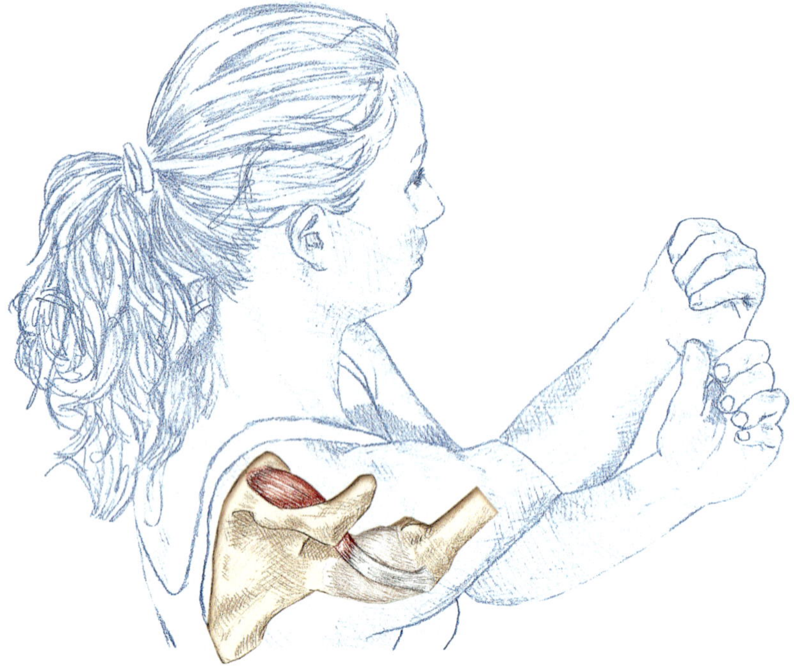

これは、伸張感を得るのが難しく、また、腕が大きすぎると難しいという点からも、最も難しいエクササイズの一つである。その場合は、代わりにバージョン2のエクササイズを行う。実践してみると、小さな筋であることが分かる。強制的に引くことはよくない。微調整しながら開始肢位をとり、注意深く運動を行う。すぐにできないからといってあきらめてはいけない。

筋の説明

棘上筋は、僧帽筋中部の下に位置する比較的小さい筋である。肩甲骨の上部から、肩甲骨外側の突起部の下を走行し、上腕の外側に付着する。棘上筋は非常に重要な機能を持つ。すなわち、肩関節での肩の運動の間に、肩関節内において上腕を肩甲骨の方へ引く働きを持つ。この作用がなければ、肩周辺の他の筋が機能できない。また、腕の外旋と外側挙上（外転）の運動を補助する。

張りの原因

棘上筋は、上腕の運動時に常に作用する。従って、休んでいることはほとんどない。また、肩より高い位置での反復運動により、挟まれたり、損傷したりすることもある。窓ふきや天井または壁の色塗りによってこの筋に問題が起こりうる。

張りの徴候

- 肩の筋および肩外側の局所痛
- 肩より高い位置に肘を挙げる際の局所痛

棘上筋は肩および頸部の疼痛が上腕および手に拡散する際にも部分的に関与していると考えられる。また、テニス肘の場合にも関係している。この場合は、肘の外側に疼痛がある。

注意

肩や手首に痛みを覚える場合は、このエクササイズは避ける。

方法

このエクササイズは、座っていても立っていても行える。身体の前に右肘を置き（腕相撲の体制）、肘関節を90度に維持する。次に、肘を身体の正中線に移動し、みぞおちに位置付ける。右肘が左肘の前で休まるよう、右腕の下に左腕を当てる。左手で右手母指をつかむ。今度は腕を交差し、右前腕を真っ直ぐに上向きにする。肩と腕を弛緩する。

腕が外旋するよう、左手で右手母指を引き、筋を注意深くストレッチする。

腕の回旋に合わせて肘をやや伸展する。右肩にわずかな伸張感またはちくりとした痛みを覚えたら止める。5秒から10秒間、筋を弛緩する。

筋のわずかな痛みが消えるまで、腕を実際には動かさないで、内旋しようと試み（腕相撲の動き）、抵抗を及ぼす。5秒から10秒間、筋を弛緩する。

新たな最終域に達するまで、腕の外旋を続けてストレッチを深める。

これを2、3回繰り返す。

よくある間違い

- 肘を過度に屈曲している。
- みぞおちの前に肘を位置づけられていない。
- 肩と腕が弛緩できていない。

コメント

この筋で作用を実感することは難しいが、伸張を達成することはできる。柔軟性に乏しかったり、筋が大きすぎたりするためにこのエクササイズが難しい場合は、バージョン2のエクササイズを試みるとよい。

エクササイズの間、身体の前で肘を維持すること。
母指を引き、注意深くストレッチする。

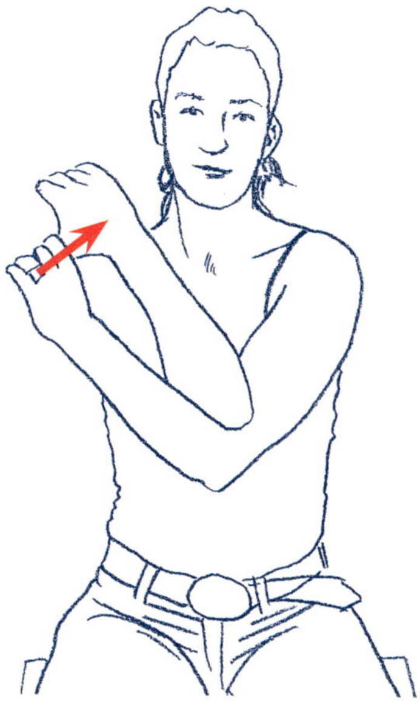

右腕で腕相撲をするような動作で、左肘で抵抗を及ぼす。

棘上筋(バージョン2)

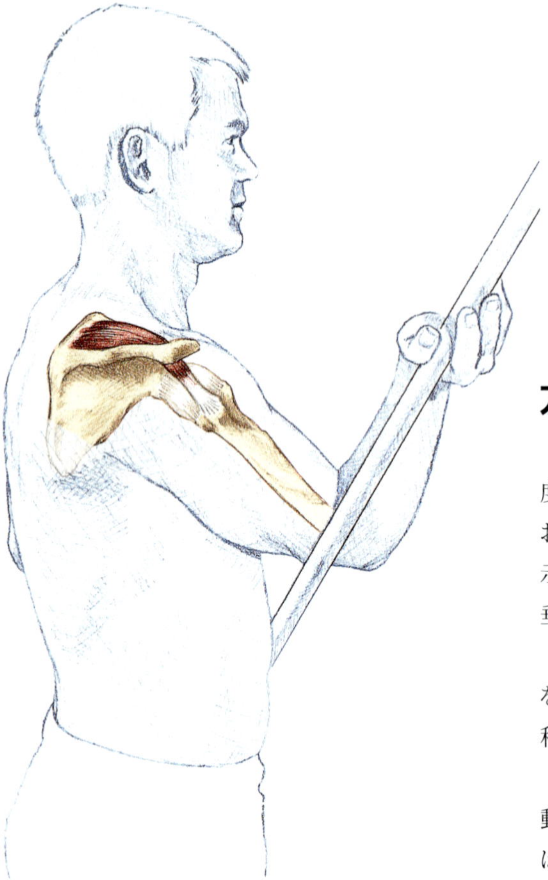

これは、柔軟性不足や損傷などによってバージョン１が困難な人のための代わりのエクササイズである。エクササイズは基本的に同じだが、小さな棒を道具として用いる。棒を利用することによって力が増すため、感覚をよく意識し、注意して行うこと。

方法

身体の前に右腕を置き（腕相撲の体制）、肘を90度曲げる。次に、身体の正中線に肘を移動し、みぞおちの前に位置付ける。手の甲を前に向け、母指と示指で小さい棒をつかむ。右腕の外側に沿って棒を垂れ下げてよい。

右腕より下の左腕で棒をつかみ、肩全体に伸張感を覚えるまで棒を左腰の方へ上に引く。５秒から10秒間、肩と腕を弛緩する。

筋のちくりとした痛みが消えるまで、腕を実際には動かさないで内旋を試み（腕相撲の動作）、抵抗を及ぼす。５秒から10秒間、筋を弛緩する。

新たな最終域に到達するまで、棒を引いてストレッチを深める。

これを２、３回繰り返す。

よくある間違い

- 肩と腕を弛緩できていない。
- みぞおちの前に肘を位置づけていない。
- 肩関節周辺の筋の柔軟性が不足している。

注意

手首または肩に痛みを覚える場合は、このエクササイズは避ける。

コメント

棒が手元にない場合は、タオルを用いるとよい。

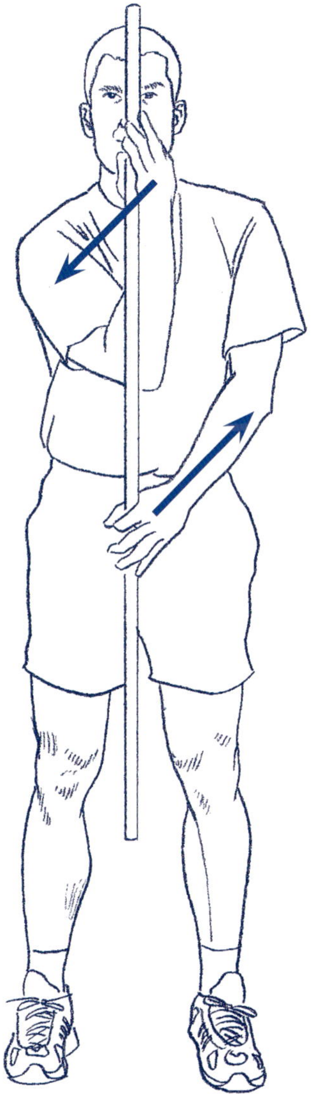

正中線の臍のすぐ上に肘を位置づける。
棒を後側方に注意深く引く。

左手で棒の動きを抑止しながら、
右腕を腕相撲のようにして抵抗を及ぼす。

大殿筋

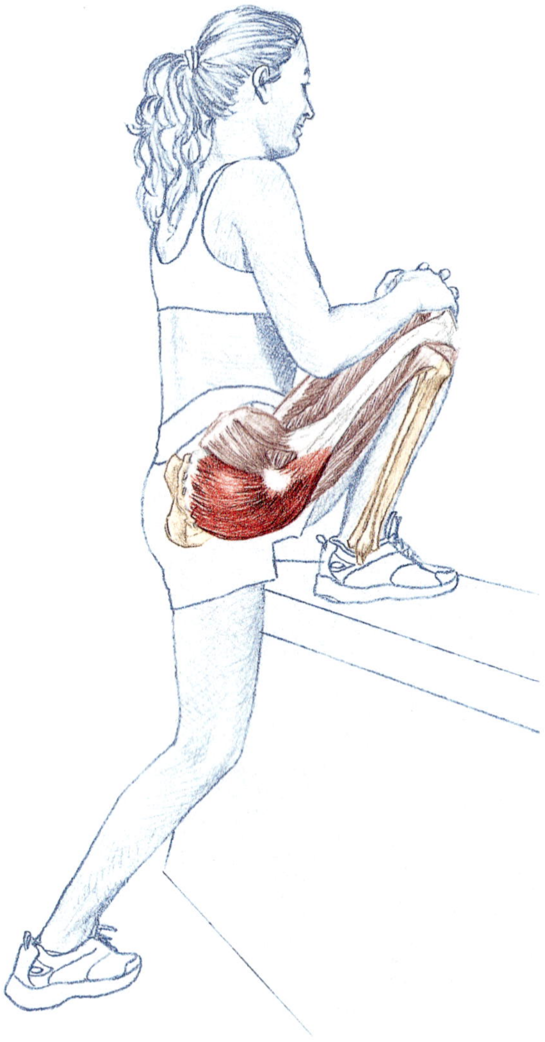

可動域の正常な人は、この筋の伸張感を得られない。しかし柔軟性が不足している場合は、梨状筋や中殿筋など臀部の他の筋のストレッチの前に行うと効果的なエクササイズである。

筋の説明

大殿筋は、身体で最も大きな筋の一つである。表層筋の下に位置し、尾骨および腸骨稜から走行して大腿骨上部の外側に付着する。大殿筋は股関節を伸展し、脚を外旋し、腰の弯曲を減少させる。

張りの原因

大殿筋の上部は、下部よりも張りやすい。車の運転など、脚を外旋したまま長時間座っていると、筋緊張が生じる。大殿筋は、スクワット動作の間も機能する。ランニング、スケート、スキーなどの選手に張りが多くみられる。

張りの徴候

- 腰のくびれ、あるいは、脚の後面か外側のいずれかの疼痛
- 前屈の困難

柔軟性テスト

仰向けになり、膝を屈曲して胸の方へ持ち上げる。床から約120度の角度にまで到達できることを確認する。

注 意

膝に痛みを覚える場合は、このエクササイズは避ける。

方 法

頑丈な椅子またはスツールの前に立つ。柔軟性がある場合は、高めの椅子やスツールを用いる。右足を椅子またはスツールの上に置く。できるだけ背中を真っ直ぐに保ち、腹筋を引き締めるよう試みる。

右臀部全体に伸張感を覚えるまで左脚を屈曲し、5秒から10秒間、筋をストレッチする。5秒から10

秒間、筋を弛緩する。

5秒から10秒間、右脚を下向きに押して抵抗を及ぼす。

新たな最終域に到達するまで左脚の屈曲を続け、ストレッチを深める。

これを2、3回繰り返す。

よくある間違い

- 前足の位置が低すぎる。
- 背中が真っ直ぐに保てていない。
- ストレッチの間に膝を外に回旋している。

コメント

すでに柔軟な場合は、この筋の伸張感を得ることは難しい。その場合は代わりに、梨状筋と中殿筋のストレッチを試みる。

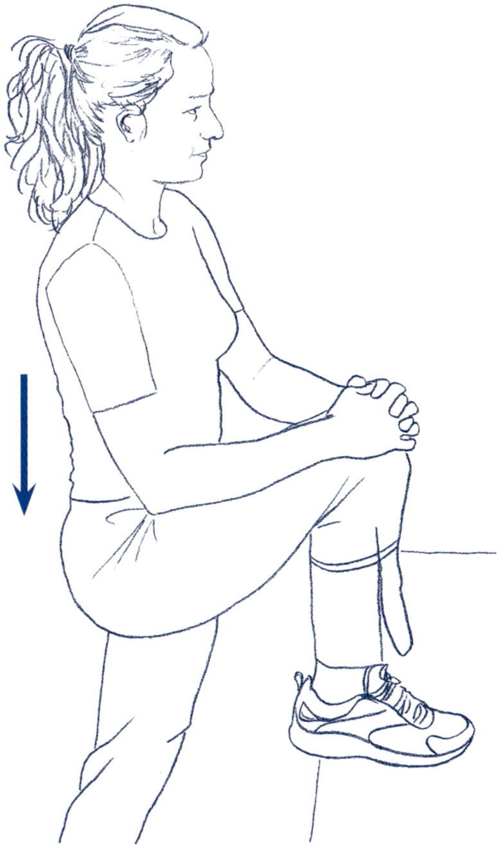

柔軟性の程度により、台面の高さを調整する。
コントロールしながら、背中を真っ直ぐ保ち左膝を屈曲する。

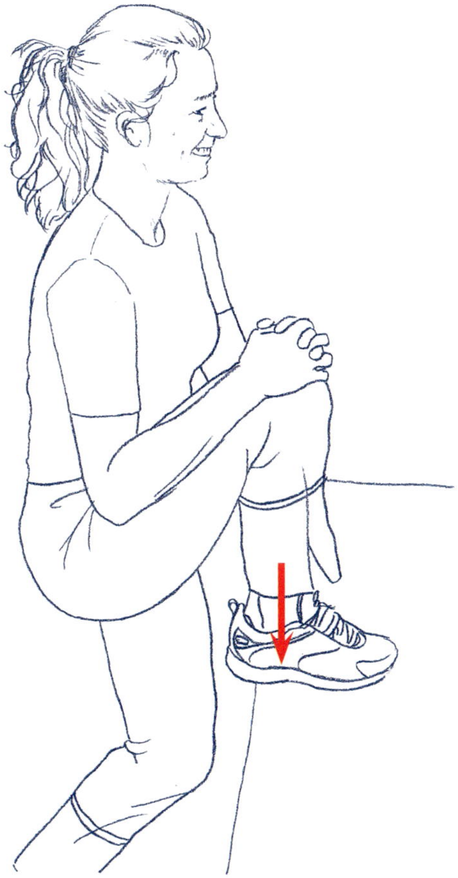

足を台面に押しつけて抵抗を及ぼす。

中殿筋および小殿筋

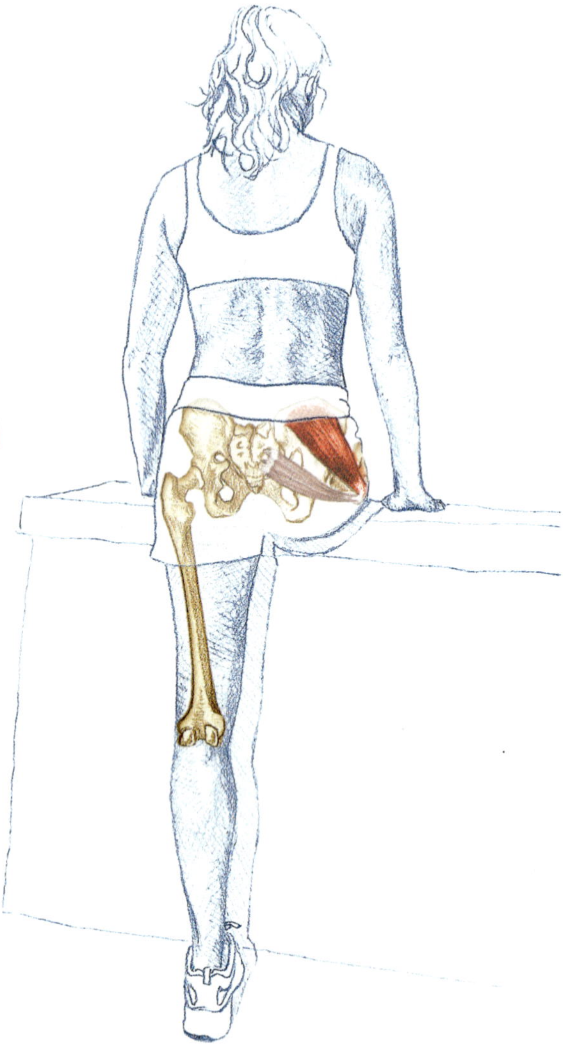

これらの筋は、歩行中や走行中常に働いているため、頻繁にストレッチを行うことが必要である。これらの筋は、股関節を後方回旋し、背中の弯曲を減少するため、伸張感を得るには、エクササイズの間中、弯曲を増大させようとしなければならない。腹筋を引き締め続ける場合に、これらの筋は腰に悪影響を及ぼす。

筋の説明

中殿筋と小殿筋は層になっており、中殿筋が小殿筋を完全に覆っている。寛骨の外側に位置し、大腿骨上部の大転子へと走行する。大殿筋と小殿筋の主な働きは、骨盤を真っ直ぐに維持することであり、特に歩行や走行、片脚立ちのときに重要となる。また、脚を外転し、内旋および外旋を行う際の補助もする。

張りの原因

大半の人が身体の片側をよく用いるために、腰がそちら側に傾いている。この習慣によって、よく使う方に静的な緊張が及ぼされる。脚長差により、片方の腰が下がることがある。通常は、短い方の脚に体重がかかっている。また、損傷により一方の脚により荷重をかけることもある。

張りの徴候

- 筋および腰の局所痛
- 脚に拡散する痛み（偽坐骨神経痛）

注 意

膝の内側または外側に痛みを覚える場合は、このエクササイズは避ける。

方 法

鼠径部と同じ高さのテーブル、机または平面を探す。

テーブルに右足を乗せ、右膝が臍の前に位置し、足が左腰の左側に来るようにする。

正面を向くように骨盤を回す。脚が三角形をなし、その底辺に骨盤が来るようイメージする。腹筋を引き締め、腰の弯曲を大きくするよう試みる。支えている方の脚は完全に真っ直ぐにすること。

弯曲を維持しながら上体を前方へゆっくりと傾け、5秒から10秒間ストレッチする。右臀部に伸張感またはちくりとした痛みを覚えたら止める。5秒から10秒間、弛緩する。

膝をテーブルの面に押し付け、5秒から10秒間、抵抗を及ぼす。5秒から10秒間、弛緩する。

新たな最終域に到達するまで、弯曲を維持しながら上体を前方に傾け、ストレッチを深める。

これを2、3回繰り返す。

よくある間違い

- 弯曲が維持できていない。
- 膝が臍の正面から外側にずれている。

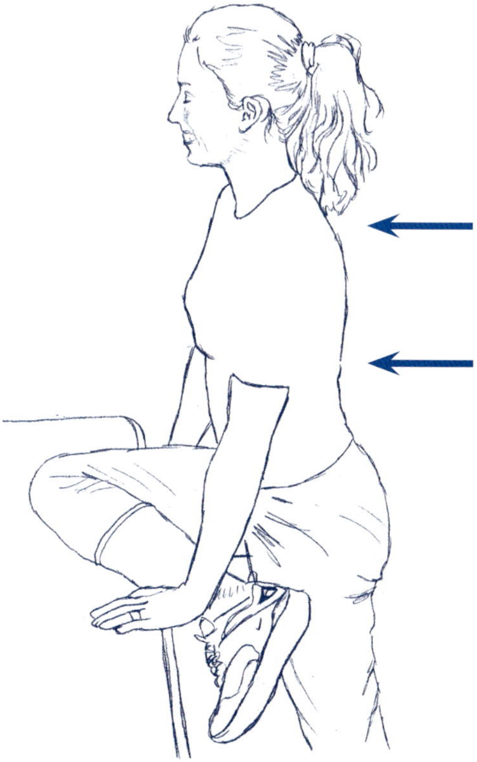

テーブルは鼠径部の高さでなければならない。
股関節が表面と並行であることを確認する。
上体を前方に傾ける際は必ず、腹筋を引き締め、
背中を完全に真っ直ぐに維持すること。

コメント

身体を維持するのが難しい場合は、指先をテーブルに乗せて支える。

ストレッチの間、鼠径部の側部に痛みを覚える場合は、膝をわずかに外側に移動する。弯曲を維持するのが難しい場合は、筋の張りが強すぎるかまたはテーブルの表面が高すぎる可能性がある。

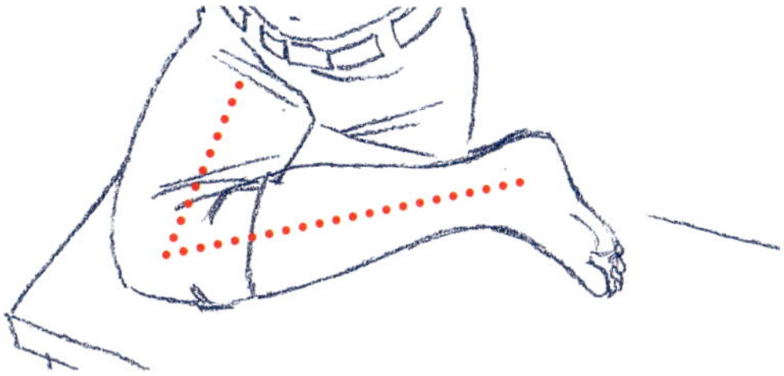

膝は臍の真正面に位置付ける。

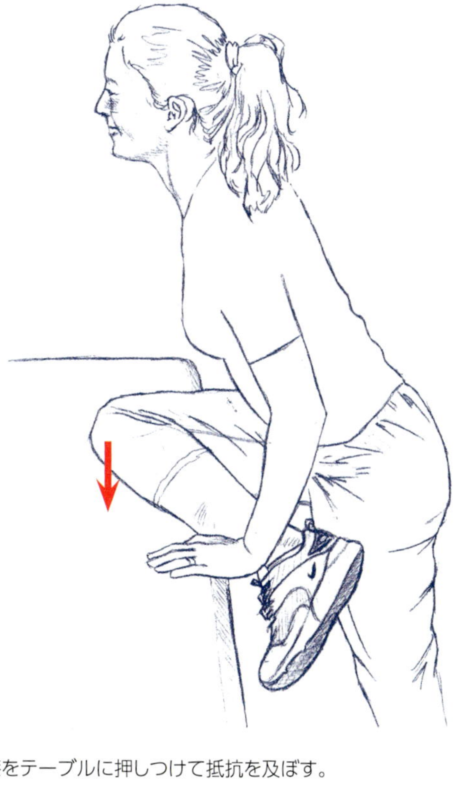

右膝をテーブルに押しつけて抵抗を及ぼす。

梨状筋(立位)

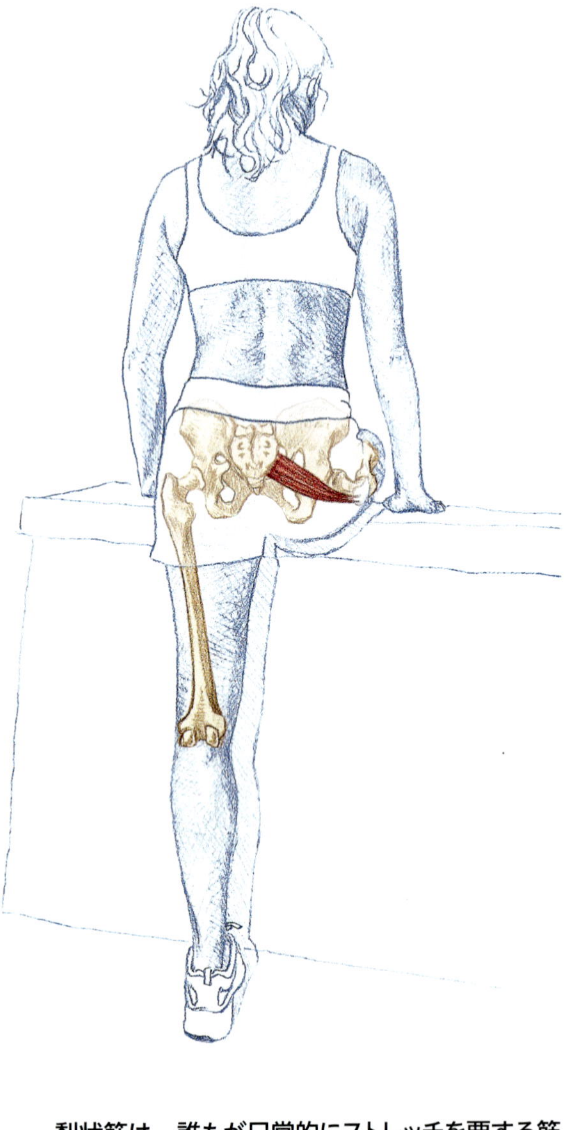

梨状筋は、誰もが日常的にストレッチを要する筋である。この筋は腰にも脚にも疼痛を及ぼす。特定の肢位によっては、坐骨神経が通る場合もある。この筋が張ると、坐骨神経を直接押し、局所痛や脚への拡散痛を及ぼすことがある(偽坐骨神経痛)。

筋の説明

大殿筋の下に位置する梨状筋は、股関節に関連する深部筋に数えられる。仙骨の前部から大腿骨上部の大突起、または大転子に走行する。梨状筋の主な機能は、股関節の伸展時(立つとき)に脚を外旋することである。股関節を60度以上屈曲すると、この筋は代わりに内旋を及ぼす。

張りの原因

梨状筋は短期および長期の座りすぎによって、張りと短縮が起こる。何年もの間座ってばかりでいたら一体どうなるだろうか。足幅を広げて座ると、股関節の外旋によってこの筋にさらに影響が及ぼされる。梨状筋は、股関節屈筋などの拮抗筋による影響を大きく受け、これらの筋の張りが大きくなる。股関節屈筋は脚の外旋も及ぼすため、これにより梨状筋が他動的に短縮される。

柔軟性テスト

テスト1

膝を合わせてうつ伏せになり、片脚を90度屈曲する。反対側の腰を床につけたまま下腿部を外側に下ろす。下腿部と床の角度が45度から50度でなければならない。両脚の可動域が同じであることを確かめる。

テスト2

両脚をつけて床に座り、背中を真っ直ぐ伸ばす。片脚をもう片方の膝に乗せ、足の踵を鼠径部に向け、挙げた方の脚の膝を横に下げる。下腿部が水平位であることを確かめる。

もう片方の脚でも繰り返し、それぞれの可動域を比較する。テストの間、同じ肢位で座ることに注意する。

張りの徴候

- 臀部の局所痛
- 大腿後部から膝後部へと拡散するしびれおよび疼痛
- 腰の痛み
- 膝の外側の疼痛、ランナー膝とも呼ばれる。

注 意

ストレッチの間、膝の内側または外側に疼痛を覚える場合、あるいは、鼠径部に不快感がある場合は、このエクササイズは避ける。

方 法

鼠径部と同じ高さの面を用いる。高さによって、キッチンテーブル、アイランド型キッチン台、引出し型のアイロン台などが使える。右脚を台に乗せ、右股関節の前で膝を真っ直ぐにする。膝は90度に曲げる。大腿部と骨盤も直角にする。

上記から、骨盤と脚は片側の開いた四角形を成す。支えの脚は真っ直ぐ鉛直にする。

ここで、できるだけ腰を弯曲させ、腹筋を引き締める。

これで、正しい開始肢位となる。

腰の弯曲を維持しながら上体を前方に注意深く傾け、筋全体にちくりとした痛みを覚えるまで、5秒から10秒間ストレッチする。5秒から10秒間、弛緩する。

5秒から10秒間、足と膝を注意深く押して抵抗を及ぼす。抵抗をかけると、ちくりとした感覚は消える。消えない場合は、ストレッチのしすぎである。5秒から10秒間、弛緩する。

筋に再びちくりとした痛みを覚えるまで、上体を前方へ傾けて、ストレッチを深める。これが新たな最終域である。

膝が台の表面に触れない場合は、膝の下にタオルを置く。

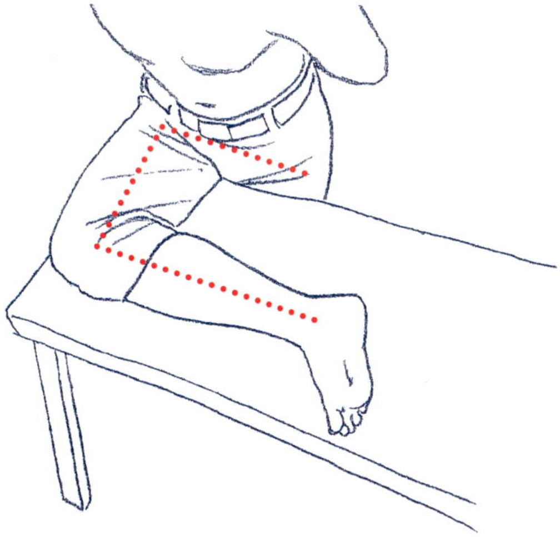

膝は直角にし、両股関節、大腿部および下腿部で開いた四角形を形成する。

よくある間違い

- 鼠径部に対する脚のアライメントが合っていない。
- 膝を過度に屈曲している。
- 背中を十分に弯曲できていない。
- 骨盤が前方位から移動している。

コメント

鼠径部が損傷している場合は、膝をやや外側にして試みる。膝に損傷がある場合は、下にクッションを引いて支える。アライメントを維持するのが難しい場合は、面が高すぎるか低すぎることが考えられる。このエクササイズが難しい場合は、このエクササイズより先に、大殿筋と中殿筋のストレッチを行う。また、このエクササイズの座位バージョンも試してみる。上体を直立に維持することが難しい場合は、手で表面を持って支える。

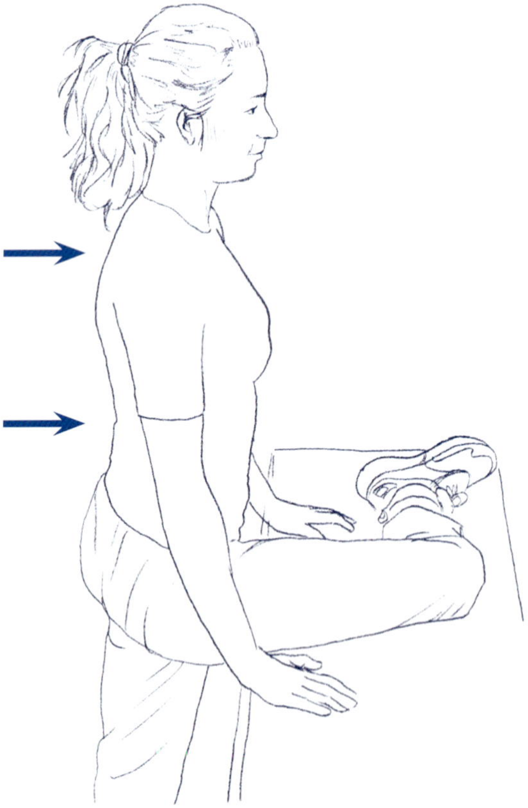

上体を前方に傾けるとき、腰の弯曲を維持する。
指先を使って支える。腹筋を引き締めておくこと。

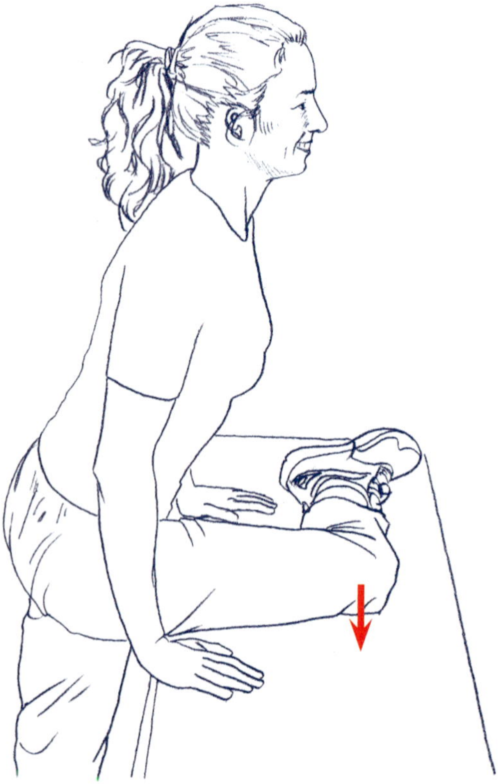

右膝で表面に押して抵抗を及ぼす。

梨状筋（座位）

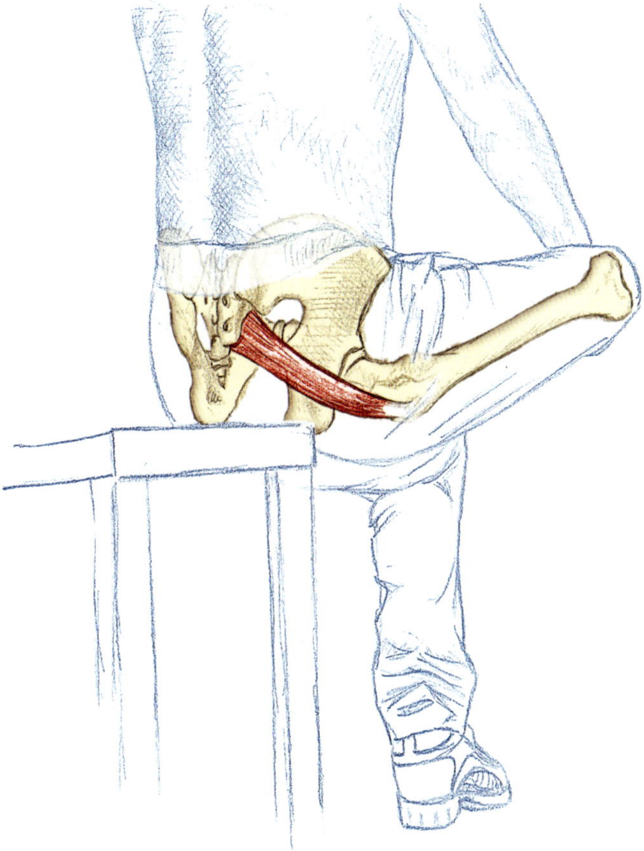

このエクササイズは、立位バージョンが難しい場合に有用である。筋があまりに張っていると、正しい開始肢位をとることが難しくなる。立位バージョンの方が効果的であっても、このバージョンでも快適性は得られる。

座位バージョンには２つの選択肢がある。筋の張りが深刻な場合は、膝を徐々に押し下げることができるオプション２を試みる。まだ柔軟性があり下腿部を水平に動かすことができる場合は、上体を前方に傾けるオプション１を試みる。

注 意

ストレッチの間、膝の内側または外側あるいは腰に痛みを覚える場合は、このエクササイズは避ける。

方 法

このエクササイズの開始肢位は、72ページの2つ目の柔軟性テストと同じである。両足をつけ、背中を真っ直ぐ伸ばして椅子に座る。左大腿部の膝上に右足を外側が大腿部に向くようにのせる。直立に座って腹筋を引き締め、腰をできるだけ屈める。片手で膝を押して支える。

上体を前に傾けるか膝を下向きに押し、筋にちくりとした痛みを覚えるまで、5秒から10秒間ストレッチする。5秒から10秒間、筋を弛緩する。

5秒から10秒間、膝を手に注意深く押し返すか、または、大腿部の方へ脚を押し下げようとすることにより、抵抗を及ぼす。5秒から10秒間、筋を弛緩する。

筋に再び伸張感を覚えるまで、上体を前に傾けるかまたは手で膝を押し下げることにより、筋をストレッチする。これが新たな最終域となる。

これを2、3回繰り返す。

開始肢位から、できる限り直立で座り、
膝を軽く下向きに押す。
腰のアーチを維持しながら、上体を前に傾ける。

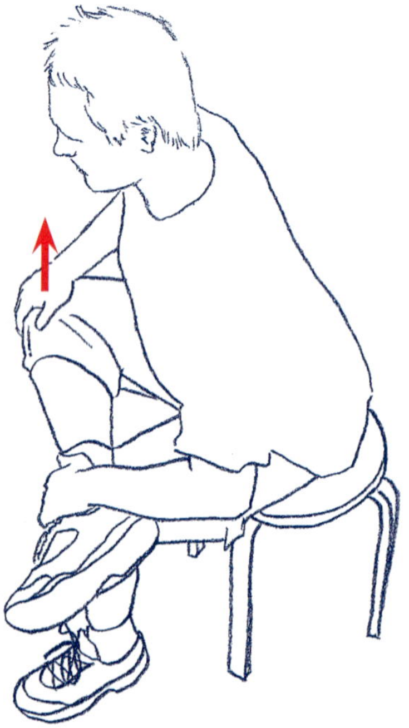

右膝で手を押し返すことによって抵抗を及ぼす。

よくある間違い

- 上体を直立位のまま維持しようとする。
- エクササイズの間、増大させたアーチを維持しようとする。
- 大腿部の上で足が休まっておらず、圧力が下腿部の上の方に移動している。
- 他の筋の柔軟性が乏しいために正しい開始肢位が取れない。

コメント

筋がうまくストレッチできない場合は、72ページの立位バージョンを試してみる。どちらのエクササイズも難しいほど筋が張っている場合は、深部組織マッサージを検討するか、または、ナプラパシー師や理学療法士に相談し、ストレッチの手助けをしてもらう。

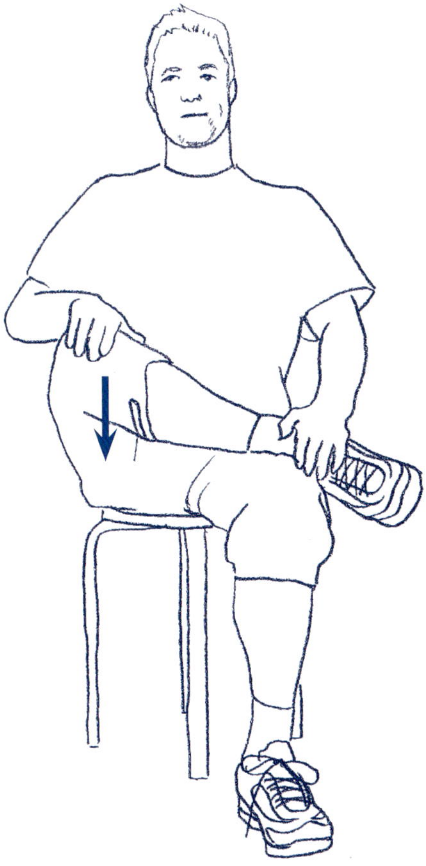

背中を真っ直ぐ伸ばして座り、腹筋を引き締める。
膝を注意深く下向きに押す。

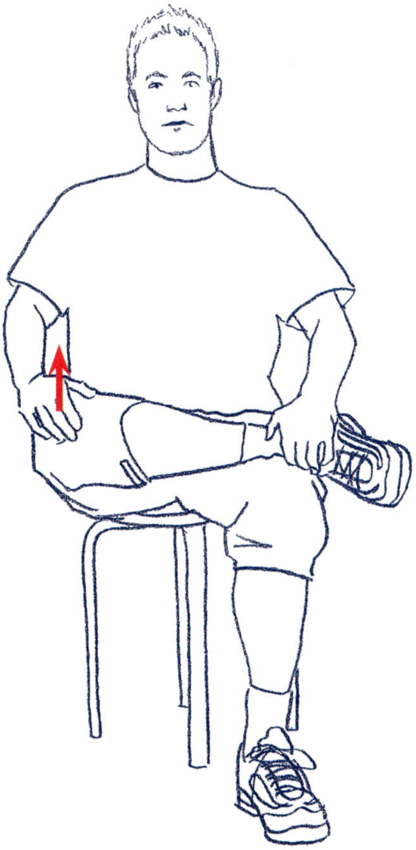

右膝を手に押し返して抵抗を及ぼす。

腰方形筋（側臥位）

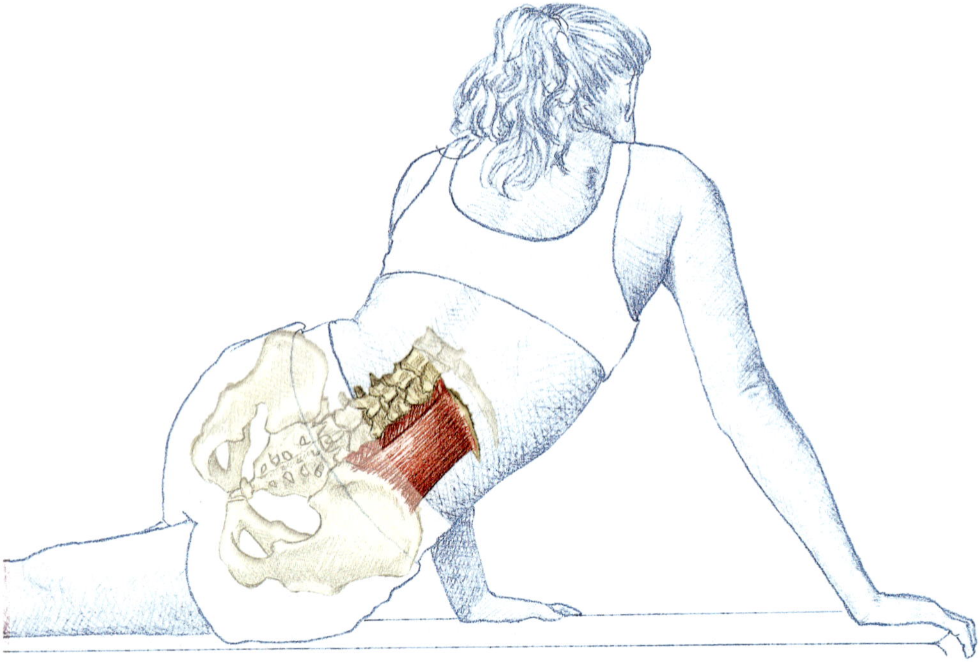

この強力なエクササイズは、腕の特定の強さと、身体の適切なコントロールを必要とする。エクササイズの間中、身体を完全に真っ直ぐに保つことができなければ、有意義なストレッチに到達することはできない。何か線や床の印などが身近にあれば、それを使って正しい開始肢位を取る。寝そべった姿勢からストレッチングの姿勢へと身体を動かすことは、最初は難しいが、左手で支えると行いやすい。

これは強力なエクササイズである。怪我をしないよう注意して始めること。

筋の説明

腰方形筋は、腰の深部、脊椎の両側に位置する縦に長く真っ直ぐな筋群の下に位置する。寛骨の上端および腰椎に起始し、下位肋骨に付着する。腰方形筋は背中を後方および側方へ屈曲し、上体を回旋し、腰のアーチを増大させる。

張りの原因

軟らかすぎるベッドで横向きに眠ると、天井を向いていた方の身体片側の腰方形筋が張って短縮する。

脚長差も、上体の筋の代償作用を及ぼし、立ったり歩いたりするときに腰方形筋が静的に常に作用する原因となる。

張りの徴候

- 腰の疼痛または鈍痛。
- 強制吸気の間の腰の疼痛。

注 意

ストレッチの間、腰または肩に痛みを覚える場合は、このエクササイズは避ける。

方 法

身体の右側を下にして横になり、前腕で支える。いわば、「ビーチの姿勢」である。身体を必ず真っ直ぐにする。左脚を曲げ、できるだけ下側の脚を動かさないで、引き上げる。下側の脚と上体が真っ直ぐのままであれば、開始肢位が完了である。

右肘を置いている床に右手をつき、5秒から10秒間ストレッチする。ゆっくりと腕を伸ばす。左手を支えとして使い、バランスを取ってもよい。腰の右側にちくりとした痛みまたは伸張感を覚えたら、運動を止める。5秒から10秒間、筋を弛緩する。

下側の脚を床に押し付け、5秒から10秒間抵抗を及ぼす。

腕を真っ直ぐに伸ばして続けるかまたは腕を股関節の方へとさらに近づけ、新たな終端域に到達するまでストレッチを深める。

これを2、3回繰り返す。

よくある間違い

- 開始肢位が変わってしまい、下側の股関節が身体と直線を成していない。
- 膝を十分に高い位置に引き上げていない。
- 上体を前に丸め、腹斜筋を代わりにストレッチしている。

コメント

手首に痛みを覚える場合、指が自分と反対側に向くよう手の向きを変える。腕で押し上がることができない場合、上げる面に手の代わりに前腕を置く。腕を上げるのに、2つ重ねの枕または電話帳を使うとよい。

腕を真っ直ぐに保ちながら押し上がることができない場合、上げる面に前腕を置く。

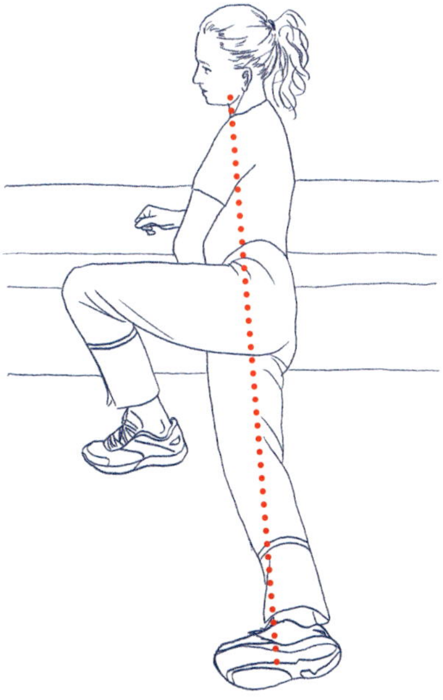

必ず、上体と下側の脚を一直線にする。

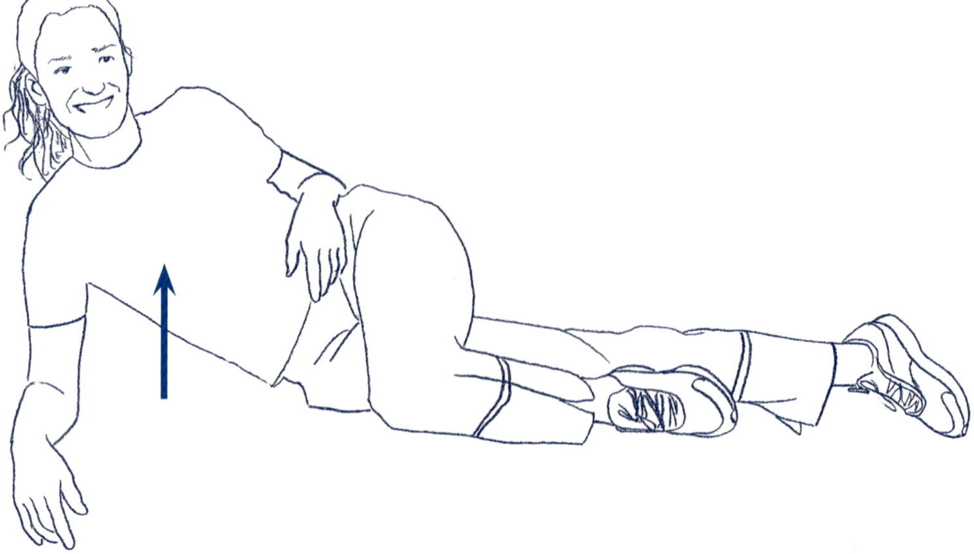

常に左膝を引き上げて、背中を保護する。左手は降ろし、腕を注意深く真っ直ぐに伸ばす。

右足を床に押し付けて抵抗を及ぼす。

腰方形筋（座位）

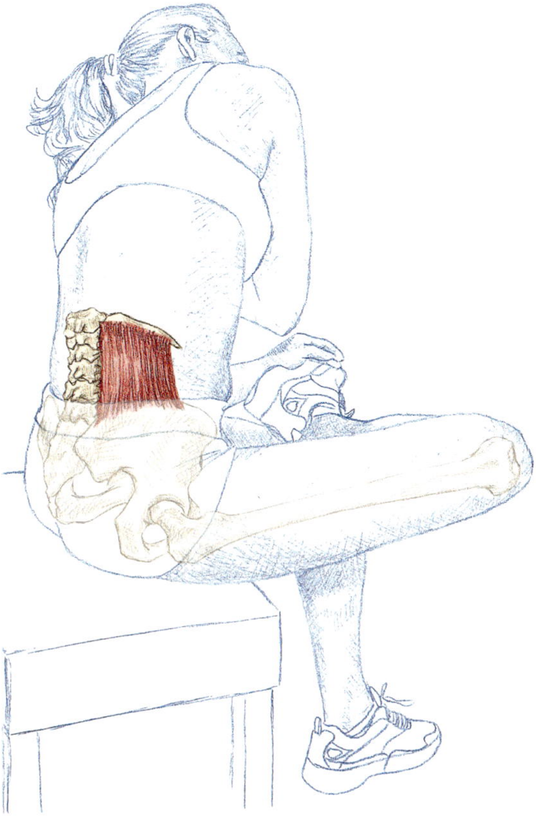

このエクササイズは、背臥位バージョンの代わりとして効果を発揮する。ただし、ある程度の柔軟性とバランス感覚が必要となる。
仕事中、机に向かって座っているときに実践できる。鼠径部の筋に問題がある場合は、特に注意が必要である。必ず、腹筋を引き締めておくこと。

注 意

バランス感覚に問題がある場合、または、鼠径部や膝に問題がある場合は、このエクササイズは避ける。

方 法

このエクササイズの開始肢位は、72ページの梨状筋の２番目の柔軟性テストと同じである。両足をつけ、背中を真っ直ぐにして椅子に座る。左大腿部の膝上に右足の外側を向けて右脚をのせる。右膝を机の下に入れ、膝が上向きに動かないよう固定する。次に、右手を左肩に置く。

上体を注意深く左へ傾けて、５秒から10秒間ストレッチする。筋にちくりとした痛みを覚えるまで続ける。５秒から10秒間筋を弛緩する。

右膝を机の台に注意深く押し付けて５秒から10秒間抵抗を及ぼす。同時に上体を1cmほど注意深く上げようとしてもよい。５秒から10秒間筋を弛緩する。

新たな最終域に達するまで、上体を左に傾け続け、ストレッチを深める。

これを２、３回繰り返す。

よくある間違い

- 身体を前に傾け過ぎている。
- 臀筋を張りすぎ、直立で座るのが難しい。

コメント

ストレッチを達成するのが難しい場合、右側をストレッチしながら上体を右にやや回旋する。膝に損傷がある場合は、膝と机の間に柔らかいものを挟む。バランス感覚に自信がない場合は、傾きかかれるよう、隣に椅子を置く。

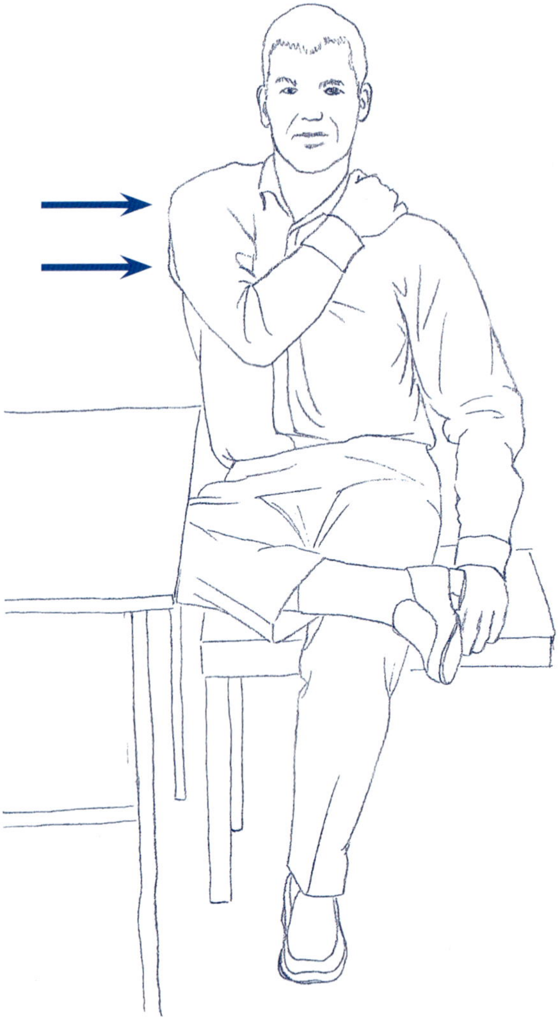

右膝を机の下に入れ、できるだけ上体を上げる。
上体を左にやや回旋して、左に傾く。

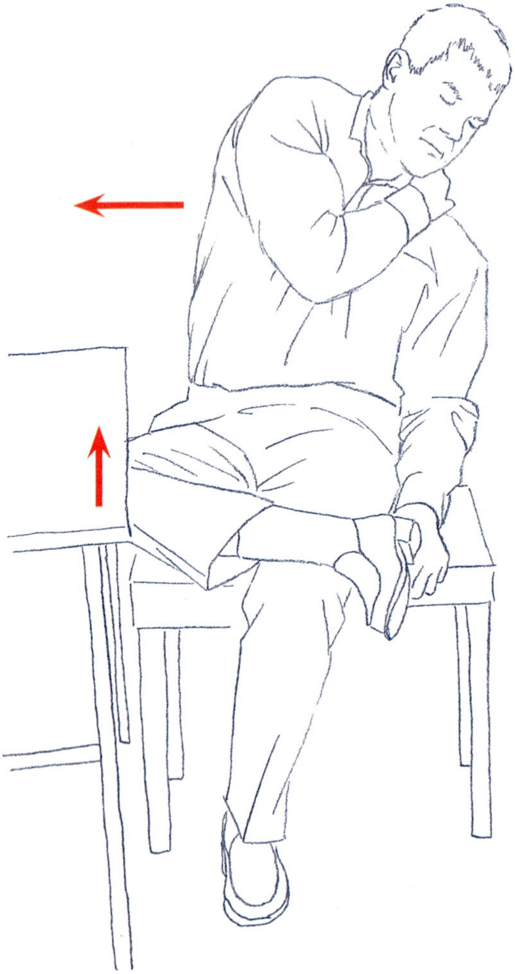

膝で机を押し上げるか、
上体を5cmほど動かして、抵抗を及ぼす。

大腰筋および腸骨筋（股関節屈筋）

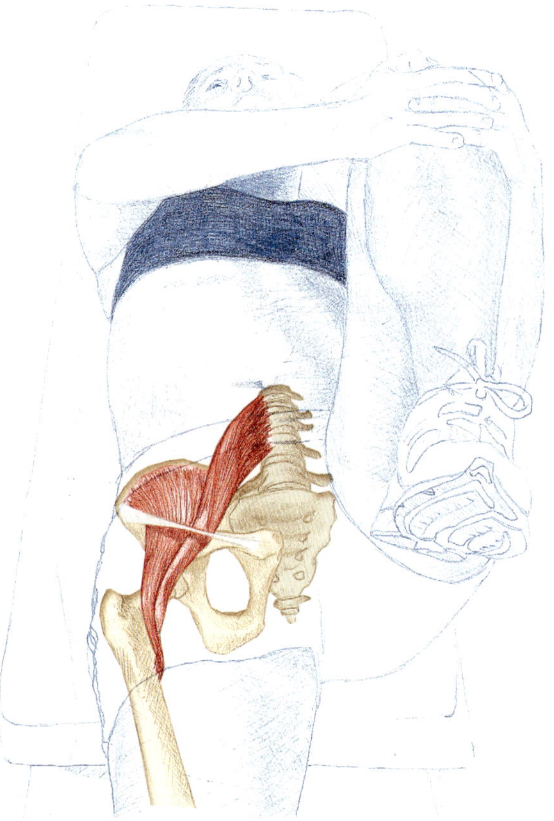

腰に問題を及ぼす大きな原因があるとすれば、それは股関節屈筋である。股関節屈筋は、強力であると同時に故障しやすい位置にある。日常的に座って仕事をしている人は、これらの筋が短縮している。短縮すると最終的には、立ったり歩いたりするときに絶えず腰の痛みを伴うようになる。これらの筋をストレッチする方法は多く存在するが、安全性にも有効性にも欠けるものばかりである。間違ったやり方をすると、痛みは増すばかりである。

筋の説明

大腰筋と腸骨筋は、筋系の深部に位置し、下位脊椎の前面および寛骨の前部から起こる。恥骨の前部を下へ走行し、大腿骨上部の内側に停止する。大腰筋と腸骨筋は股関節を屈曲および内旋し、腰のアーチを増大させる。

張りの原因

これらの筋は、座位など、股関節を長時間屈曲する活動によって短縮する。誤った方法で腹筋運動を行うなど、股関節を静的に作用させることによっても緊張する。

柔軟性テスト

両膝を屈曲して仰向けになり、膝を肋骨まで引き上げる。片方の膝をつかんで引き上げ、もう片方の脚は注意深く伸ばして床に休める。伸ばした脚の足が外側に回旋しないようにする。

注 意

ストレッチの間に、鼠径部または曲げた方の脚が締め付けられるような感覚を覚える場合、あるいは、腰痛が認められる場合は、このエクササイズは避ける。

方 法

安定した台またはベンチの端に座る。仰向けに寝そべり、両脚を手で肋骨の方へ引き上げる。このとき、腰全体が台に安静にのるようにする。両手で左膝をつかみ、右脚を注意深く伸ばしてぶら下げる。左膝が肋骨の方へ引かれ、腰が台に安静にのっているままであれば、開始肢位の完成である。

降ろした脚を弛緩して、5秒から10秒間ストレッチする。5秒から10秒間、垂れ下げておく。さらに伸張させるには、本を入れたリュックなどを重りにして脚にぶら下げる。重りが下がっているつもりになって脚を自動的に引き下げてもよい。次に、5秒から10秒間筋を弛緩する。

右脚を天井に向けて持ち上げ、5秒から10秒間抵抗を及ぼす。

新たな最終域に到達するまで、垂れ下げた脚の弛緩を続け、ストレッチを深める。10秒から20秒間垂れ下げておく。

これを2、3回繰り返す。

よくある間違い

- 台に奥の方まで深く寝そべっているために、垂れ下げる脚の運動が制限されている。
- 台のほんの手前に浅く寝そべっているために、アーチが増大している。
- 肋骨の方に十分脚を引いていない。

コメント

腰に痛みがみられる場合は、開始肢位を再度確認する。最も一般的な間違いは、腰が台の表面から浮いているために、肋骨に対して脚を正しく位置付けられていないことである。

このストレッチを行う場所を見つけることは難しいかもしれない。キッチンテーブルが適している。台の面を確実に安定させるには、台の片端にではなく、端から斜めに座るとよい。

筋のストレッチを高めるには、
脚から重りやカバンをぶら下げるとよい。
台に斜めに寝そべることで、転倒するリスクは少なくなる。

背中を保護するため、左脚を胸部の方へ引くこと。
腰と台を常に接触させておくこと。左脚を動かさないで右脚をゆっくりと下げ、弛緩する。

天井の方へ5cmほど右脚を動かして、抵抗を及ぼす。

大腿直筋（腹臥位）

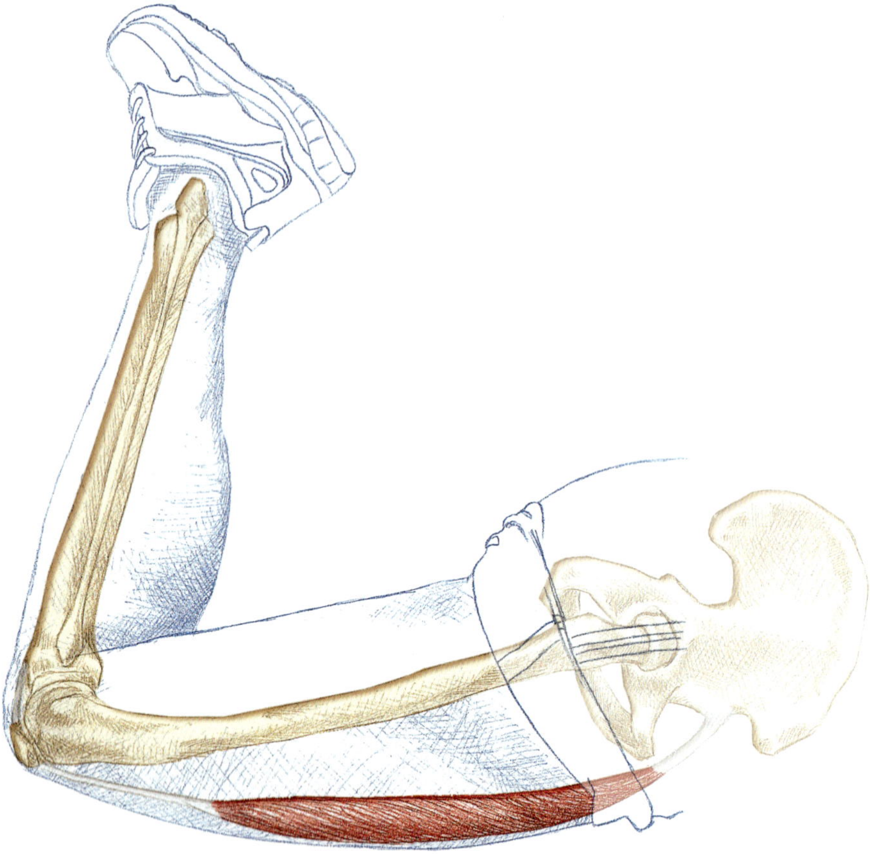

大腿直筋は大腿前部の筋群を構成する４つの筋の１つである。これら４つのうち唯一、膝関節と股関節の両方を走行する筋である。このため、腰、股関節及び膝関節に特別に影響を及ぼす。

大腿前部をストレッチするための誤った方法がいくつか存在している。これらのストレッチは人々が、実際にそうであるよりも柔軟になったと錯覚しやすい。最も悪いストレッチは、立ちながら、踵を尻の方へ引き上げていく方法である。

次に紹介するエクササイズを行うには、ベンチと紐が必要である。床が滑りやすい場合は、しっかり安定できる靴を履くとよい。

筋の説明

大腿直筋は、股関節の前部から起こり、股関節と膝関節を走行して、下腿部の前上端に停止する。このとき、膝蓋腱で大腿四頭筋群の他の３つの筋と合流する。他の３つの筋もこのエクササイズによってストレッチされるが、同程度に満足が得られるわけではない。

大腿直筋は膝関節を伸展し、股関節を屈曲し、腰のアーチを増大させる。

張りの原因

大腿直筋は日常的な座位、または、ランニング、サッカー、ホッケー、サイクリングといった筋をよく使う活動によって短縮する。

張りの症状

- 腰の疼痛
- 膝蓋骨周辺の疼痛

柔軟性テスト

床に額をつけてうつ伏せになる。必ず、膝をそろえ、腹筋を引き締める。膝を合わせたままゆっくりと屈曲する。股関節を床から持ち上げることなく、膝を約110度屈曲できなければならない。また、110度に達するまでに腰のアーチが増大していないか、第三者に確認してもらってもよい。

注 意

ストレッチの間に、腰または膝に痛みを覚える場合は、このエクササイズは避ける。

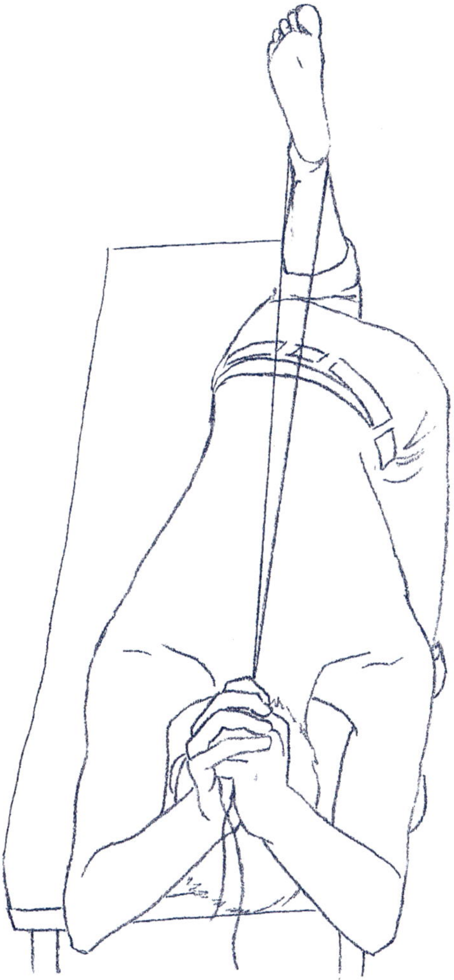

必ず、踵を臀部の方へ真っ直ぐ引っ張る。

方法

硬い平面を探す。面の高さは身長および柔軟性によって異なる。最も重要な点は、エクササイズにおけるどの時点でも、背中をアーチ状にしないことである。輪にした紐に右足をかけ、右肩の上で紐を張る。左足は身体の前側で床に置き、身体をベンチの上で安静にする。必ず、左足全体を床につけ、下腿部は完全に鉛直にする。

ベンチの上にのせている右脚をやや左に移動する。膝がベンチの上にあれば、足がベンチの台の延長上にのっていなくてもよい。これを正しく行うと、身体は弓形を成し、より効果的なストレッチが生み出される。頭上で紐を両腕でつかむ。

紐で足を引くよう腕を注意深く真っ直ぐ伸ばし、5秒から10秒間筋をストレッチする。大腿前部に伸張感が得られるまで引く。5秒から10秒間、筋を弛緩する。

紐をしっかりと保持し、右膝を真っ直ぐに保とうとしながらベンチに押し付け、5秒から10秒間抵抗を及ぼす。5秒から10秒間弛緩する。

腕を頭上で真っ直ぐ伸ばし続け、新たな最終域に達するまでストレッチを深める。

これを5秒から10秒間繰り返す。

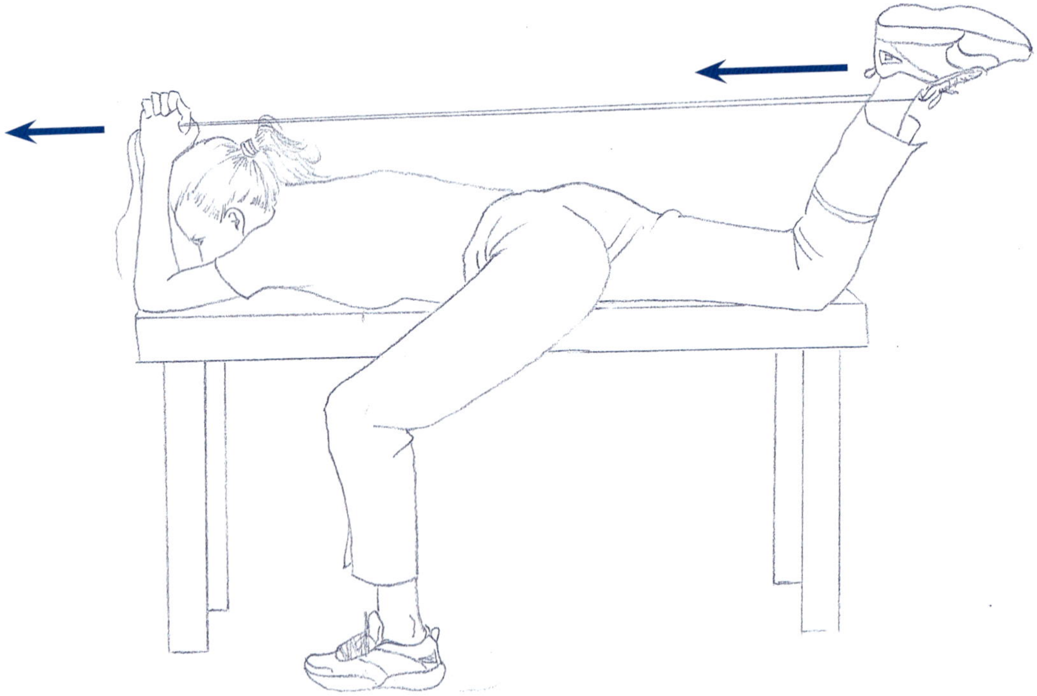

背中のアーチが変化しないよう、左脚はできるだけ離れたところに置く必要がある。
面の高さは柔軟性と身長次第である。左足を床につけ、腹筋を引き締め、注意深く紐を引く。

よくある間違い

- ベンチが高すぎる。
- 左足を十分離れた位置に置いていない。
- 紐が短すぎる。

コメント

ベンチが高すぎると、腰がアーチ状になるため、ストレッチの目的が果たせなくなる。紐が短すぎると、頭上で紐をつかむことができず、後ろで腕を引くことになる。長い紐が手に入らない場合は、スカーフを用いるか、２本のベルトを結んで用いるとよい。

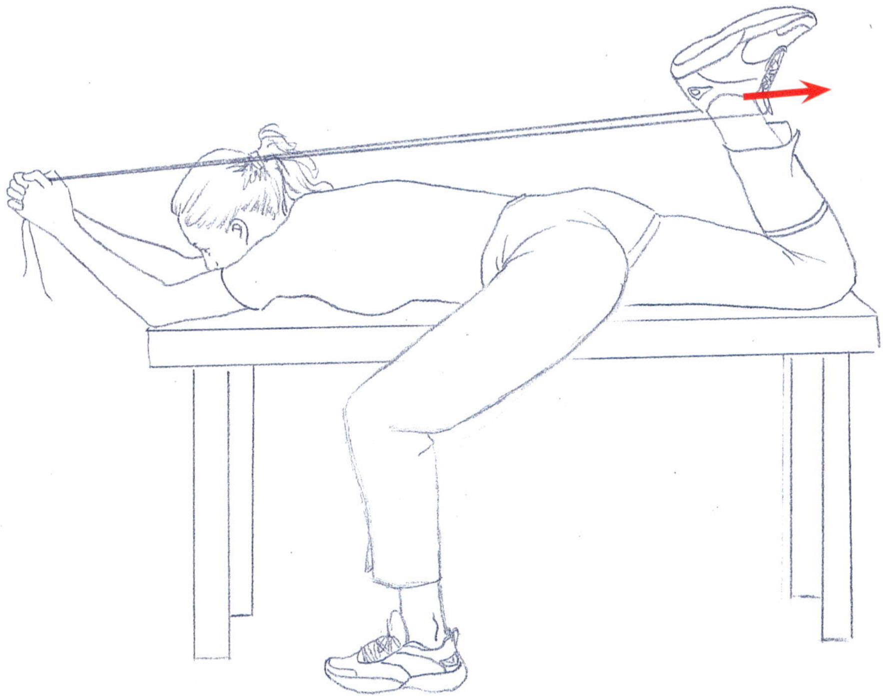

脚を真っ直ぐにしながら右膝をベンチに注意深く押し付け、抵抗を及ぼす。

大腿直筋（片膝立ち位）

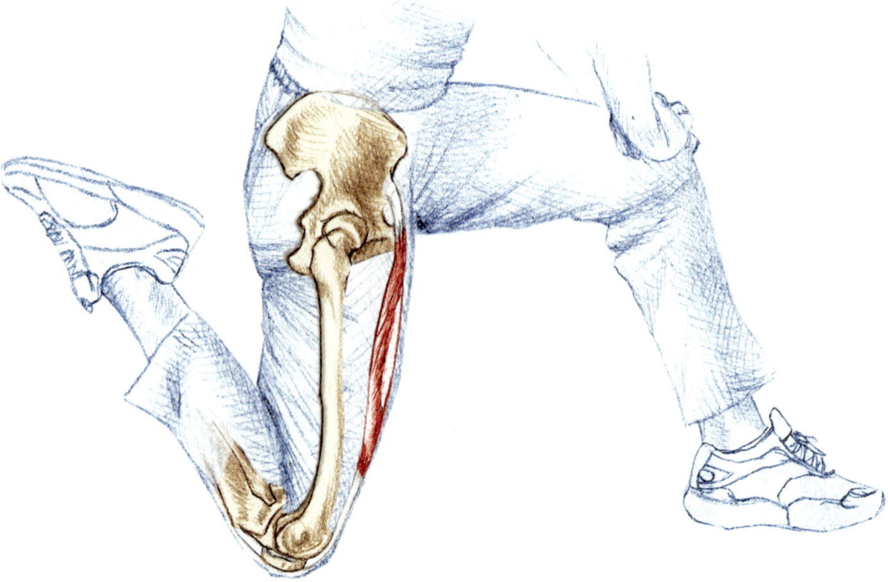

背臥位バージョンを行うにはハムストリングスが張りすぎている場合、このバージョンを試してみる。この場合、2つの関節（膝関節と股関節）が共に作用していることを考慮する必要がある。股関節は、エクササイズの間中、開いたまま真っ直ぐにしなければならない。腹筋を引き締め、腰がアーチ状にならないようにする。

注意

膝頭の辺りに問題がある場合はこのエクササイズは避ける。

方法

壁に背を向けて膝まずく。つま先は壁につける。足全体が床に付き、左の脛が垂直になるよう、左脚を前に移動する。上体を前に傾け、左大腿部の上で安静にする。右膝を壁の方へやや後方に滑らせ、右足を壁に滑り上がらせる。右膝が90度屈曲したところで止まる。これで開始肢位の完成である。

上体と大腿が壁に近づくよう腕を注意深く真っ直ぐ伸ばし、5秒から10秒間ストレッチする。大腿前部にちくりとした痛みを覚えたら止める。5秒から10秒間、筋を弛緩する。

足で壁を押し付けるように右膝を床に注意深く押し付け、5秒から10秒間抵抗を及ぼす。

新たな最終域に達するまで、腕を真っ直ぐに伸ばし続け、ストレッチを深める。右膝を壁へと注意深く滑らせてもよい。

これを2、3回繰り返す。

よくある間違い

- 腹筋が引き締められておらず、腰がアーチ状になっている。
- 股関節を屈曲しているために、ストレッチが減少している。
- 膝が壁に近すぎるために余分な力がかかり、背中が真っ直ぐにできない。
- 開始肢位で膝を十分屈曲できていない。
- 後ろの足が壁を外側に滑り降りている。

コメント

このエクササイズの間またはエクササイズ後に背中が痛む場合は、前のバージョンをしばらく試みた方がよい。膝が痛む場合は、床に枕を敷いてみる。

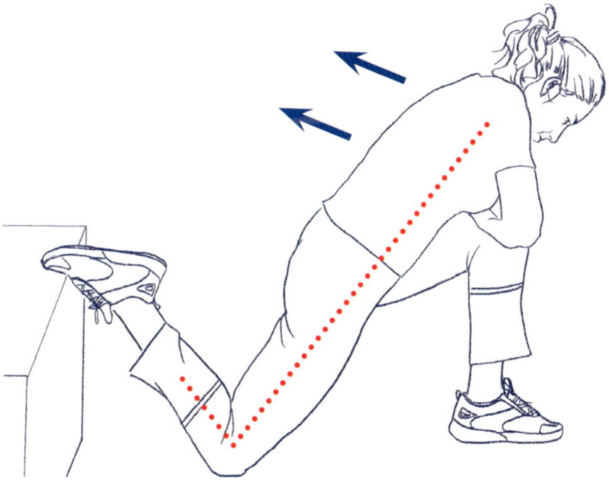

大腿と上体は一直線でなければならない。
腹筋を引き締めて腕を伸展する。
背中をアーチ状にせず、股関節を屈曲しないようにする。

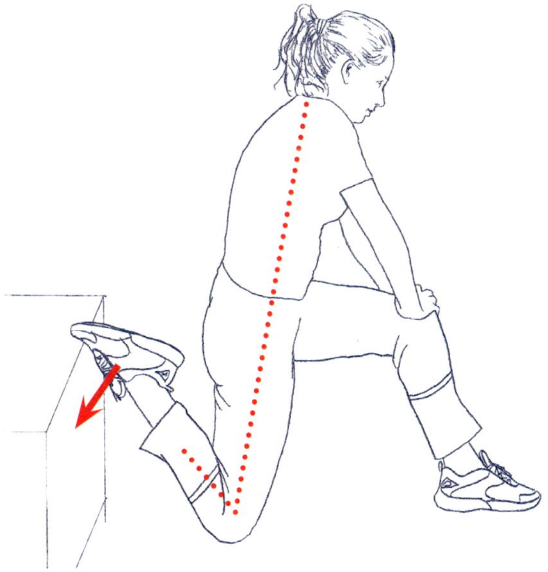

脚を注意深く真っ直ぐにして抵抗を及ぼす。

大腿筋膜張筋

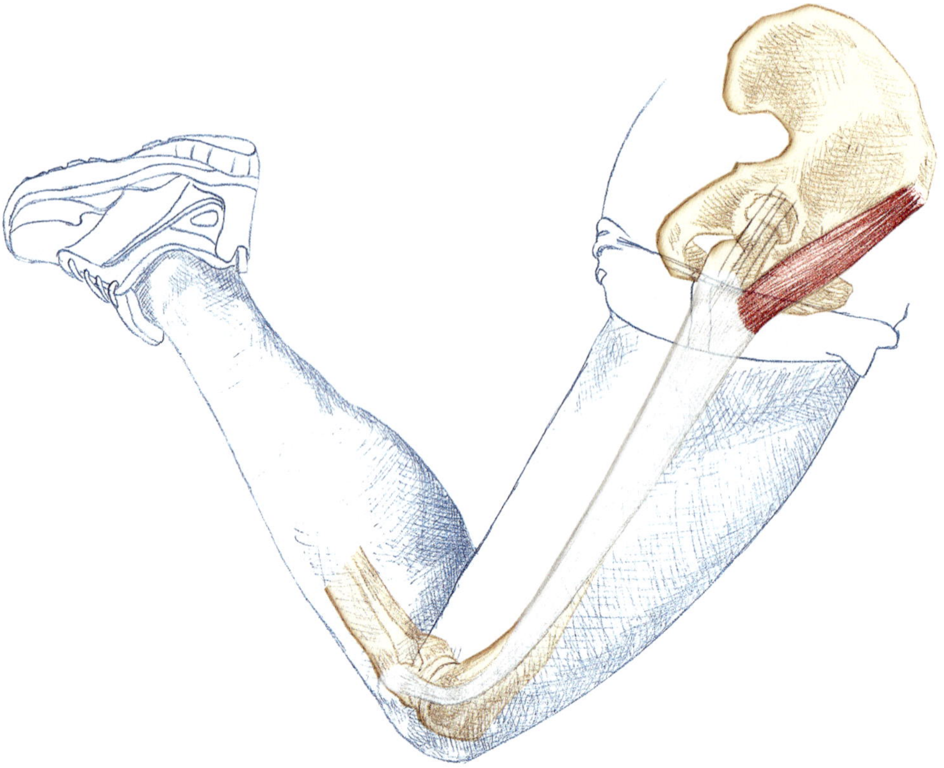

このエクササイズは、片膝をつく点が大腿直筋と同じである。ただし、このエクササイズでは、上体と脚で弓型を形成する。腰がアーチ状になったり股関節が屈曲したりしないよう、腹筋を引き締めること。

筋の説明

大腿筋膜張筋は、股関節外側の前部から起こり、下行して、大腿部の外側に強い腱として付着する。この腸脛靭帯は、膝の外側をさらに下行して、脛骨の上部に付着する。大腿筋膜張筋は、股関節を屈曲し、脚を外側へ動かす。また、腸脛靭帯は膝下に付着するため、膝を強化する役目も果たす。

張りの原因

長時間の座位、ランニング、ハイキング、サイクリングは、いずれもこの筋を短縮する。

張りの徴候

- 股関節外側(弾発股)および大腿骨の疼痛。
- 膝関節外側(ランナー膝)および膝頭周辺の疼痛。
- 腰の痛み。

注 意

ストレッチの間、腰または膝に痛みを覚える場合は、このエクササイズは避ける。

方 法

開始肢位は大腿直筋のストレッチと同じである。ただしこのエクササイズでは、上体と脚を弓の形にする。壁に背を向けてひざまずき、踵を壁につける。足全体が床に接触するよう左脚を前に移動し、下肢を鉛直にする。身体を前に傾け、左大腿骨の上で安静にする。右膝を壁に向かって後ろ向きに滑らせ、右足を壁に沿って立てる。膝が90度まで屈曲したら止める。

次に、足を壁に沿って30cmほど左に滑らせる。腹筋を引き締め、手を左膝にのせる。上体をわずかに左に屈曲し、脚に対して弓形を形成する。これで開始肢位の完成である。

腕をゆっくりと真っ直ぐ伸ばして、5秒から10秒間ストレッチする。腰はアーチ状にせず、股関節は屈曲しない。大腿部の外側にちくりとした痛みを覚えるまで続ける。5秒から10秒間弛緩する。

足を壁に押し付けながら右膝を注意深く床に押し付け、抵抗を及ぼす。5秒から10秒間弛緩する。

腰はアーチ状にせず、股関節は屈曲しないで、新たな最終域に達するまで、腕を伸ばし続けてストレッチを深める。

これを2、3回繰り返す。

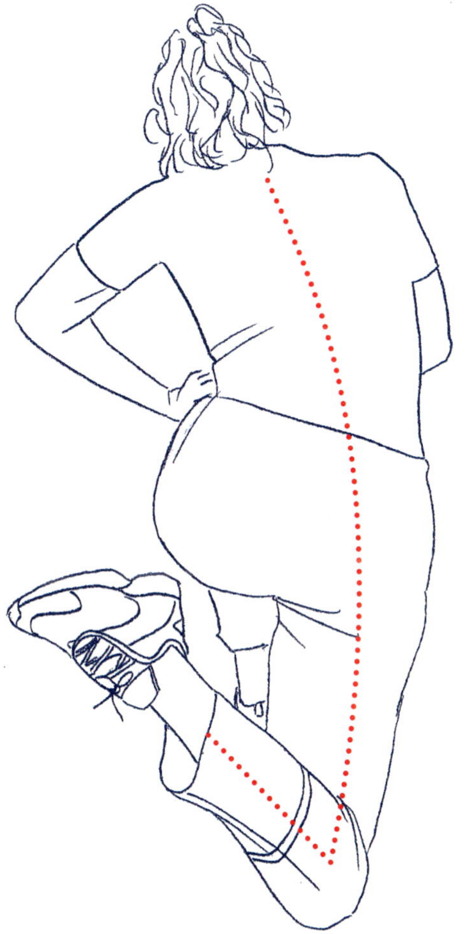

下腿部を内側に傾けて、上体と大腿部を弓形にする。

よくある間違い

- 脚と上体を押して真っ直ぐにする代わりに、腰のアーチを増大させている。
- 筋をストレッチする代わりに、股関節を屈曲して筋を短縮させている。
- 脚と上体が弓形になるよう正しい開始肢位が取れていない。
- 十分に膝が屈曲していない。

コメント

筋に伸張感を感じられない場合は、膝が壁から離れすぎていることが考えられる。開始肢位での角度を狭めるとよい。

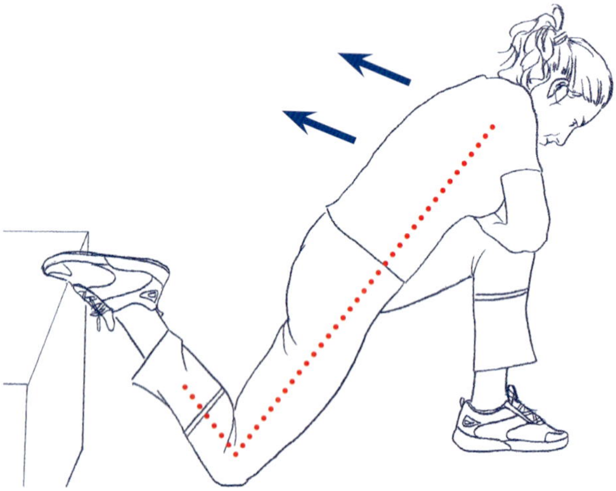

大腿部と上体は一直線でなければならない。
腹筋を引き締め、腕を真っ直ぐに伸ばす。
腰のアーチや股関節の屈曲を避ける。

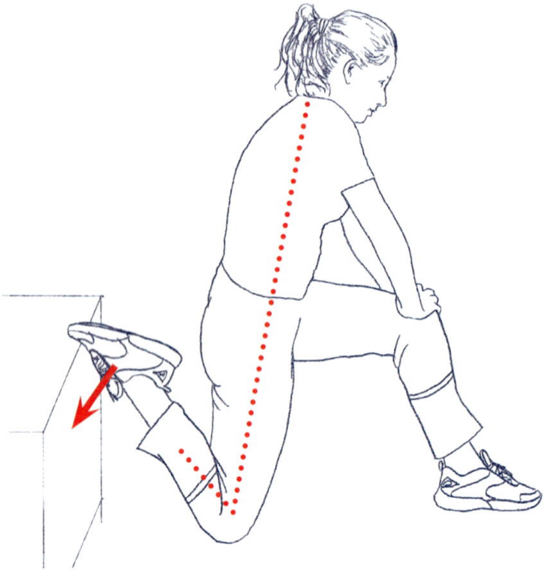

脚を注意深く真っ直ぐにして抵抗を及ぼす。

ハムストリングス

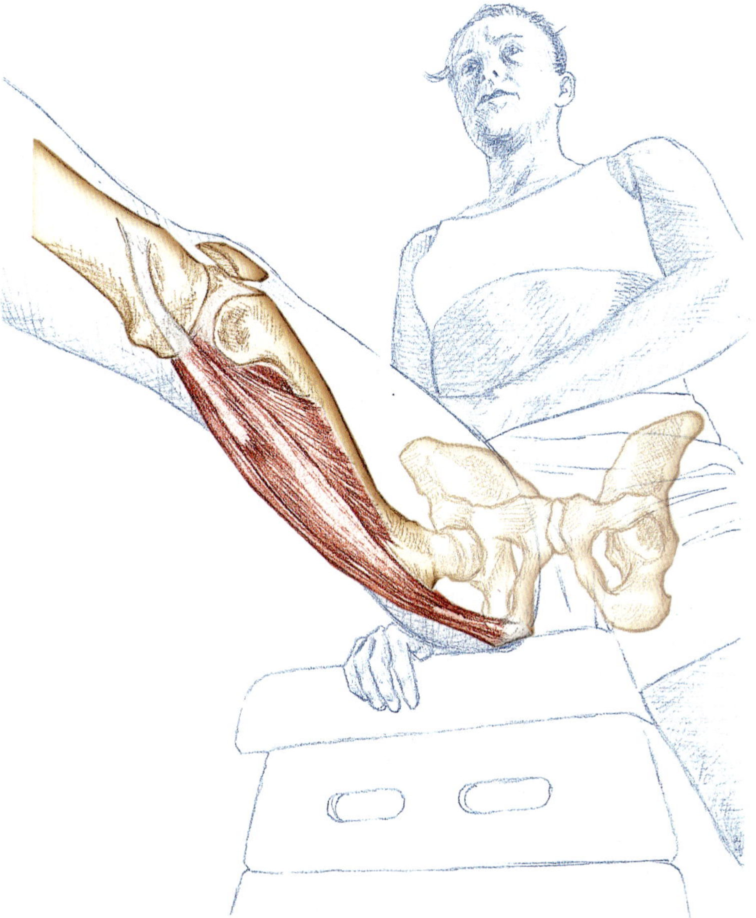

大腿後部をうまくストレッチするには、２つの状況を作り出さなければならない。まず、腰を大きくアーチ状にすることである。腰が曲がっていると、筋のストレッチは低減する。二つ目に、足をベンチの上に置くのではなく、ベンチの端からはみ出させることである。足がベンチの上にあると、ふくらはぎの柔軟性が制限される場合がある。

ふくらはぎをエクササイズに影響させないためには、つま先を伸ばすことである。ベンチにのせていない脚の位置に従って、腰のアーチが増大するため、ハムストリングスのストレッチは増大する。

必ず、左脚をできるだけ後ろに引くこと。

筋の説明

大腿後部の筋は主に、4種類の筋で構成される。うち3つは坐骨から起こり、1つは大腿後部から起こる。いずれも下腿部の上部に付着する。ハムストリングスは、膝関節を屈曲し、股関節を伸展し、骨盤を後方傾斜し、腰のアーチを軽減する。

張りの原因

長時間の座位や、基本的な運動不足によって、ハムストリングスの短縮が起こる。ランニング、スキー、サッカー、ホッケーなどのスポーツによってもハムストリングスは短縮する。

張りの症状

- 腰の鈍痛や痛み。
- 前屈が困難
- ウォーキングやランニング時の歩幅の短縮（十分に作用しない）

張ることにより、大腿後部の痙攣のリスクも高まる。

屈曲性テスト

仰向けになり、両脚を完全に真っ直ぐにする。片脚を床と垂直になるまで天井に向けて上げる。股関節が90度にならなければならない。

注 意

ストレッチの間に、背中または膝頭の周辺に痛みを覚える場合、あるいは、アキレス腱だけに伸張感を感じる場合は、このエクササイズは避ける。

方 法

ベンチなどに腰掛ける。肘かけのない椅子2脚でもよい。

右脚全体がベンチの上にのるように座る。右足は必ず、ベンチの端から外側に出す。片手を膝の下に置き、右脚をやや屈曲する。左足はできるだけ遠くに置く（大腿前部に伸張感を覚えるまで移動する）。左足は床につけておく。

腹筋を引き締めて直立に座り、腰のアーチを積極的に増大しようと試みる。手でベンチをつかんでよい。

これで開始肢位の完成である。

大腿後部にちくりとした痛みを覚えるまで、上体をゆっくりと前に移動して下げていき、ストレッチする。5秒から10秒間、筋を弛緩する。

右脚をベンチに5秒から10秒間押し付け、抵抗を及ぼす。5秒から10秒間、筋を弛緩する。

新たな最終域に達するまで、上体を前へと下げ続け、ストレッチを深める。

これを2、3回繰り返す。

よくある間違い

- 前下方にストレッチするとき、股関節ではなく背中を曲げている。
- 前傾するとき、膝の屈曲を大きくしている。
- 降ろしている脚が十分に遠くに位置していない。

コメント

ハムストリングスよりもふくらはぎに大きな伸張感を感じる場合は、開始肢位で、ストレッチする脚の膝の屈曲を試みる。

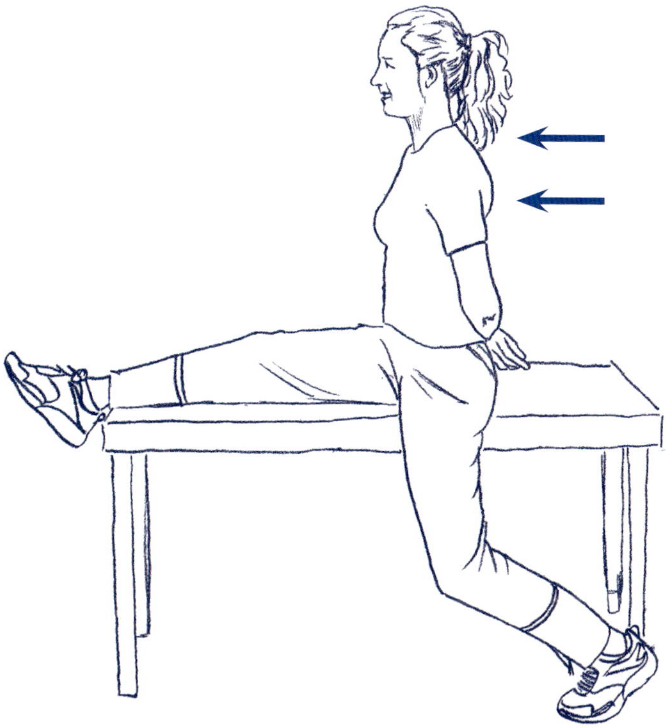

左脚をできるだけ後ろにする。
上体を持ち上げて腹筋を引き締める。
腰のアーチを維持しながら、
上体を前に傾ける。
体を支えるため、
指先をベンチにつけてもよい。

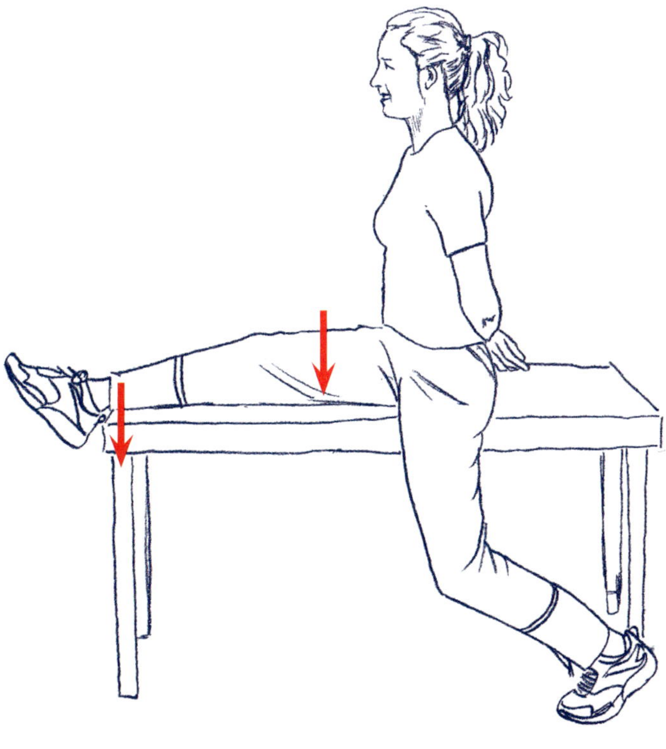

上体は動かさずに、
足と大腿部をベンチに押し付けて、
抵抗を及ぼす。

恥骨筋、長内転筋および短内転筋

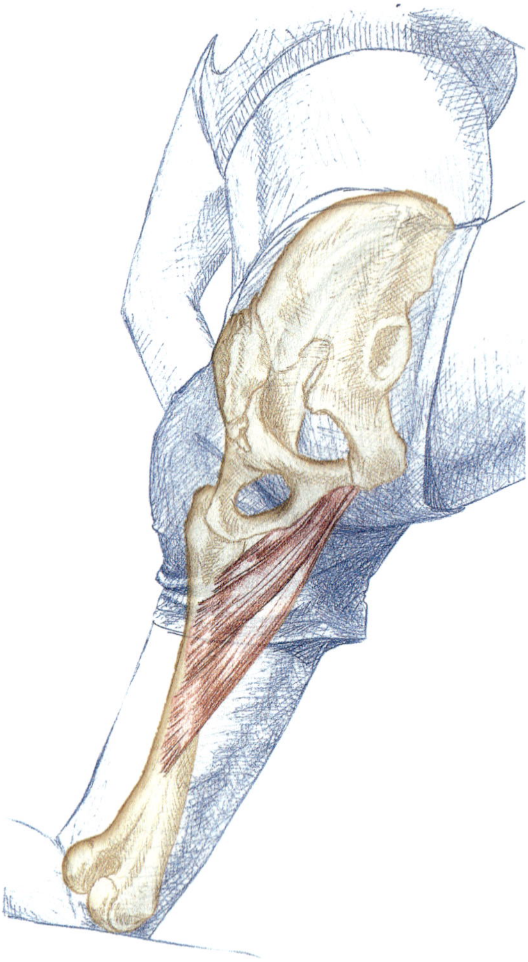

大腿内側の筋は敏感である場合が多いので、この簡単なウォーミングアップエクササイズを行うことを推奨する。これにより、正しい筋を特定することが容易になり、正しくストレッチができる。どの程度ストレッチするか等、左脚でこのエクササイズ全体をコントロールする。右脚を弛緩しながら、左脚を作用させる。開始肢位の脚の位置から、このエクササイズはインディアンに例えられることがある。

筋の説明

短内転筋は、3つの筋で構成される。これらは、恥骨の前部から起こり、大腿内側を下行して、大腿骨の後部に付着する。短内転筋は、脚を相互に近づけ、外旋する。また、骨盤の前傾も補助し、腰のアーチを増大する。

張りの原因

長時間の座位や基本的な運動不足により、筋の張りが起こる。これらの内転筋は、ホッケーやサッカー、乗馬などのスポーツによっても短縮する。

張りの徴候

- 腰の鈍痛や痛み
  内転筋が張っていると鼠径部の筋群の引き伸ばしのリスクが高くなる。

注 意

ストレッチの間、膝または腰に痛みを覚える場合は、このエクササイズは避ける。

短内転筋のストレッチの前に行うウォーミングアップ

大腿内側の筋は感覚が鋭いため、ストレッチを行う前にこのウォーミングアップエクササイズを行う。
開始肢位で立つ。右脚を左右にゆっくりと振る。
大腿内側および臀筋を交互に使う。
ウォーミングアップができたと感じたら、ストレッチを開始する。

方 法

床にひざまずく。左脚を外側に出し、床に足をつける。右大腿部と左大腿部が直角を形成すること。左足が左膝と同じ方向を向くよう、足の向きを変える。

左膝は90度に曲げ、右股関節は開いておく。腹筋を引き締め、右股関節は屈曲せずに腰のアーチをやや小さくする。上体は完全に直立させること。

これが開始肢位である。

左膝を注意深く屈曲し、右膝を右の方に押し、右大腿内側にちくりとした痛みを覚えるまで、5秒から10秒間、ストレッチする。5秒から10秒間、筋を弛緩する。

右膝を注意深く左に押して、5秒から10秒間、抵抗を及ぼす。5秒から10秒間、筋を弛緩する。

左膝の屈曲を続け、右膝を右に押して、新たな最終域に到達するまで、ストレッチを深める。

これを、2、3回繰り返す。

よくある間違い

- 股関節を屈曲している。
- 腰のアーチが大きすぎる。
- 左足が身体に近すぎる。

コメント

柔軟になってくると、開始肢位で左足を遠くに離して置く。膝が痛む場合は、枕を敷く。腰に何らかの痛みを覚える場合は、腹筋を引き締める。

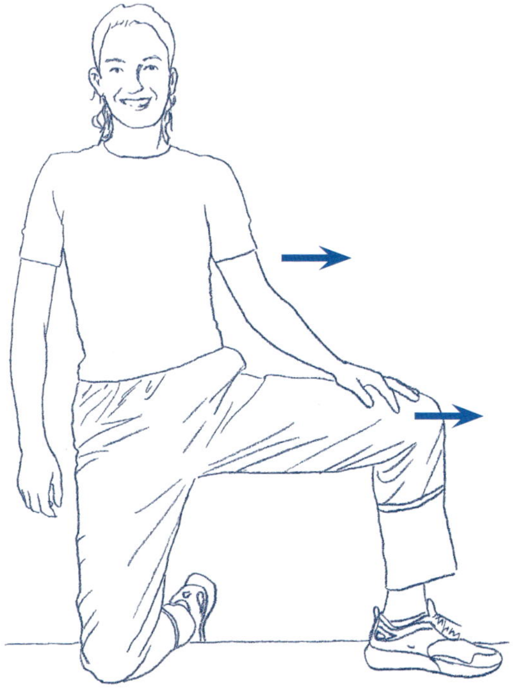

上体を持ち上げ、腹筋を引き締める。
左脚を注意深く曲げ、左膝を外側に移動する。

身体は動かさずに、右膝を左に押し、抵抗を及ぼす。

薄 筋（長内転筋）

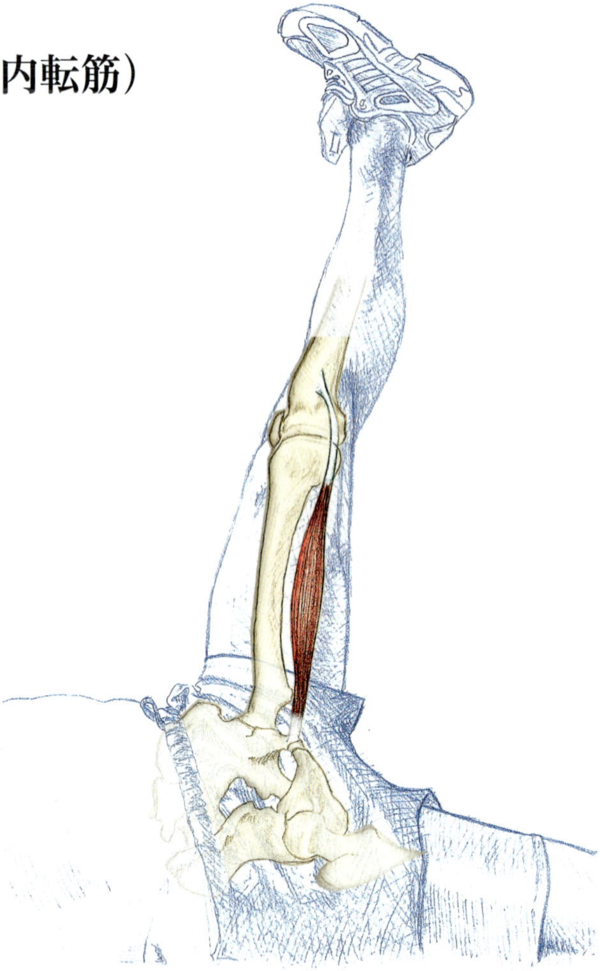

薄筋は、膝関節と股関節の両方に力を及ぼす。この筋を効果的にストレッチしたい場合は、短内転筋のストレッチのように脚を屈曲する代わりに、外側に動かす時に脚を真っ直ぐに伸ばす必要がある。真っ直ぐ伸ばした脚を使うことにより、膝関節の損傷リスクは高まるため、このようなエクササイズを行うときは注意して、立った状態では行わないようにする。安全面のため、ストレッチの終了後は、脚を戻す前に膝を曲げた方がよい。前ページのウォーミングアップを行うとよい。

筋の説明

薄筋は、恥骨の前部から起こる、薄く長い筋である。大腿内側に沿って膝の内側を走行し、下腿の内側上部に停止する。膝の前十字靭帯を外科的置換するためにこの筋の腱が用いられる場合がある。

薄筋は股関節と膝関節を屈曲する。骨盤を前傾し、腰のアーチを増大する。

張りの原因

薄筋は、長時間の座位や基本的な運動不足によって張る。ホッケーやサッカー、乗馬などのスポーツによっても短縮する。

張りの徴候

- 膝の内側の疼痛。

注 意

ストレッチの間、膝の内側に痛みを覚える場合は、このエクササイズは避ける。

方 法

ドアの枠の前で仰向けになり、壁に臀部をつけて、右脚を壁に沿わせ真っ直ぐ上げる。大腿部と膝がドア枠の内側にもたれるよう、左脚を曲げる。これによりエクササイズが安定し、背中が保護される。右脚は天井を向けて完全に真っ直ぐ伸ばす。腹筋を引き締め、腕を左右に広げる。

脚を壁に沿って注意深く外側に動かし、5秒から10秒間ストレッチする。大腿内側にちくりとした痛みを覚えるまで、踵を壁に沿って滑らせる。5秒から10秒間、筋を弛緩する。

脚を壁に沿って2.5cmほど注意深く上げ、抵抗を及ぼす。5秒から10秒間、筋を弛緩する。

新たな最終域に達するまで、脚を外側に滑らせて、ストレッチを深める。

これを2、3回繰り返す。

よくある間違い

- 右脚を曲げすぎている。
- 腹筋を十分に引き締めていない。
- 壁から離れすぎている。

コメント

内転筋が敏感である場合は、98ページの短内転筋のエクササイズから始める。このエクササイズを少しずつ行うのもよい。脚を外側に動かして、開始肢位に戻す。この動作を繰り返し、脚を完全に戻す前に、さらに少し外側へ動かす。筋をウォーミングアップするには、繰り返すごとに約10cm外側へ移動する。

できるだけ壁の近くに仰向けになり、
ドアの枠に左脚を置く。右脚を注意深く外側に動かす。

壁に沿って、右脚を注意深く2.5～5cm上に戻して、
抵抗を及ぼす。

腓腹筋

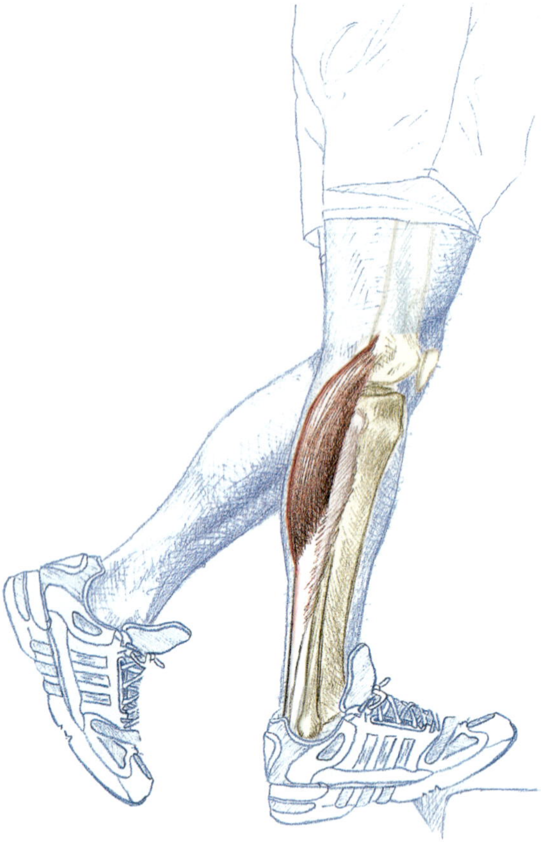

腓腹筋は、身体のうち最も強力な筋の１つである。小さいながら、全身の体重を容易に動かすことができる。ランニングおよびジャンプがその例である。腓腹筋とその腱は非常に強い耐久性も備える。長距離ウォーキングなど、低強度の長時間の負荷に耐えられる。この筋が実質的に伸張するには、長い時間と力を要する。このため、最適の結果を得るには、各回につき１分強、ストレッチする必要がある。立ってステップするエクササイズは、この筋にほとんど効果がない。この筋のストレッチに変化をつけるには、横に数度傾いた面に立つ。このエクササイズを行う際は必ず、靴を着用する。

筋の説明

この大きな下腿筋は、大腿骨の後面から起こる、２つの筋頭を持つ。これらが共に走行してアキレス腱を形成し、踵に付着する。腓腹筋は、足の向きを変え、膝関節を屈曲する。

張りの原因

腓腹筋は、長期の運動不足または長距離走によって張りを生じる。

張りの徴候

- 筋腹の痙攣
- アキレス腱の疼痛（アキレス腱炎を引き起こす可能性あり）
- 下肢前部の筋の疼痛
- 足のアーチの疼痛

注意

足の上部に痛みを覚える場合は、このエクササイズは避ける。

方法

階段や数冊の電話帳など、安定した縁を探す。足裏（足の約3分の1）が面に接触し、足底アーチと踵が宙に浮くよう、右足をのせる。

下腿部を弛緩し、踵を下げて、ストレッチする。5秒から10秒間、筋を弛緩する。

下腿筋を使って身体を2.5～5cmほど上げ、抵抗を及ぼす。5秒から10秒間、筋を弛緩する。

踵を下げて、筋に再びちくりとした痛みを覚えるまで、ストレッチを深める。ここが新たな最終域である。

これを2、3回繰り返す。

よくある間違い

- 縁から遠くに立っている。
- 脚を真っ直ぐに伸ばしていない。

コメント

このエクササイズで痛みが起こる場合は、両脚同時に行う。

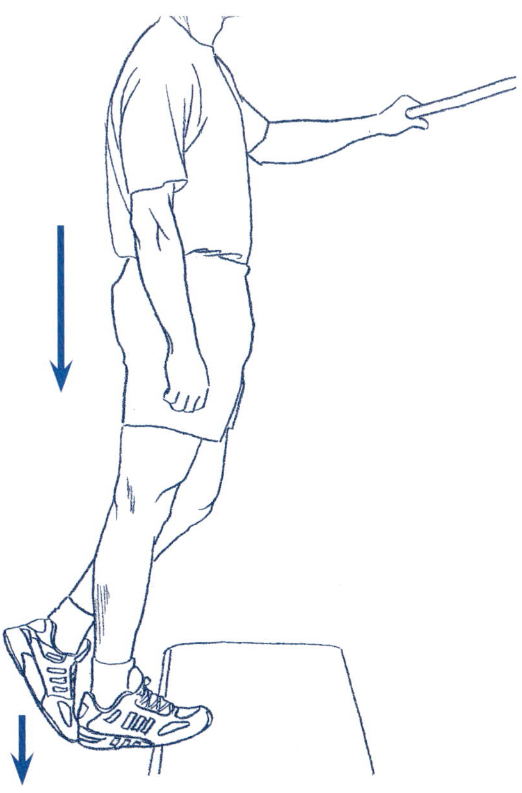

足の母指球で立つ。脚は完全に真っ直ぐにする。
踵を注意深く沈めていく。

母指球を立っている面に押し付けて、抵抗を及ぼす。

ヒラメ筋

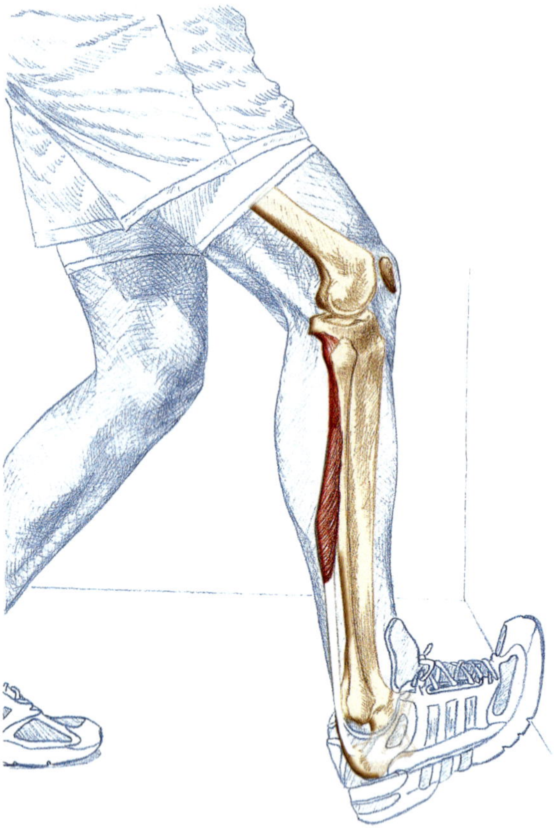

ヒラメ筋と腓腹筋との違いは、ヒラメ筋が膝関節を通らないことである。このため、ヒラメ筋は膝関節には影響しない。このエクササイズは、腓腹筋をストレッチする必要なく、ヒラメ筋をストレッチする。そのため、ヒラメ筋をストレッチするときは、脚をやや屈曲させておく。

筋の説明

ヒラメ筋は、腓腹筋の奥に位置する。いずれも、アキレス腱に付着する。ヒラメ筋は、下腿部の骨の後ろ側から起こり、踵骨に付着する。また、足の向きを変える。

張りの原因

ヒラメ筋は、長期の運動不足や長時間の座位により張る。ランニングやサイクリングなど、ヒラメ筋を特に用いるスポーツでも張りが生じる。

張りの徴候

- ふくらはぎの鈍痛や疼痛
- 足底アーチの鈍痛や疼痛

ヒラメ筋が張ると、アキレス腱にも問題が生じる。

注 意

踵や膝の後部に痛みを覚える場合は、このエクササイズは避ける。

方 法

バランスを維持し、身体の前への傾きを大きくするため、ドアの開口部に近い壁を探す。右脚の母指球を壁にあて、踵は床につける。後ろ側の脚で身体を安定させる。右膝を注意深く屈曲し、ドア枠をつかむ。腹筋を引き締め、上体を真っ直ぐ伸ばす。これで開始肢位の完成である。

膝の角度を保ちながら、脚と上体を前方に注意深く傾け、ふくらはぎにちくりとした痛みを覚えるまで、

5秒から10秒間、筋をストレッチする。5秒から10秒間、筋を弛緩する。

足で壁を注意深く押し、つま先で壁を指そうとしながら、5秒から10秒間、抵抗を及ぼす。5秒から10秒間、筋を弛緩する。

膝を伸ばさずに、脚と上体を前に傾け続け、新たな最終域に達するまで、ストレッチを深める。

これを2、3回繰り返す。

よくある間違い

- ストレッチされる脚を真っ直ぐ伸ばし過ぎている。
- 足の母指球が壁に触れる位置が高すぎるあるいは低すぎる。

コメント

ストレッチの間、踵に痛みを覚える場合は、さらに注意して、しばらくは腓腹筋のストレッチを行う。

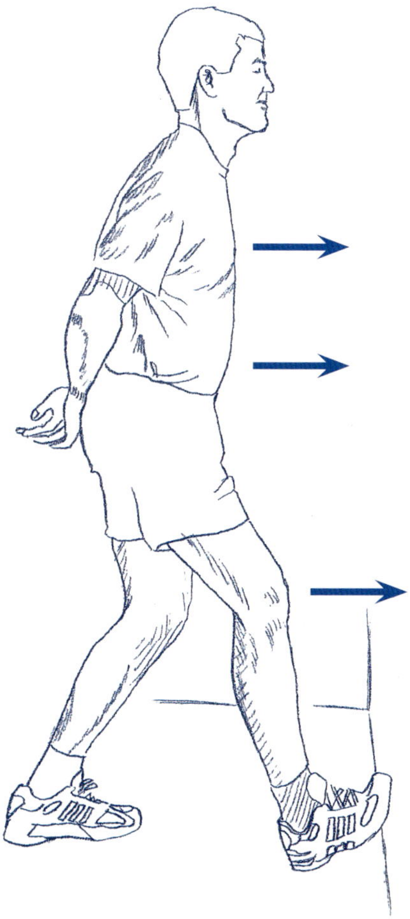

腓腹筋が作用しないよう、エクササイズの間中、膝を屈曲しておく。エクササイズの間、腕を使って、上体を前に引いてもよい。

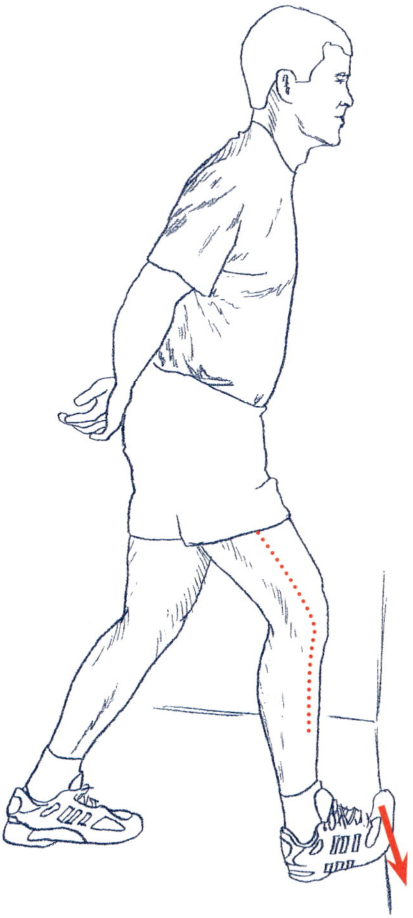

実際には身体を動かさず、足の母指球で壁を押して、抵抗を及ぼす。

前脛骨筋

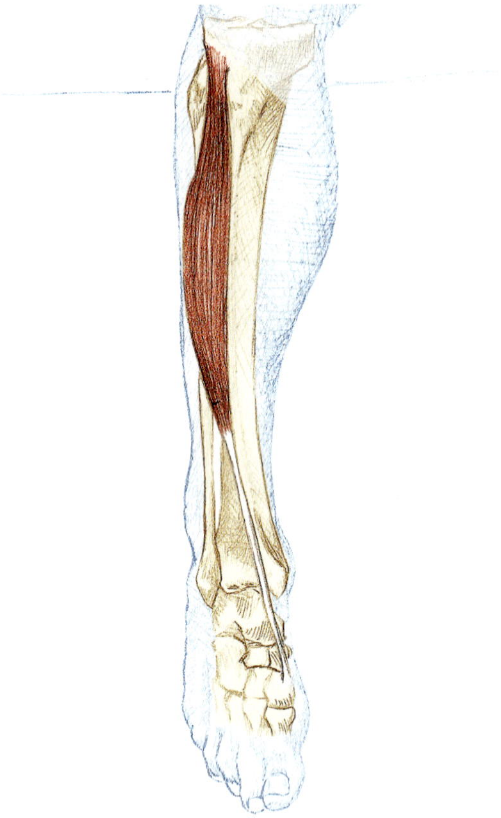

前脛骨筋は、脛骨の前部に位置し、足関節の可動性に制限があることから、ストレッチが難しい。他の筋をストレッチしたときほど、筋に伸張感が感じられない。正座をするなどといった他のエクササイズで、よりよくストレッチできる。
下側は膝関節損傷の場合にリスクを負う。一般に、シンスプリントは前脛骨筋を不正に使い過ぎることで起こる。シンスプリントは脛骨の外側ではなく、下方内側で起こる場合が多い。

筋の説明

前脛骨筋は、下腿前部、脛骨の外側に位置する。脛骨の前部全体から起こり、足関節と足の上側を交叉して、母趾に停止する。前脛骨筋は足関節を背屈し、足を外方に傾ける(回外)。

張りの原因

前脛骨筋の張りは、普段行っていない速いウォーキングにより起こる。また、ランニングやペダルを速くこいでのサイクリングなどによっても張りが生じる。

張りの徴候

- 脛骨の外側の鈍痛や痛み
- 足関節周辺の鈍痛や痛み
- 足の回外が制限されているために、ウォーキング時やランニング時に足を傾けるのが困難

注 意

ストレッチの間、足関節や膝関節に痛みを覚える場合は、このエクササイズは避ける。

方 法

膝より高い柔らかな面を探す。高いベンチや、椅子に枕を2つ重ねた状態がよい。ベンチの横に立ち、その上に足首をのせる。右手を、指先を前に向けて踵に置き、しっかりつかむ。

手で踵を前下方に押し、足首前部にちくりとした痛みを覚えるまで、5秒から10秒間、ストレッチする。5秒から10秒間、弛緩する。

つま先をベンチの面に押し、5秒から10秒間、抵抗を及ぼす。5秒から10秒間、筋を弛緩する。

踵を前下方に押して、新たな最終域に到達するまで、ストレッチを深める。

これを2、3回繰り返す。

よくある間違い

- ベンチや椅子が低すぎ、手で下向きに押しづらい。

コメント

筋がうまくストレッチできない場合は、マッサージ師などを受診して、弛緩してもらう。

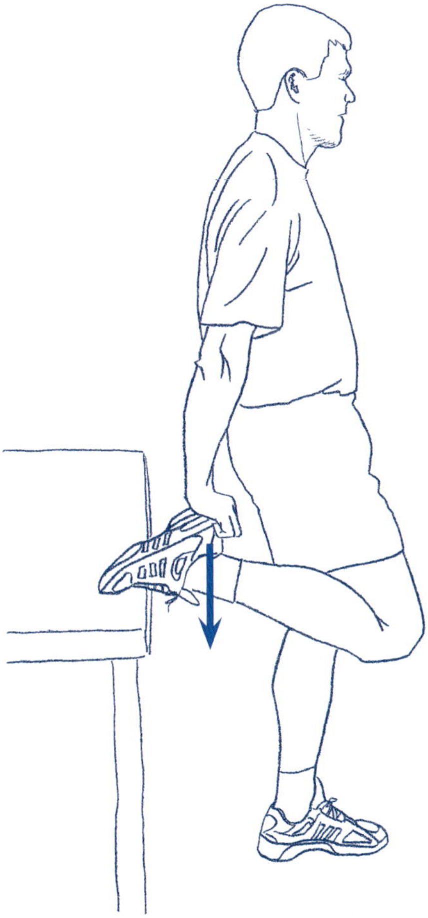

膝を曲げすぎない。右脚を屈曲しながら、
踵を下向きに押して、足関節を伸展する。

足の前部をベンチの面に押して、抵抗を及ぼす。

上腕二頭筋

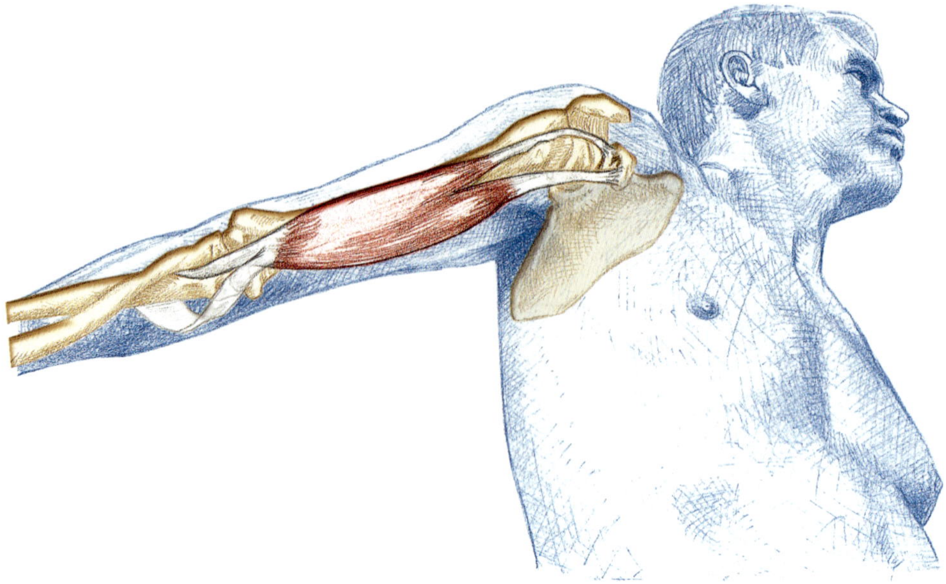

上腕二頭筋は肘関節と肩関節の両方を通るため、このエクササイズを行う間は特に注意が必要である。このストレッチは他のストレッチと同じようには感じられないかもしれないが、効果はある。ストレッチによって、筋の裂傷や断裂を防止できる。

筋の説明

上腕二頭筋は、上腕の前部に位置する。肩甲骨の2つの離れた場所から起こる2つの筋頭を持ち、上腕の中間で1つの筋腹を形成する。橈骨に付着する。上腕二頭筋は肘関節を屈曲し、前腕を外旋する（掌を上に向けて動かす）。また、肩関節で腕をわずかに外および前に動かすのも補助する。

張りの原因

上腕二頭筋は、雪かきのときや重いものを運ぶときなど、肘を屈曲した姿勢で維持する活動の間に張りを生じ、短縮する。

張りの徴候

- 肩の前部および外側の鈍痛または痛み
- 肘関節前部の疼痛

注 意

ストレッチの間に、手関節、肘関節、肩関節に痛みを覚える場合は、このエクササイズは避ける。

方 法

肩の高さ、あるいはそれよりやや低い棚またはバーを探す。腕の長さだけ離れて棚またはバーを背にして立つ。母指が股の方を向くよう、右腕を内旋する。腕を同じ肢位で後方に動かし、バーをつかむか、または、棚に手の甲をのせる。ここで、指関節を下向きにして母指を身体の方に向けること。身体を上に動かして腹筋を引き締め、右脚で一歩前進する。これが正しい開始肢位になる。

上体を前に傾けずに両脚を注意深く曲げ、5秒から10秒間ストレッチする。上腕前部にちくりとした痛みを覚えるまで続ける。5秒から10秒間、筋を弛緩する。

腕を下方向に押して、5秒から10秒間抵抗を及ぼす。

新たな最終域に達するまで、膝を曲げ続けてストレッチを深める。

これを2、3回繰り返す。

よくある間違い

- 間違った方向に腕を回旋している。
- バーの位置が高すぎるかまたは低すぎる。
- 上体を曲げるかまたは前に傾けている。

コメント

上腕の前部の筋腹に伸張感を得ることは一般的に難しい。肩関節または肘関節にのみ伸張感を覚える場合がある。不快感を及ぼさない限り、このエクササイズの効果は得られる。バーをつかむ間に手首痛を覚える場合は、ストレッチの肢位に到達して手首を伸展するときに、上体をやや前に傾けようとする。手が痛んでいる場合は縁またはバーにタオルを置く。

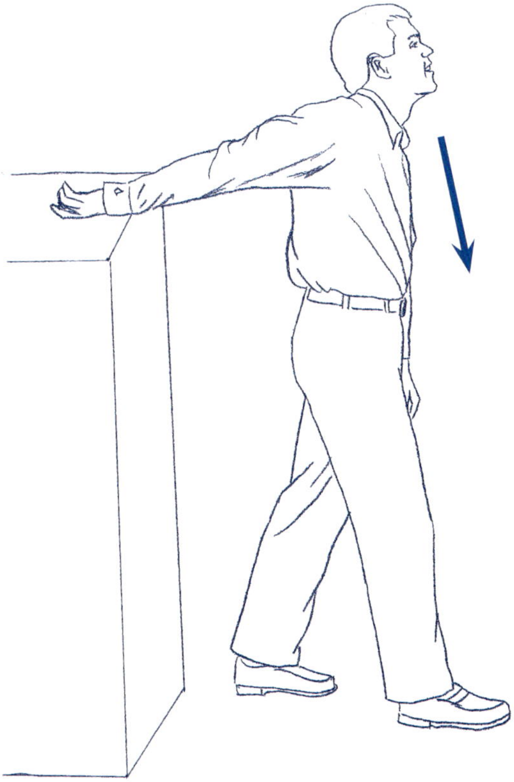

台の面に手の甲を置く。
固定されたポールをつかむと、より大きなストレッチを達成しやすい。脚を曲げるとき、上体を直立に保つ。

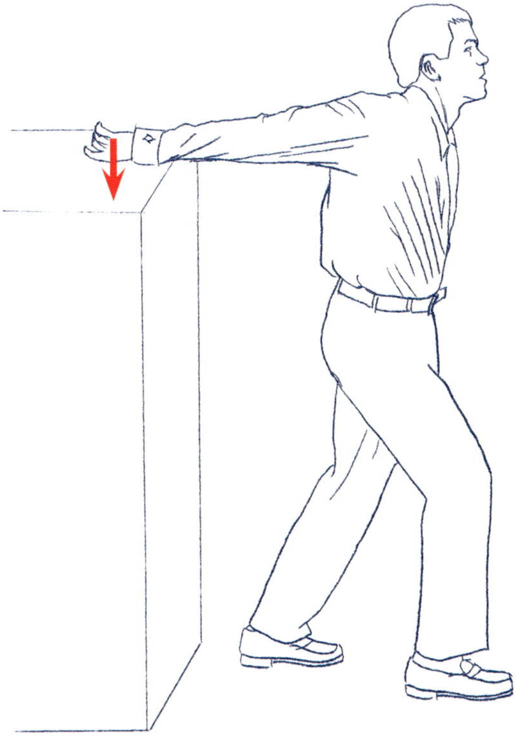

手を下前方に押して、抵抗を及ぼす。

上腕三頭筋

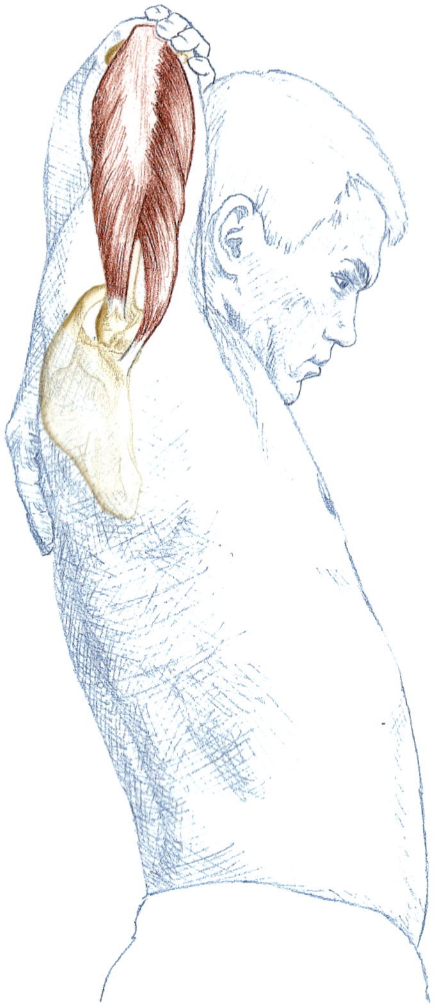

上腕後部の筋はめったに損傷が起こらないが、いくつかの種類の鈍痛または疼痛を引き起こす場合がある。
トリガーポイントすなわち筋硬結が、下方の肘へあるいは上方の肩部へ広がる拡散痛を引き起こす。肩関節が非常に柔軟な場合は必ず、肩甲骨を壁につけておくこと。

筋の説明

上腕の後部に位置する上腕三頭筋は3つの筋頭を持ち、それらが合流して、肘関節に付着する1つの筋腹を形成する。頭の1つは肩甲骨から起こり、他の2つは上腕骨の後部から起こる。上腕三頭筋は、肘関節を伸ばし、上腕を後方およびやや身体の方へ動かす。

張りの原因

上腕三頭筋は、テニスやバドミントンなどのスポーツの間に、張りを生じ短縮する。

張りの症状

- 肘関節全体の鈍痛または疼痛
- 前腕へと拡散する疼痛

注 意

ストレッチの間に、肩関節、または肘関節の内側に痛みを覚える場合は、このエクササイズは避ける。

方 法

身体の右側を壁に向けて立つ。壁に傾いたときに届くほどの間隔をあけて立つ。肩甲骨だけが壁に触れるよう、右腕を頭の上に動かす。できるだけ右腕を曲げる。左腕で肘関節をつかむ。

頭の後ろで右肘を注意深く引き、上腕の後面にちくりとした痛みを覚えるまで5秒から10秒間ストレッチする。5秒から10秒間、筋を弛緩する。

頭の後ろに腕を動かし続け、新たな最終域に到達するまで、ストレッチを深める。右肘を天井の方へ積極的に動かそうとしストレッチを高める。

これを2、3回繰り返す。

よくある間違い

- 胸、背中または肩が緊張している。
- 肩甲骨を壁につけることが難しい。
- 肘を十分に曲げられていない。

コメント

この筋が深刻なほど短縮することは稀であるため、大半の人は実質的な伸張感を感じない。

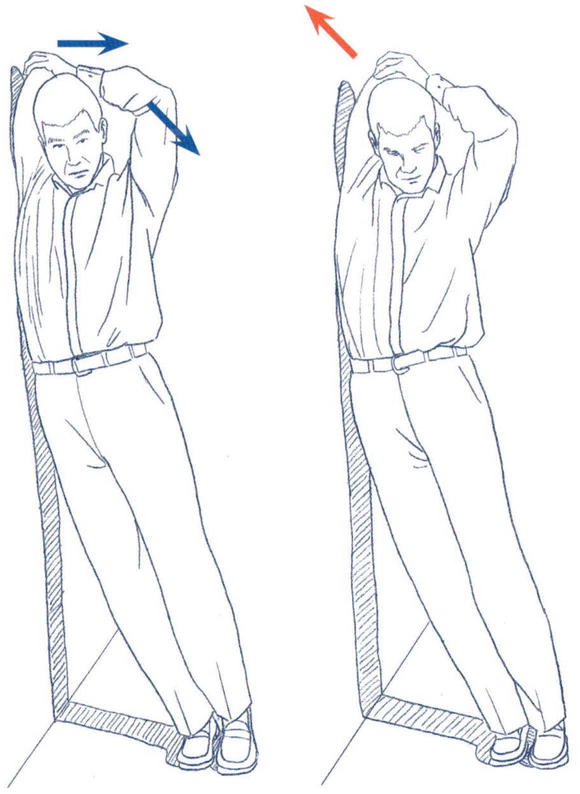

できるだけ肘を曲げる。
肘を頭の後ろに持っていき、ストレッチを強める。
腕を真っ直ぐに伸ばそうとしながら、
肘を右に動かして抵抗を及ぼす。

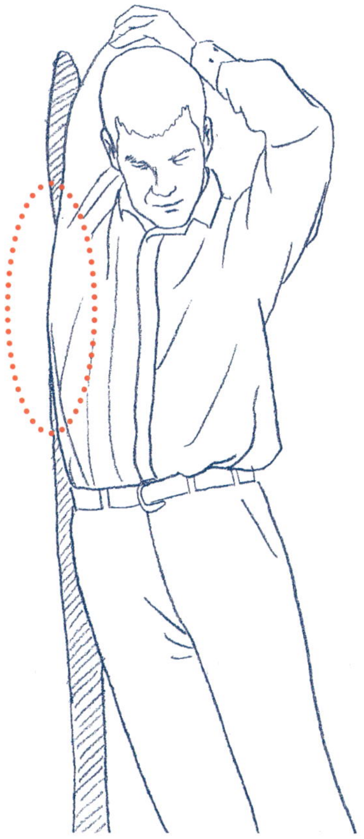

肩甲骨を壁につけておくこと。

前腕屈筋群

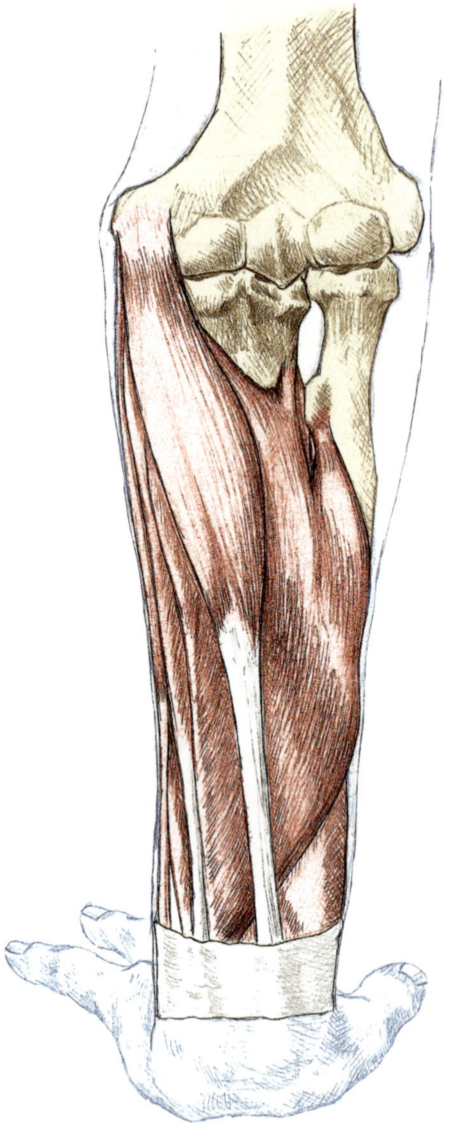

この項は、手掌と同じ側に位置する前腕の10種類の小さな筋について説明する。これら屈筋群に痛みを覚えないよう、頻繁にストレッチを行い、長時間の静的な反復使用は避ける。

筋の説明

屈筋群は、上腕の下端から起こり、肘関節の内側を走行して、手の掌側で手首を通る。最後には腱となって指に向かう。

これらの屈筋は、筋群として機能し、指を掌側へと曲げる。また、個々に機能して各指を関節で曲げる。

張りの原因

これらの屈筋はキーボード操作などの静的な伸展作用により張りを生じ短縮する場合が多い。

手の過用を要する操作でもこれらの筋に問題が起こる。大工、マッサージ師、ナプラパシー師、体操選手、クライマー、ホッケーの選手に症状を及ぼす場合が多い。

張りの徴候

- 前腕および指の疼痛および鈍痛
- 肘の内側の疼痛（ゴルフ肘ともいう）

柔軟性テスト

手を顔の前に上げ、掌を合わせる。上腕が水平になるよう、肘を上および外側に動かす。手は動かさない。

注 意

手首に痛みを覚える場合は、このエクササイズは避ける。

方 法

テーブルなど平らな面を探す。指が手前に向くよう手を内旋し、テーブルの上に置く。右母指が右を向くようにする。

左手を右手の指に重ねておく。右腕を完全に真っ直ぐにする。

右腕を手前に引き、右前腕にちくりとした痛みを覚えるまで、５秒から１０秒間ストレッチする。

５秒から１０秒間、筋を弛緩する。

指でテーブルを押そうと試み、５秒から１０秒間抵抗を及ぼす。５秒から１０秒間、筋を弛緩する。

右腕を手前に動かし続け、新たな最終域に達するまで、ストレッチを深める。

これを２、３回繰り返す。

よくある間違い

- 肘を屈曲している
- 指を完全に真っ直ぐ維持できていない。
- テーブルの位置が高すぎる。

コメント

テーブルが高すぎる場合、エクササイズの間に正しい開始肢位と方法が難しくなる。指を真っ直ぐに保ちやすいよう、手をタオルの上に置く。

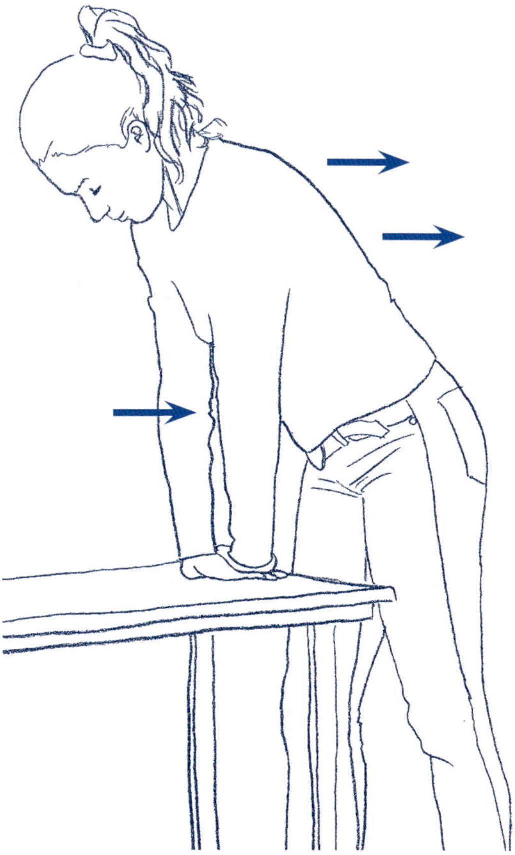

腕および身体を後方に傾ける。
エクササイズの間、肘は完全に真っ直ぐにする。
右手の指に左の手をのせ、ストレッチを高める。

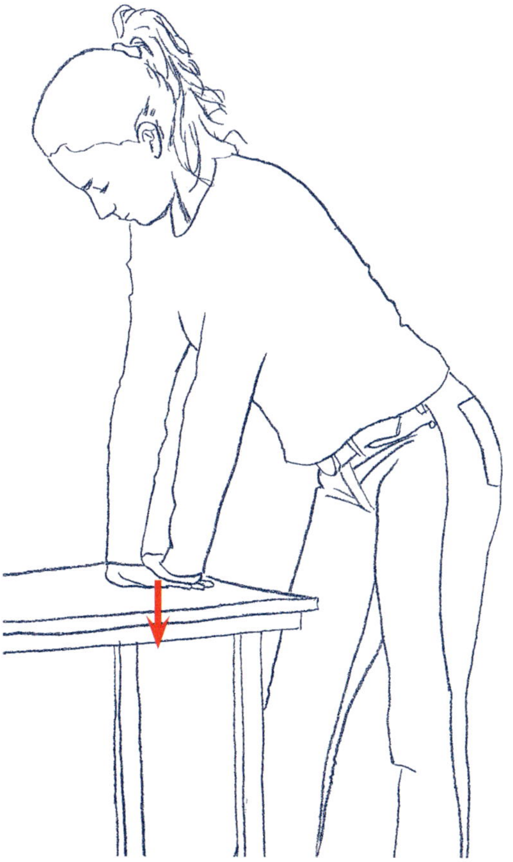

右手をテーブルに押し付け、抵抗を及ぼす。

前腕伸筋群

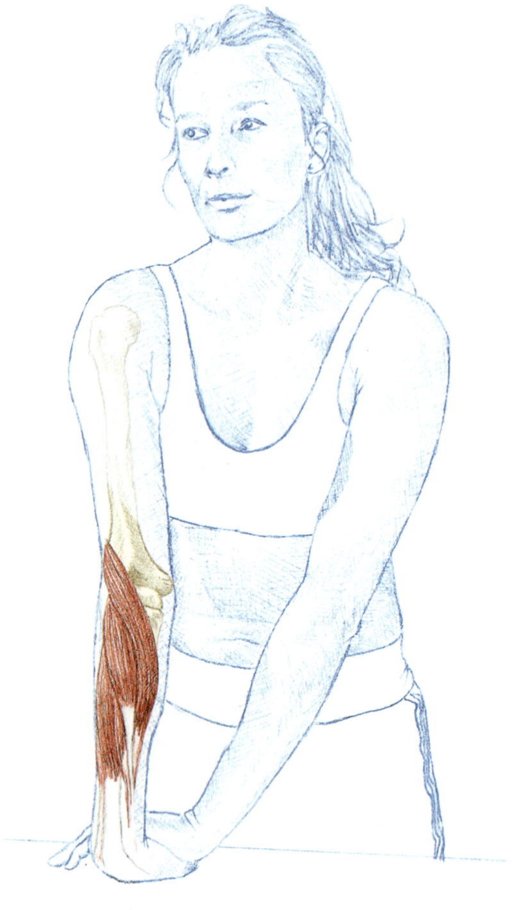

伸筋群は、前腕の外側と後部に位置する10個の筋で構成される。この部位の疼痛による病気休暇をとる人は多い。これらの筋は1日に最高20回ストレッチする。エクササイズの効果があるばかりでなく、これらのエクササイズは、仕事中に軽く休憩を取るのに良い方法である。

筋の説明

伸筋群のほとんどが上腕下端の外側から起こる。肘の外側を下り、手首を通って、腱として手と指まで続く。伸筋は肘関節を屈曲し、手関節を手の背部へ屈曲する。また、個々に作用して、関節での各指の伸展も行う。

張りの原因

伸筋群は、コンピュータ上での静的作用および緻密な機械的作業により短縮する。大工、マッサージ師、クライマー、体操選手、および重量挙げの選手に症状を及ぼす場合が多い。

張りの徴候

- 前腕の鈍痛または疼痛
- 肘の外側の鈍痛または疼痛（テニス肘）
- 指の鈍痛または疼痛

注 意

手首に痛みを覚える場合は、このエクササイズは避ける。

方 法

立って行いたい場合はテーブルを用い、座って行いたい場合は床を用いる。手の甲を前に向け、強く拳を握る。手の甲をテーブルまたは床につくよう手関節を屈曲し、指を手前に向ける。もう片方の手で握り拳を押える。肘関節は真っ直ぐに保つ。

腕を手前に引いて、前腕にちくりとした痛みを覚えるまで、5秒から10秒間、ストレッチする。5秒から10秒間、筋を弛緩する。

握り拳をテーブルに押し付けて、5秒から10秒間抵抗を及ぼす。5秒から10秒間、筋を弛緩する。

新たな最終域に達するまで腕を後方に引き続け、ストレッチを深める。

これを2、3回繰り返す。

よくある間違い

- 肘を屈曲している。
- 拳を十分に固めていない。
- テーブルの位置が高すぎる。

コメント

テーブルが高すぎる場合、エクササイズの間、開始肢位および技術を正しく実施できない。エクササイズで手が痛む場合は、テーブルまたは床にタオルや枕を置く。

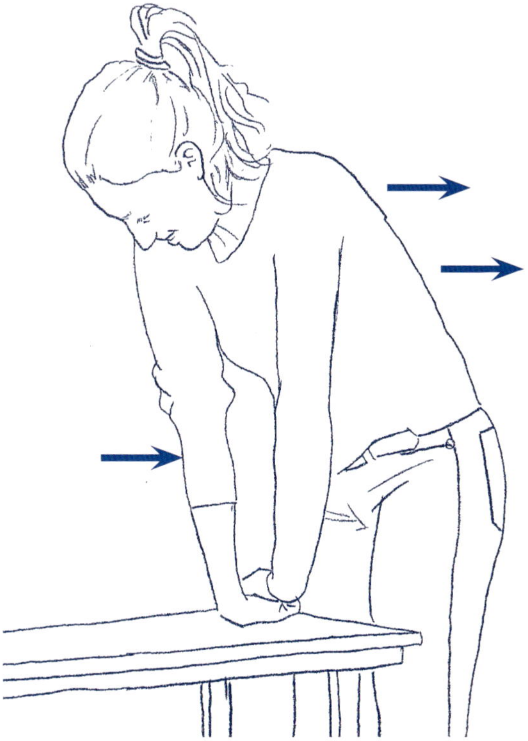

左手を使って右の握り拳をしっかりと固め、指を屈曲させる。
エクササイズの間、肘は完全に真っ直ぐにしておくこと。
腕と身体を後方に引く。

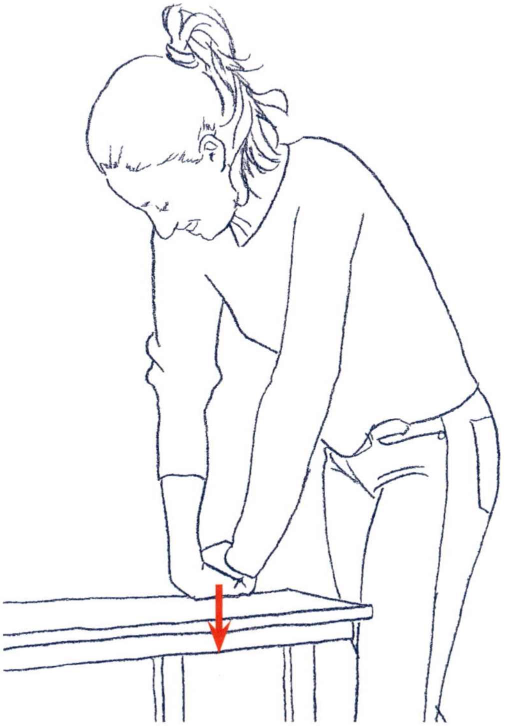

手の甲をテーブルに押し付ける。

長・短橈側手根伸筋

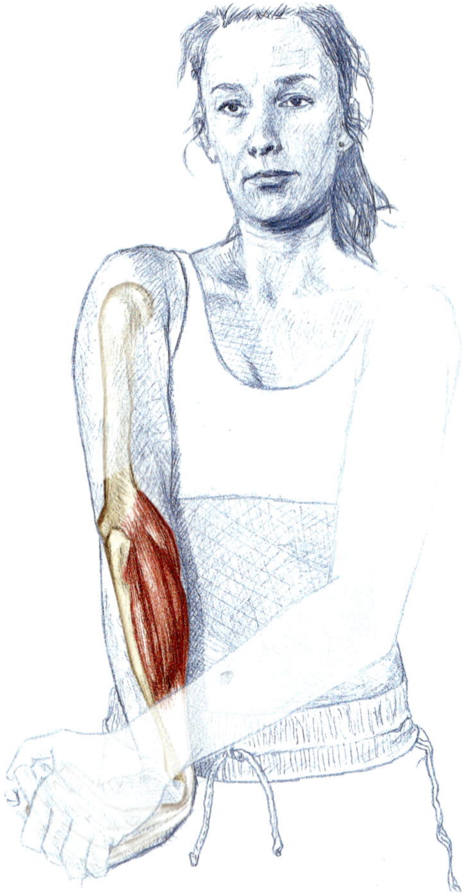

長・短橈側手根伸筋は、コンピュータのマウスによる静的作業によって、前腕に最も頻繁に疼痛を引き起こす筋である。これらの筋は、多くの作業を担うが、休むことなく何年も同じ作業を行うことによって、故障する。ありがたいと思わないかもしれないが、鈍痛や痛みは筋の防衛機能なのである。前腕の痛みを緩和するには、一貫したストレッチが必要であり、軟部組織マニピュレーションやマッサージを用いて行う。

年月をかけて進行した症状は、取り除くにも時間がかかる。こうした問題を解決するには長期的な計画が必要となる。

筋の説明

長・短橈側手根伸筋は上腕の下端から起こり、肘関節を通って、前腕の外側に沿い、手関節を通過する。最後に、示指と環指に付着する。これらの筋は肘関節を屈曲し、手関節、示指および環指を伸展する。

張りの原因

長期的な静的作業によって、長・短橈側手根伸筋は短縮する。建設作業員、クライマー、ホッケー選手、コンピュータを操作する人など、これらの手で作業する人が影響を受ける場合が多い。

張りの徴候

- 前腕外側の疼痛
- 示指および環指の疼痛およびしびれ感
- 肘関節外側の疼痛（テニス肘）

注 意

手関節または肩関節に痛みを覚える場合は、このエクササイズは避ける。

方 法

右腕を屈曲し、臍の前に置く。拳を作り、手関節を掌の方に屈曲しながら、前腕を内旋する。左手で右拳をつかみ、手関節をさらに屈曲する。肘関節は屈曲させたままにする。肩と右腕を楽にする。

右腕を注意深く伸展し、左手を使って手関節をさらに屈曲させ、前腕を内旋しながら、５秒から10秒間、ストレッチする。右前腕にちくりとした痛みを覚えるまで続ける。5秒から10秒間、筋を弛緩する。

右手関節を真っ直ぐにしようと試み、5秒から10秒間、抵抗を及ぼす。5秒から10秒間、筋を弛緩する。

新たな最終域に達するまで、右腕を真っ直ぐにして右手関節を屈曲し、ストレッチを深める。

これを2、3回繰り返す。

よくある間違い

- 前腕を十分に回旋できていない。
- 手関節を十分に屈曲できていない。
- 拳を十分に固められていない。
- 右腕を十分に真っ直ぐ伸ばせていない。

コメント

このエクササイズは、始めは難しいが、あきらめてはいけない。練習を完璧にしておくこと。

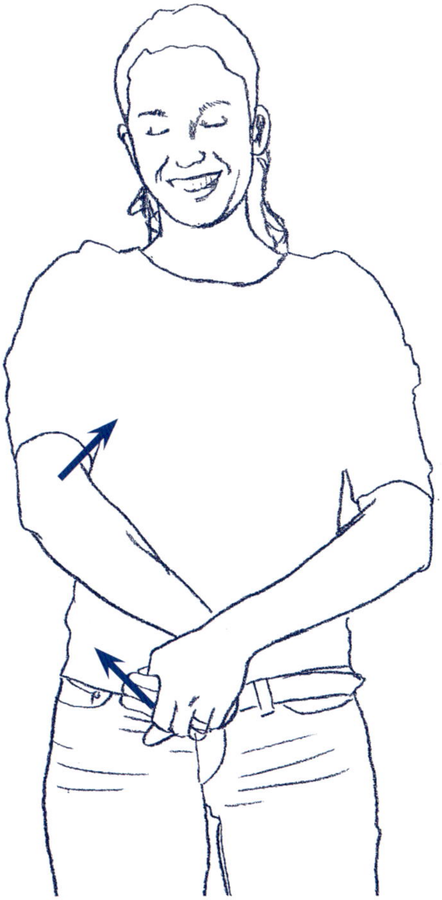

右腕を屈曲し、左手で手関節と指を屈曲させる。
腕を真っ直ぐ伸ばし、左手で手関節と指を同じ肢位に保つ。

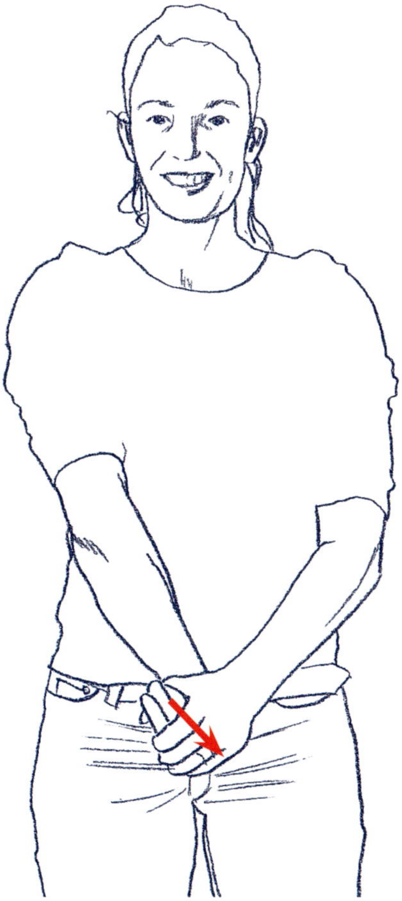

左手に対し右手の甲を押し付けて、抵抗を及ぼす。

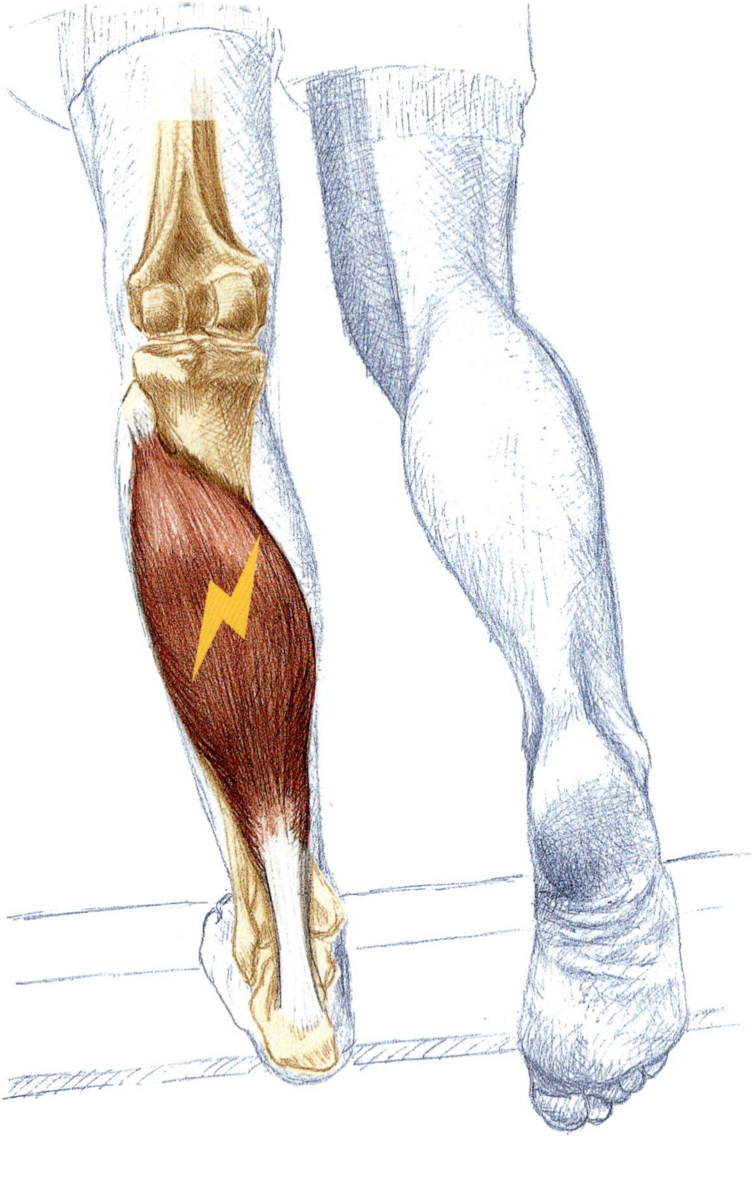

疼痛を緩和するためのプログラム

朝に多くみられる鈍痛および疼痛

夜中に、誰かにバットで頭を殴られたような感じ、誰かに背骨を折られそうになった感じ、あるいは、後ろから腕を押さえつけられたような感じを覚えたら、寝姿勢が悪い作用を引き起こしていると考えられる。寝姿勢を変えることは容易ではない。若いときに身に着けた習慣だが、若い頃ほど身体は柔軟ではない。次の項では、朝目が覚めたときによく経験する疼痛の対処法を提案する。

目覚めたときの頭痛

頭痛で目が覚めるというのは、理想的な一日のスタートからは程遠い。睡眠をとっていても、体を安静にリラックスできていないのである。眠っている間に、歯ぎしりや食いしばりをしていることは、典型的なストレス症状である。この種類の夜間活動には、顎の筋肉と頸部の筋肉の両方が関わっている。眠りにつこうとする際、肩を耳まで引き上げようとしていることに気付いたことはあるだろうか？眠った後もこの動作は必ずしも止むことはないため、これが朝の頭痛につながる。

対処法

頸部の辺りをストレッチおよび弛緩する（123ページを参照）と、頭痛を効果的に予防できる。

頭痛は、悪い寝姿勢と筋の短縮の複合によっても起こる。堅いベッドも要因となる。一般的に、体重が重いほどベッドは堅くなる。

目覚めたときの斜頸

目覚めたときに斜頸で動かせなくなる場合は、枕が高すぎる可能性がある。高すぎる枕で身体を横向きにして眠ると、頸部の片側の筋が伸張し、反対側の筋が短縮する。この習慣が頸部の筋および関節を刺激する。

対処法

横になったとき、頭を脊椎と一直線にすること。必要に応じて、枕の高さを調整する。

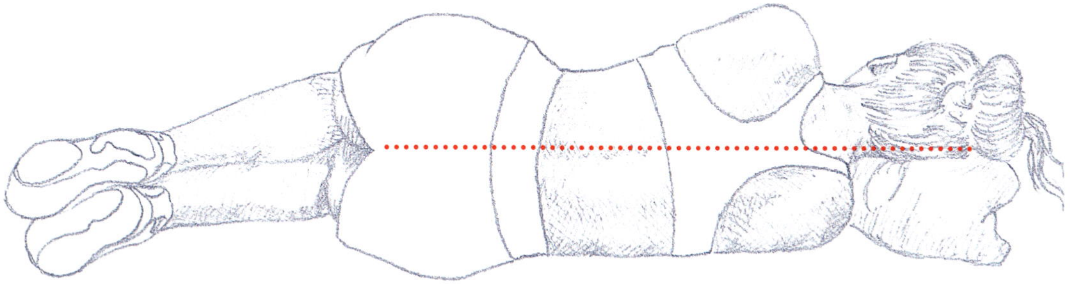

横向きに眠るとき、ベッドが柔らかすぎないこと。堅いマットレスを用いると、脊椎のアライメントを維持しやすい。

目覚めたときに腕が動かない

目が覚めたときに経験するしびれ感やピリピリ感は、不快なものである。この最も一般的な原因は、腕を頭より上位に置いて眠ることである。腕を頭より上にして仰向けで眠ると、大・小胸筋が伸張され、それにより、頸部および体幹から腕へと走行する神経および血管が圧迫される。その結果動かなくなる。

対処法

寝姿勢を完全に変えるか、または、腕を身体の横に置いて眠る。毎晩寝る前に大・小胸筋をストレッチする。

目覚めたときに肩が痛む

朝の肩の痛みは、枕の下に腕を敷いて肘を頭より上の位置に置いて眠ることで起こる。この姿勢で眠ると、棘上筋が圧迫され、腕の筋力が低下したように感じる。

対処法

仰向けで眠るか、または、腕を肩より下の位置にして眠る。

目覚めたときの腰痛

柔らかすぎるベッドにうつ伏せで眠ると一般的に、背中が二つに折れているような感覚が生じる。

これは、中間に位置する身体で最も重い部位がベッドに沈むために、背中に重度の疼痛を引き起こす。この習慣と股関節屈筋の張りが組み合わされると、ほぼ確実に朝、腰痛が起こる。

対処法

堅いベッドに交換するか、または、マットレスの下に板を敷く。寝る前に股関節屈筋をストレッチする。横向きに眠る。

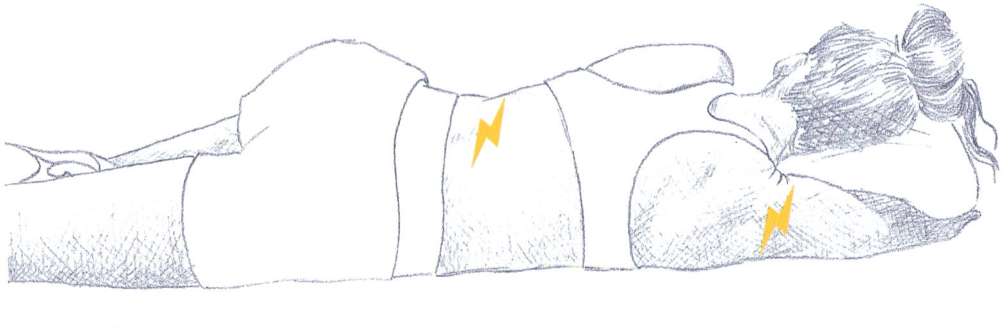

腕を頭より上の位置にして眠る姿勢は、肩と腕に疼痛やしびれ感を引き起こす。
うつ伏せで眠ったり、柔らかすぎるベッドで眠ったりすると、腰のアーチが増大し、背部捻挫（ぎっくり腰）を徐々に起こす。

ストレッチング・スケジュール

ストレッチは、疼痛を解消・緩和する最善の方法の１つである。本章の後半は、痛みの状況に合わせたストレッチング・スケジュールについて概説する。ぎっくり腰や寝違えについては、そのものの説明ではなく、痛みの原因について説明する。痛みの原因が定かではない場合、医師やナプラパシー師の診断を仰ぐ。

ぎっくり腰

「ぎっくり腰」という一般的な表現は、疼痛の原因や具体的に何が痛んでいるのかを表す語ではない。

痛みの対象

- 筋痙攣
- 伸張された靭帯
- 損傷した円板
- 腰椎の関節制限

背 景

疼痛は次の原因で引き起こされる：

- 筋のバランス異常
- 背部の筋の疲労
- 筋の張り
- 筋力低下
- 反復的な重量物の運搬
- 基本的な運動不足

基本的な対処法

最も望ましいのは、動き続けることである。できれば、安全と感じる範囲で身体を左右に動かす。動かしている限りは身体をどれだけ広く左右に動かすかは問題ではない。

損傷の程度に関わらず、体を起こして歩くことが必要である。できるだけ長く歩く。疲れたら、横になって休む。必ず、横向きに体を寝かせること。うつ伏せや仰向けよりも横向きの姿勢の方が起き上がりやすいためである。治療過程を長くしないように座って長時間休まないこと。四肢に電撃痛が伝わるような運動も避ける。身体の自己防衛システムによって治癒期間が長引いてしまうからである。

具体的な対処法

毎日数回ずつストレッチする。1日10回ストレッチすると、回復が早くなる。

専門家の診察を受ける場合

次のいずれかの場合は、診察を受ける：

- 脚に伝わる電撃痛
- 皮膚の特定部位の感覚低下
- 特定の筋の筋力低下
- 排尿困難

ストレッチを行う筋

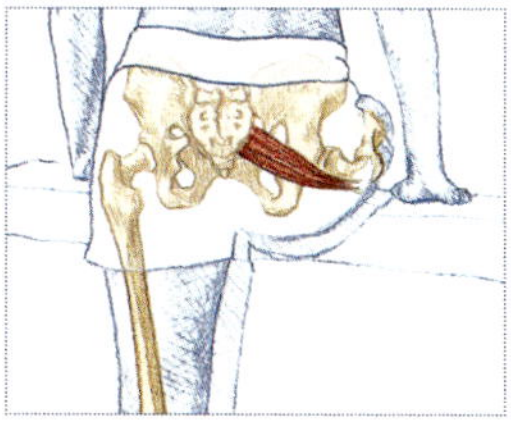

梨状筋(p.72, 75)

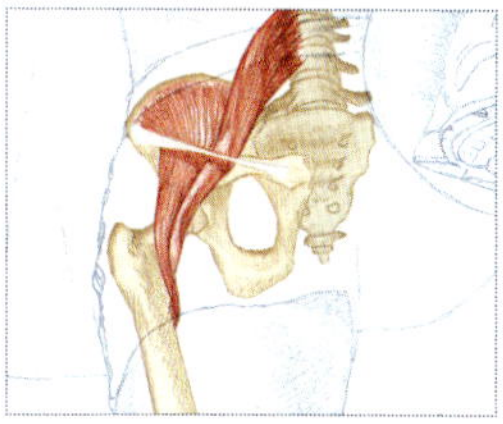

大腰筋および腸骨筋(p.83)

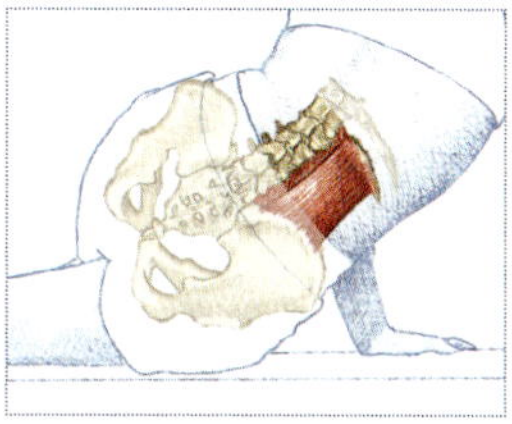

腰方形筋(p.78, 81)

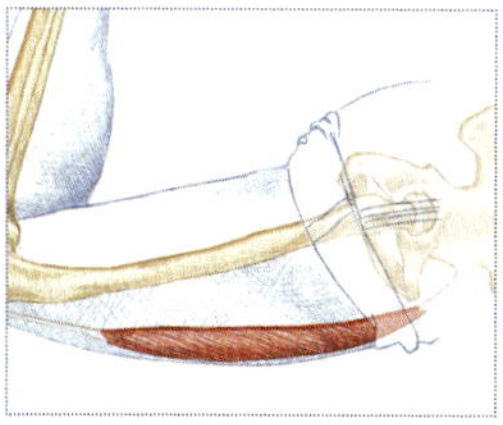

大腿直筋(p.86, 90)

寝違え

「寝違え」という表現も、症状や痛みの部位を表してはいない。やはり、痛んでも動かすことが重要なポイントである。

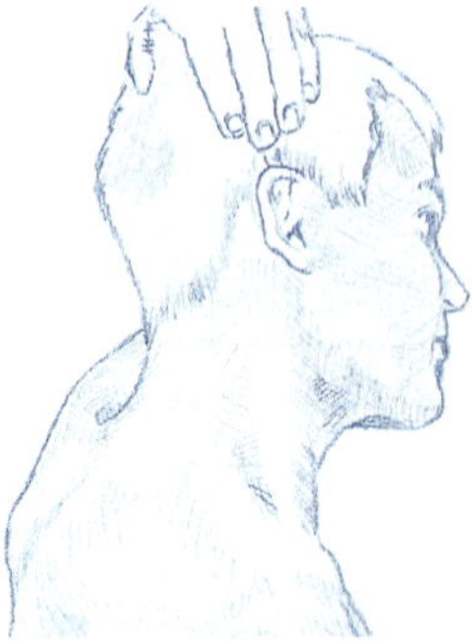

一般的に、2種類の頸部痛がある：

- タイプ1は即時に起こる。頭を片側へ回旋したり傾けたりすることができない。反対側はまったく痛みがない。この種の痛みは通常、朝目が覚めるときに起こる。
- タイプ2は痛みがゆっくりと徐々に大きくなり、可動性の減少を及ぼす。

痛みの対象

- 筋痙攣
- 圧迫された神経
- 圧縮された円板
- 伸張された靭帯
- 頸椎の関節制限

背 景

疼痛は次の原因で起こる：

- ストレスや単調作業による全体的な張り
- 悪い寝姿勢
- 筋への急な過負荷
- 風の当たる所に座る

基本的な対処法

運動がやはり重要である。できるようであれば、頭部を傾斜および回旋して、前後に動かす。痛みを覚える前に動きを止める。頸部の固定や氷冷は避けるが、温熱は用いてもよい。そばがらの枕を用いるとよい。

具体的な対処法

タイプ1　この場合、痛みがない側だけストレッチを行う。

タイプ2　この場合、両側をストレッチするが、可動性の制限される側に、より時間をかける。

どちらのタイプも、頻繁にストレッチを行うことが重要である。1時間に数回ストレッチを行うことが望ましい。

専門家の診察を受ける場合

次のいずれかの場合は、診察を受ける：

- 頸部から腕や手に伝わる電撃痛
- 腕と手の筋力低下
- 皮膚の特定部位の感覚低下

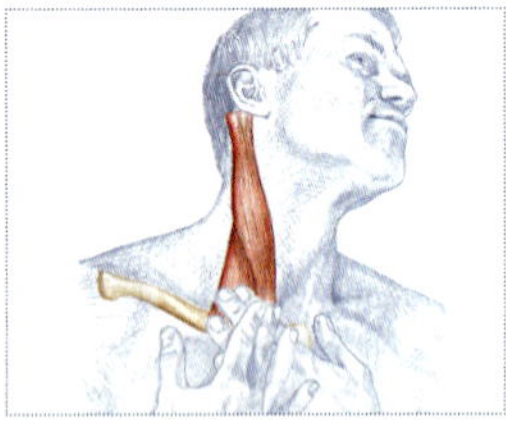

胸鎖乳突筋(p.30)

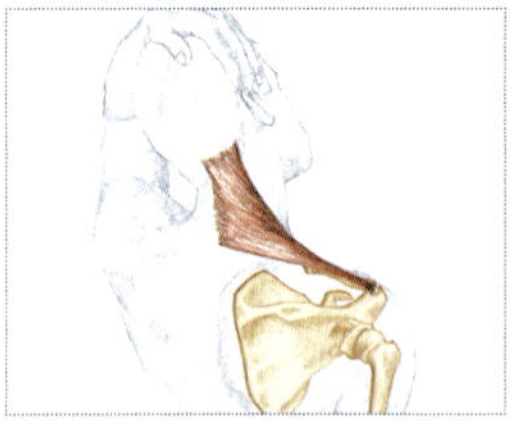

僧帽筋上部(p.26)

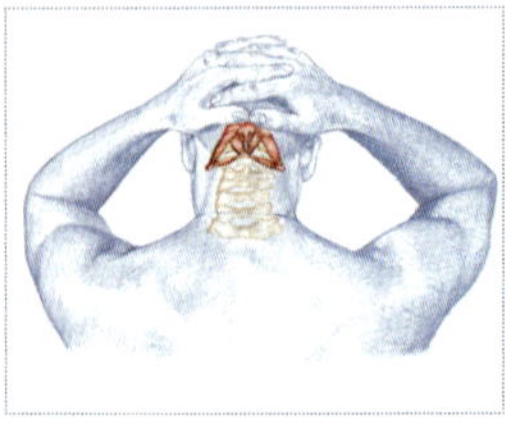

後頭下筋(p.34)

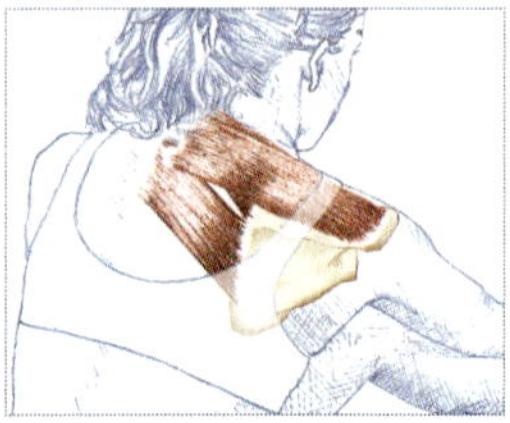

僧帽筋中部および菱形筋(p.48, 50)

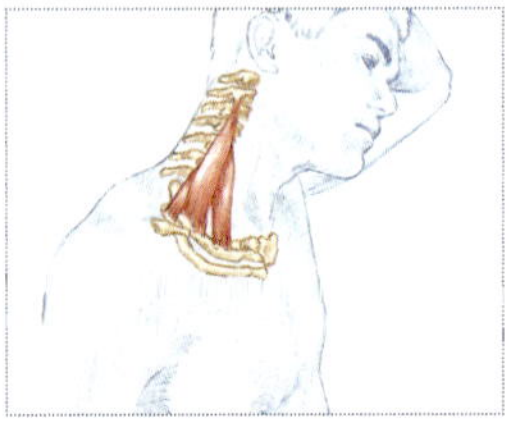

斜角筋(p.32)

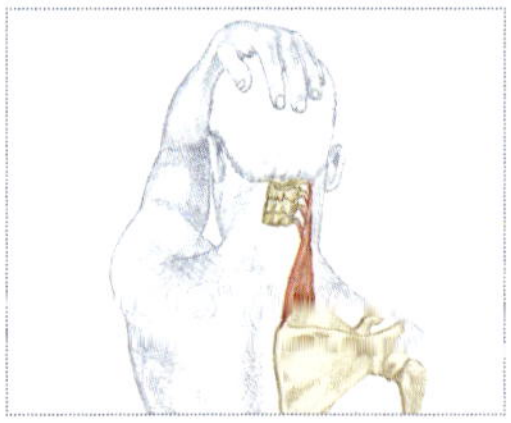

肩甲挙筋(p.36, 38)

脊椎にかかる実際の力の量は必ずしも、
背部痛や頸部痛の決定要因ではない。
重大な変数となるのはむしろ、脊椎の姿位、
および、脊椎が特定の姿位にあった時間である。

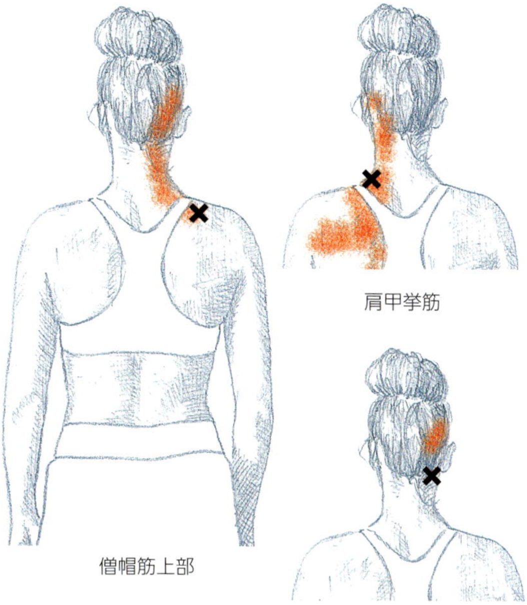

僧帽筋上部

肩甲挙筋

後頭下筋

ストレッチを行う筋

自分でストレッチを行うだけでなく、ナプラパシー師や理学療法士、カイロプラクターなど専門家の診察を受けることも検討する。

頭痛

頭痛のうち、緊張型頭痛が最も一般的である。頸部および肩の筋が張ることによってトリガーポイントが発生し、頭部にまで伝わる疼痛が及ぼされる。一般的な箇所としては、頸部の片側、こめかみ、および、耳の後ろが挙げられる。耳の後ろは爪が食い込んでいるように感じられる。緊張型頭痛はほぼ、僧帽筋上部のトリガーポイントから生じる。従って、こめかみをマッサージしても痛みは緩和されない。一度頭痛が起こると何回も起こるようになるため、ストレッチングを一時的にも永続的にも行うとよい。

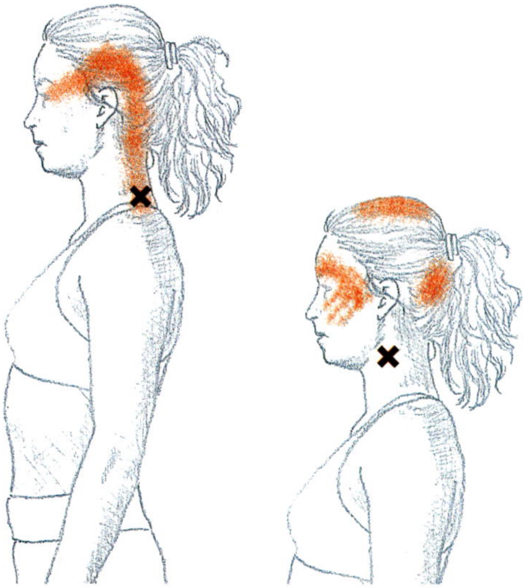

僧帽筋上部

胸鎖乳突筋

X印はトリガーポイントの位置であり、
色づけされた個所は不快感の拡散を示す。

痛みの対象

- トリガーポイント
- 張りつめた筋
- 可動性が制限された頸部関節

背 景

疼痛は次の原因で起こる：

- ストレスによる、長期に渡る緊張
- 単調作業
- 不安
- 肩部または他の部位の疼痛

基本的な対処法

弛緩することが重要である。頭痛が起こったと感じたときは、すぐに座って、頸部と肩を支え、頸部と肩を極力弛緩すると治まる可能性がある。温熱パッドで緊張を緩和することもできる。

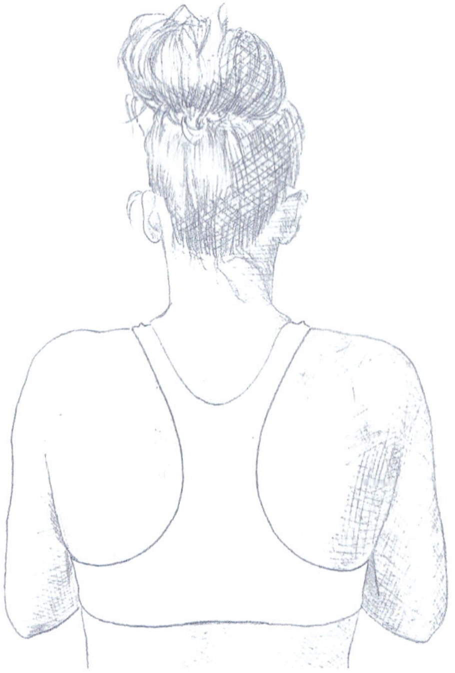

肩を挙げて長時間座っていることが、
最も一般的な頭痛の原因である。
頭痛を緩和するには、リラックスを心がけ、肩を下ろす。

具体的な対処法

次項で挙げる筋をストレッチする。頭痛が強い場合は、極力安静および弛緩を行い、少し和らいだらストレッチする。

専門家の診察を受ける場合

次のいずれかの場合は、診察を受ける：

- 頭痛が治まらない。
- 頭痛が急性になる（割れるような頭痛）、治まらなくなる、あるいは、これまでに経験したことのないような頭痛

ストレッチを行う筋

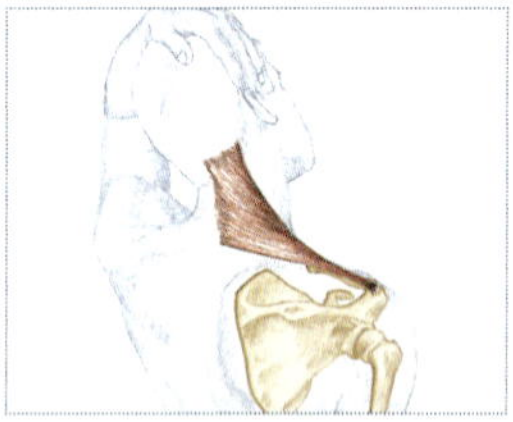

僧帽筋上部(p.26)

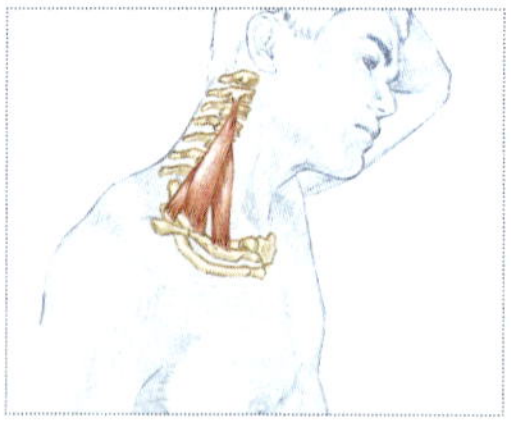

斜角筋(p.32)

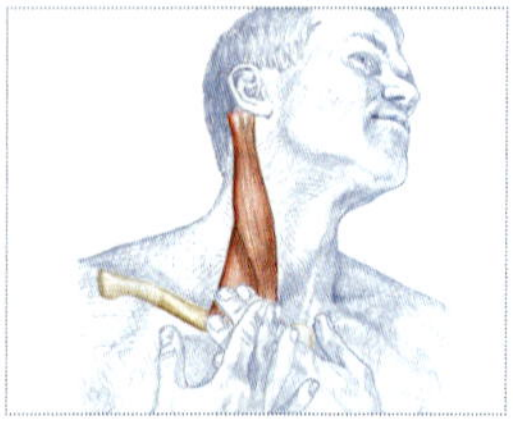

胸鎖乳突筋(p.30)

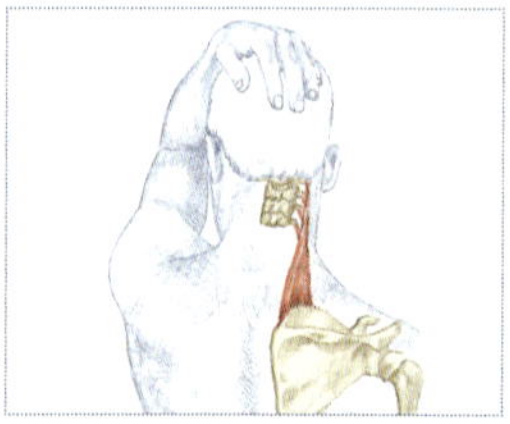

肩甲挙筋(p.36, 38)

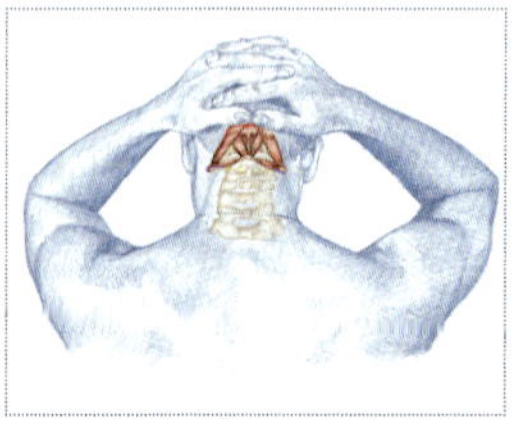

後頭下筋(p.34)

上背部痛

上背部に疼痛が1か所または数か所起こることはそう珍しくない。肩甲骨上部の内側、肩甲骨の奥に位置するように感じられる場合がある箇所は、特に持続する。痛みを取り除くには、上背部、胸部、前頸部の筋をストレッチする必要がある。胸筋をストレッチしなければ、姿勢を改善して疼痛を取り除くことは非常に難しい。

痛みの対象

- 筋のトリガーポイント
- 可動性が制限された、胸部に近い脊椎の関節
- 可動性が制限された、肋骨と脊椎の間の関節
- 過度に伸張された靭帯

背 景

疼痛は次の原因で起こる：

- 不良姿勢
- 胸部、臀部およびハムストリングスの筋の張り
- 背部の筋の筋力低下

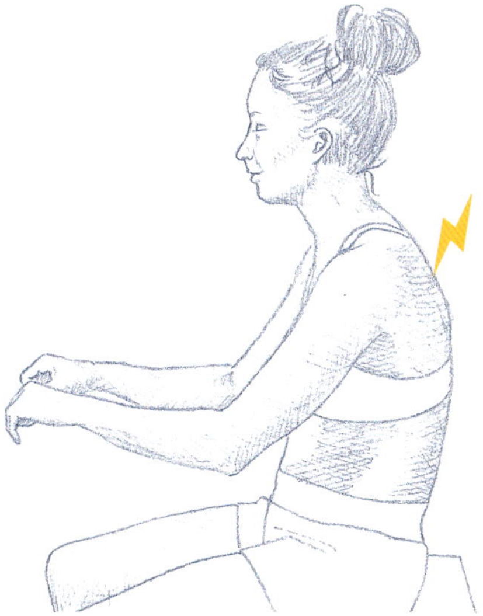

座っている間に背を丸めていると、身体を直立し脊椎の靭帯を保護するために、肩甲骨の間の筋が静的に作用する。

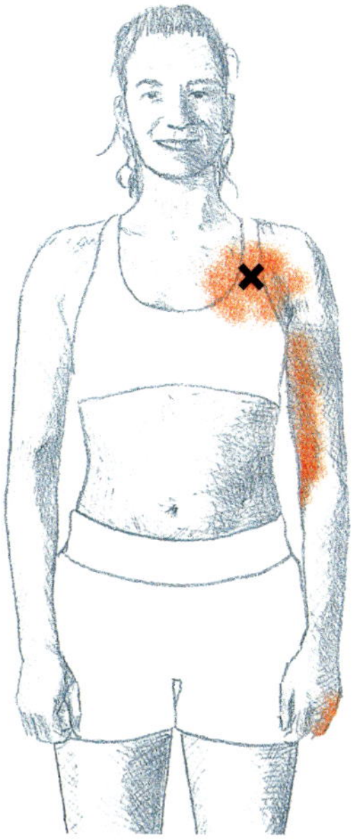

大胸筋

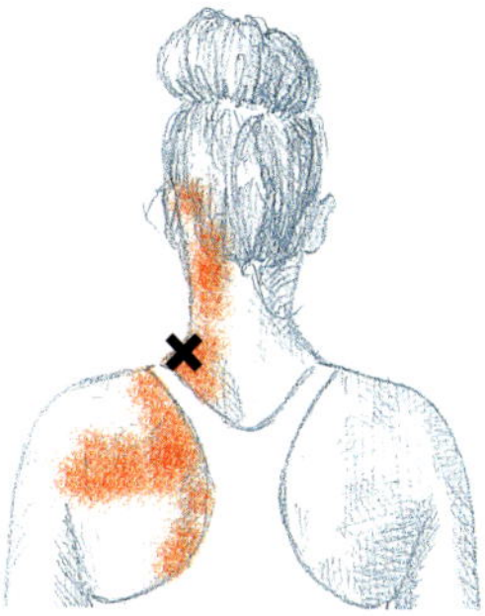

肩甲挙筋

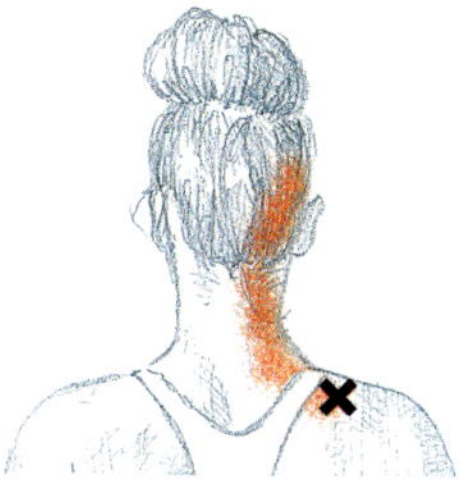

僧帽筋上部

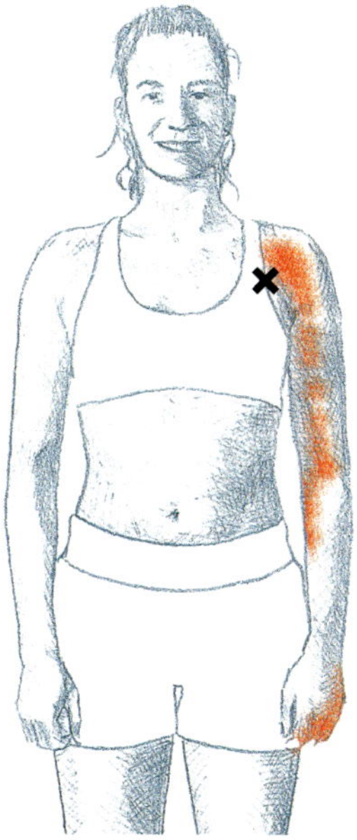

小胸筋

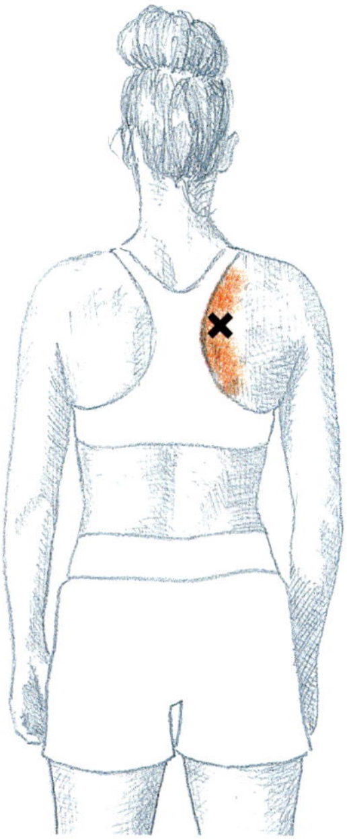

僧帽筋中部、菱形筋

X印はトリガーポイントの位置であり、
色づけされた個所は不快感の拡散を示す。

基本的な対処法

最も重要なことは、姿勢の改善である。座っていなければならない場合、20分以上座り続けないようにする。筋が張っていると感じる場合は、座って５分しか経過していない場合でも立ち上がり、肩、頸部、頭を動かす。温熱パッドを用いる。

具体的な対処法

短い休憩を何度も取り、ストレッチを行う。これらの筋は容易にはほぐれない。

専門家の診察を受ける場合

１週間疼痛が続く場合は、専門家の診察を受ける。

ストレッチを行う筋

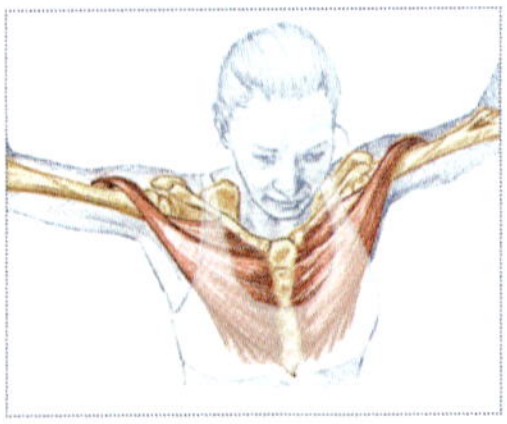

大胸筋(p.40, 42)

僧帽筋中部、菱形筋(p.48, 50)

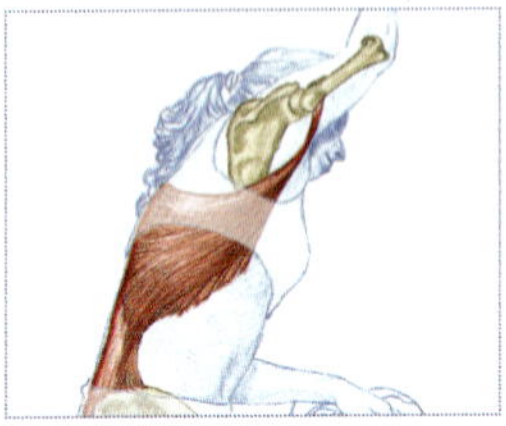

広背筋(p.52, 55)

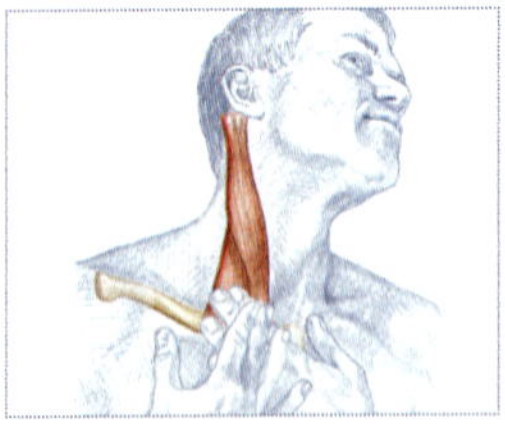

胸鎖乳突筋(p.30)

肩甲挙筋(p.36, 38)

腕および手に拡散する肩部痛

肩部のストレッチをうまく行わないと、腕や手に拡散する疼痛のリスクが増える。このため、まずは肩甲帯周辺の筋を常にストレッチし、その後、特定の肩周囲筋および腕の筋をストレッチする。

痛みの対象

- 張りがみられる筋のトリガーポイント
- 静的に過負荷のかかる前腕筋
- 頸椎の関節の制限

背 景

疼痛は、手および前腕で行う巧緻運動によって肩部と前腕の筋が静的に作用を及ぼされることによって起こる。

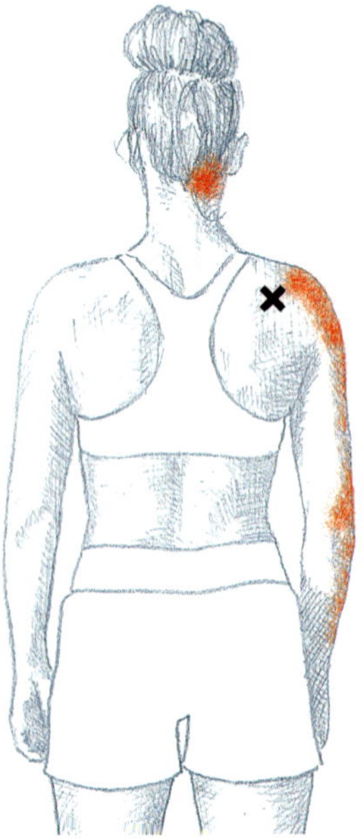

棘下筋

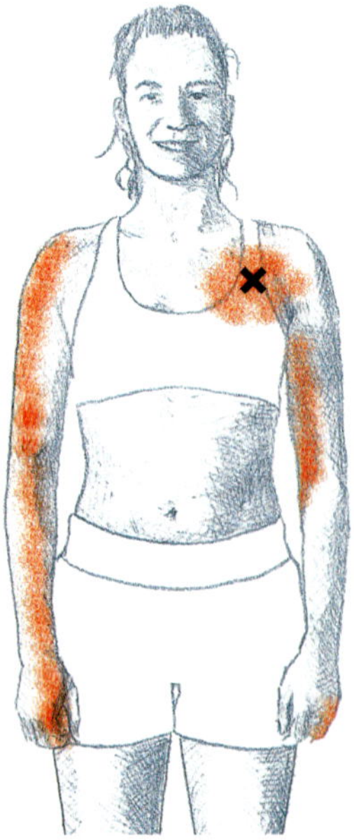

棘下筋、大胸筋

X印はトリガーポイントの位置であり、
色づけされた個所は不快感の拡散を示す。

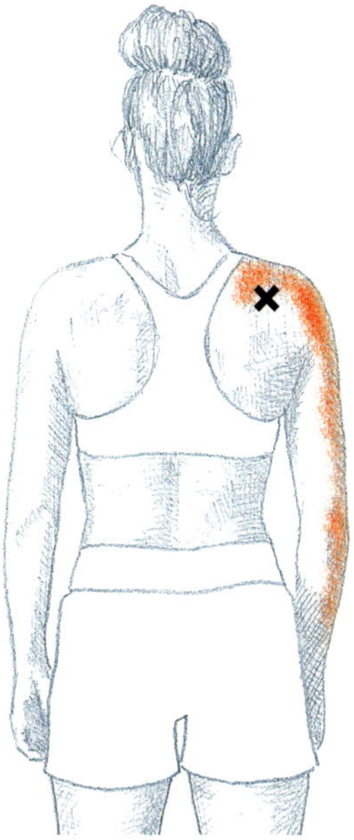

棘上筋

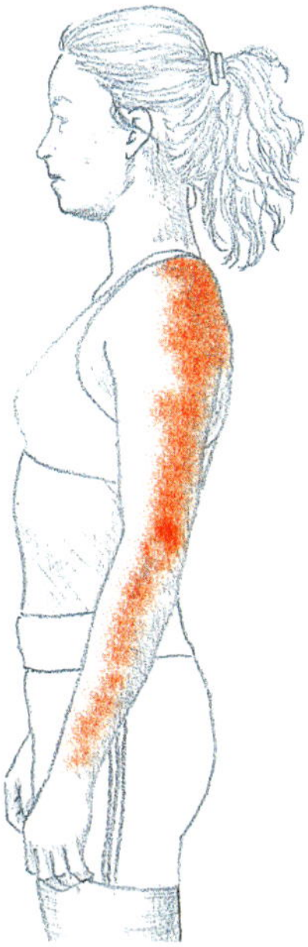

棘上筋

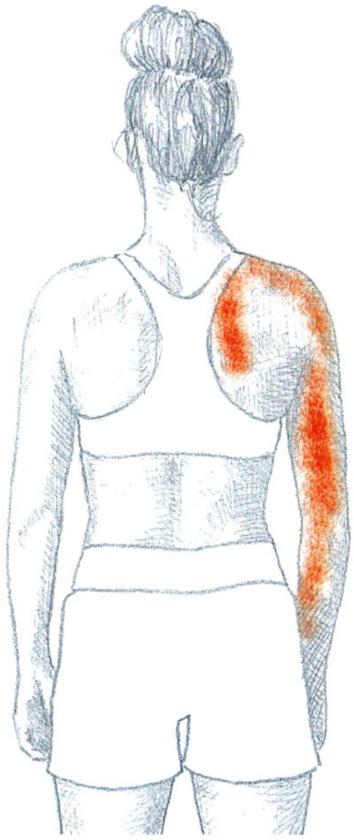

斜角筋

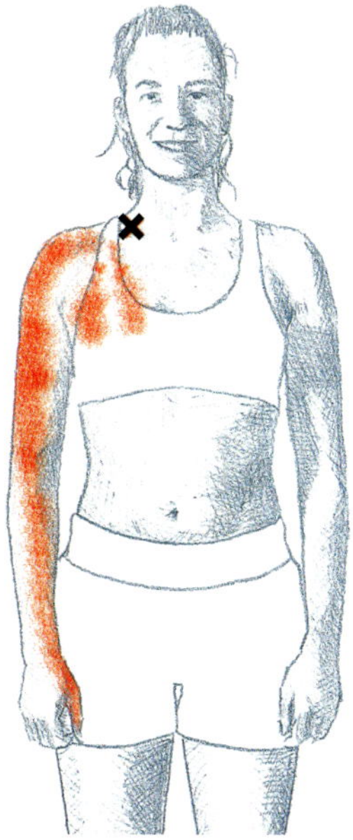

斜角筋

X印はトリガーポイントの位置であり、
色づけされた個所は不快感の拡散を示す。

基本的な対処法

キーボードやマウス、机の高さ、椅子の高さなど、コンピュータと一緒に用いているものをすべてチェックする。20分に1回椅子から立ち、肩周辺を動かす。帰宅時は、これらの筋に負荷を与えないようにし、肩および腕の静的作業は避ける。

具体的な対処法

作業中だけでなく、定期的にストレッチする。

専門家の診察を受ける場合

痛みが3、4週間引かない場合は、専門家の診察を受ける。

ストレッチを行う筋

まず、頸部および肩甲帯周囲の筋をストレッチする。

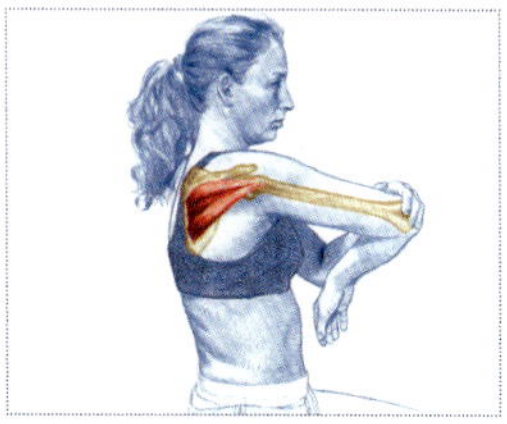

棘下筋(p.57, 60)

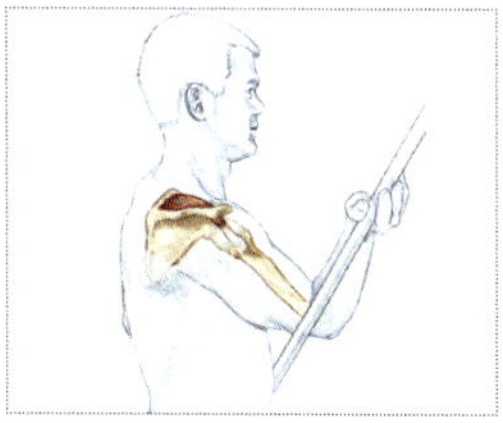

棘上筋(p.64, 66)

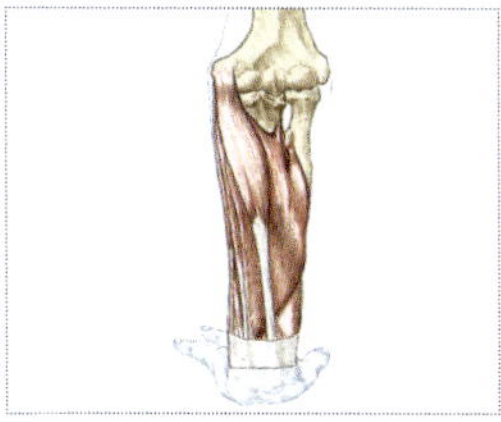

前腕屈筋群(p.112)

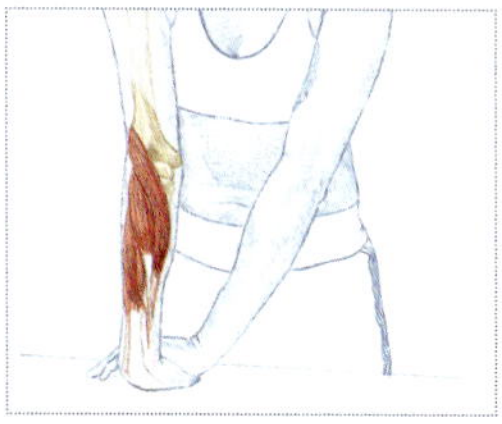

前腕伸筋群(p.114)

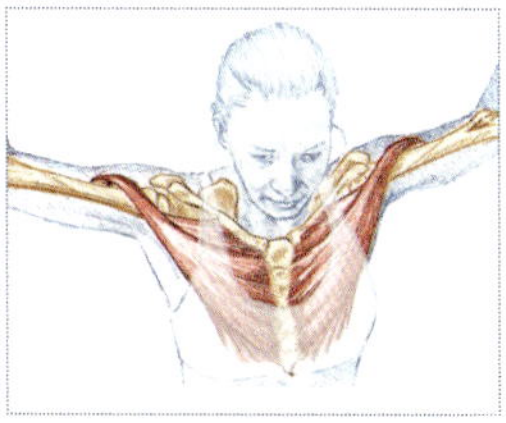

大胸筋(p.40, 42)

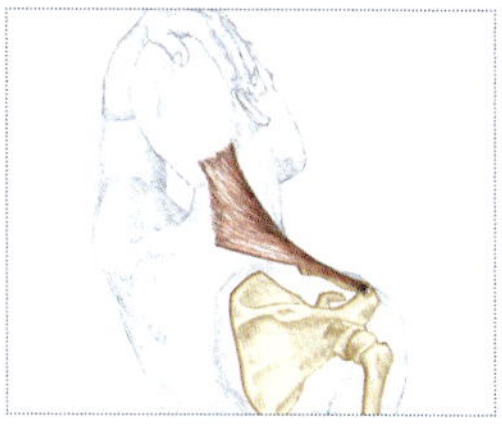

僧帽筋上部(p.26)

肩部痛

当然のことながら、肩や肩周囲の痛む原因はいくつかある。時には、痛みによりエクササイズができないこともある。その場合は、無理にストレッチは行わない。

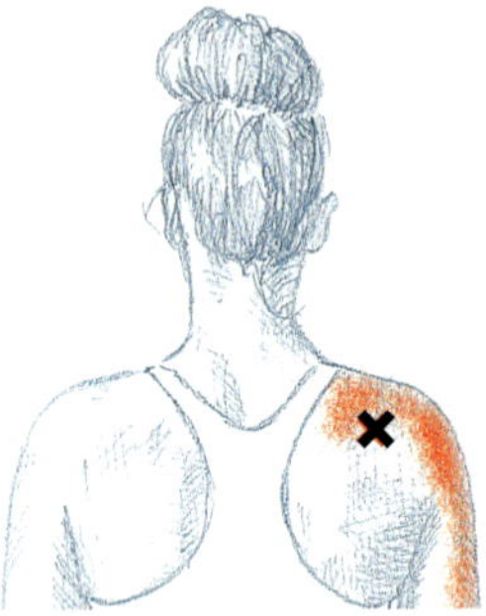

棘上筋

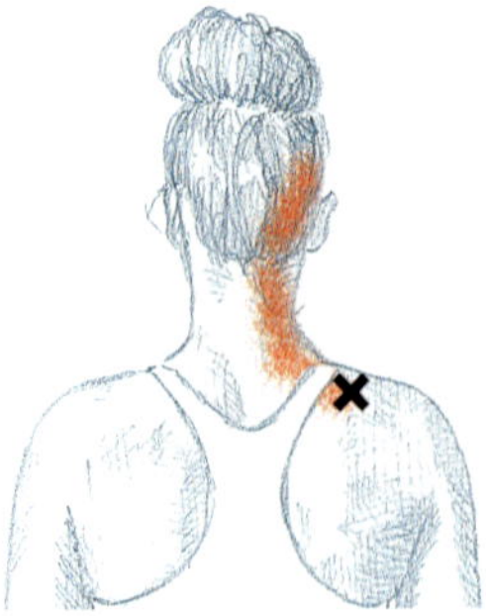

僧帽筋上部

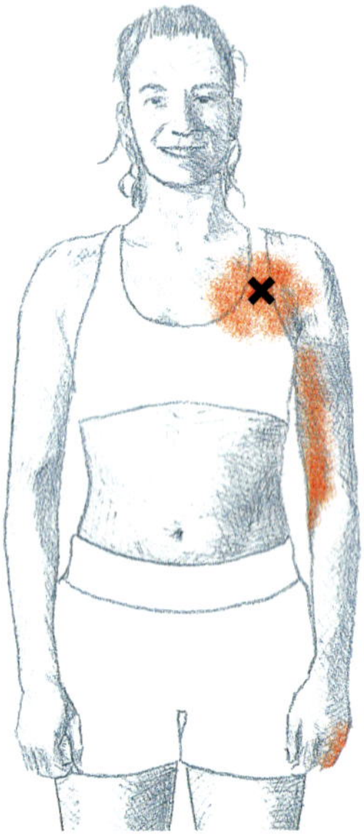

大胸筋

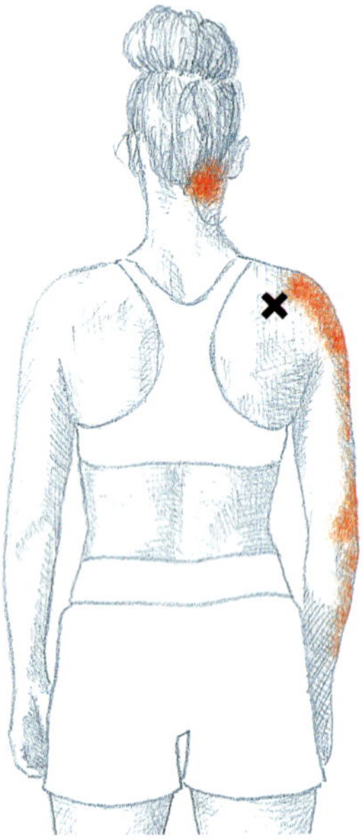

棘下筋

X印はトリガーポイントの位置であり、
色づけされた個所は不快感の拡散を示す。

痛みの対象

- 張りがみられる筋のトリガーポイント
- 圧迫された筋
- 圧迫された神経
- 損傷によってダメージを受けた関節包
- 頸部で動けなくなった関節

背景

疼痛は次の原因で起こる：

- 肩関節を内旋または外旋する反復運動
- 手を頭の上にしての長時間の作業
- 投球スポーツへの積極的な参加

基本的な対処法

肩関節を反復的に回旋し、頭の上で行う運動は一切避ける。

具体的な対処法

注意深くストレッチし、痛みを覚えたら止める。

専門家の診察を受ける場合

次のいずれかの場合は、診察を受ける：

- 痛みが治まらない
- 疼痛または突然の抵抗により肩の運動が完全にできなくなった場合

ストレッチを行う筋

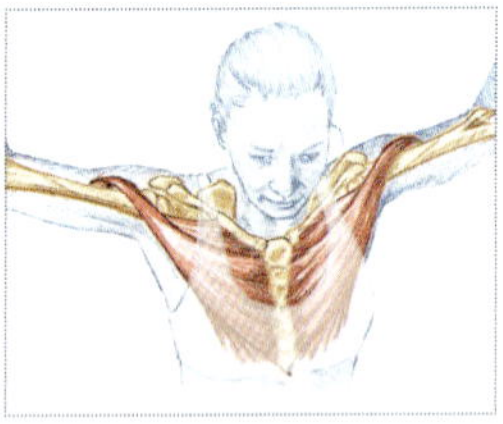

大胸筋(p.40, 42)

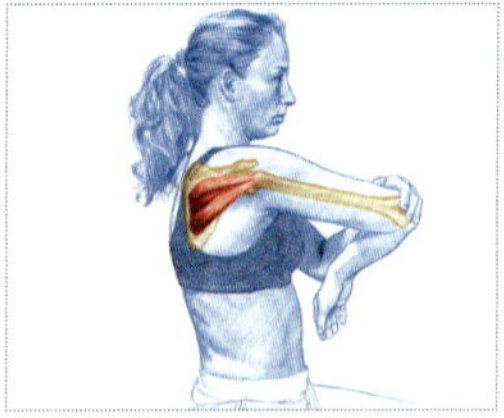

棘下筋(p.57, 60)

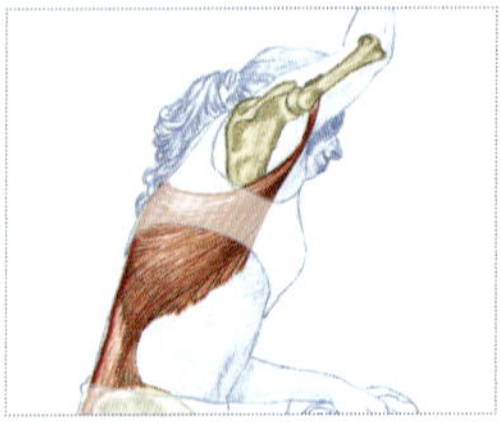

広背筋(p.52, 55)

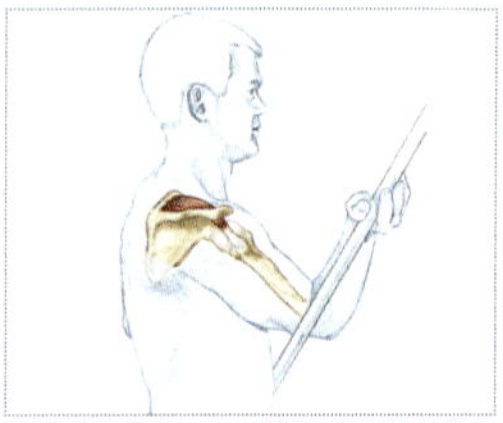

棘上筋(p.64, 66)

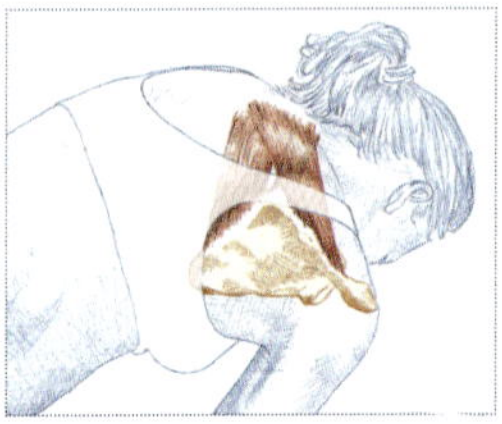

僧帽筋中部および菱形筋
(p.48, 50)

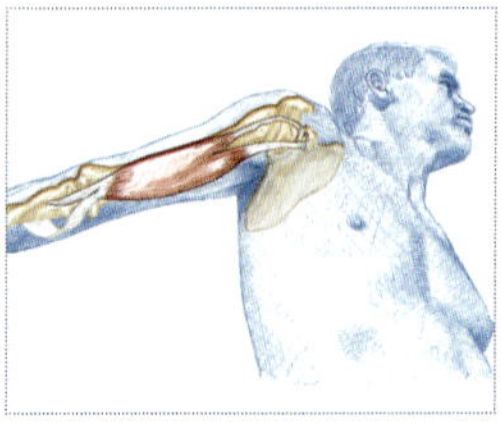

上腕二頭筋(p.108)

テニス肘およびゴルフ肘

これらの用語は上腕痛を及ぼす状態を表している。これらは一般的になりつつある。建設作業員に起こりやすい。

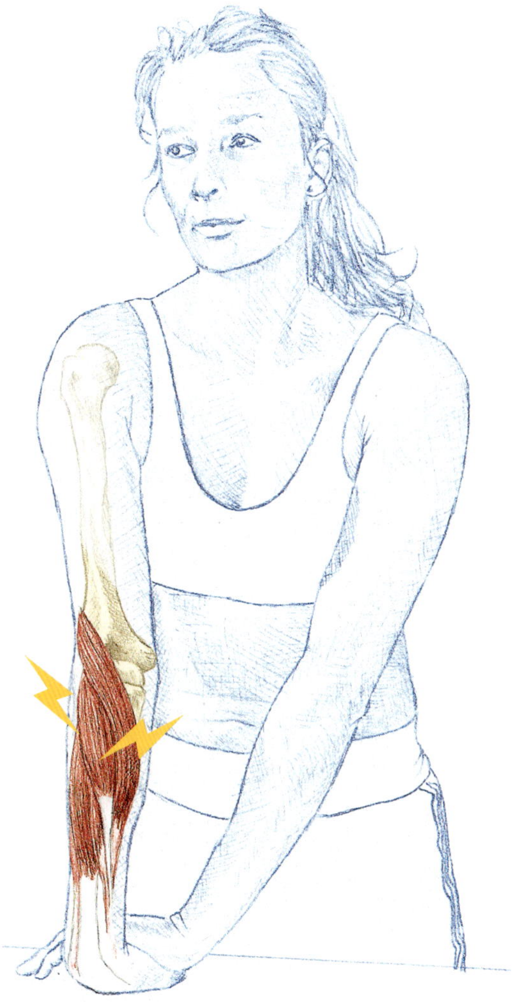

ゴルフ肘は肘内側の疼痛を引き起こし、
テニス肘は外側の疼痛を引き起こす。

痛みの対象

- 付着部に過度な負荷が及ぼされ、乳酸が高濃度になった前腕筋

背 景

疼痛は次の原因で起こる：

- 前腕を使った長時間の静的作業
- 前腕および手の両方に持続的な筋力が要求される作業

基本的な対処法

軽い作業も含め、前腕を用いたすべての作業を止める。温熱パッドを使って前腕の循環を高める。

具体的な対処法

1日に20回ほど、根気よくストレッチを行う。

専門家の診察を受ける場合

痛みが1週間以上続く場合は、専門家の診察を受ける：

ストレッチを行う筋

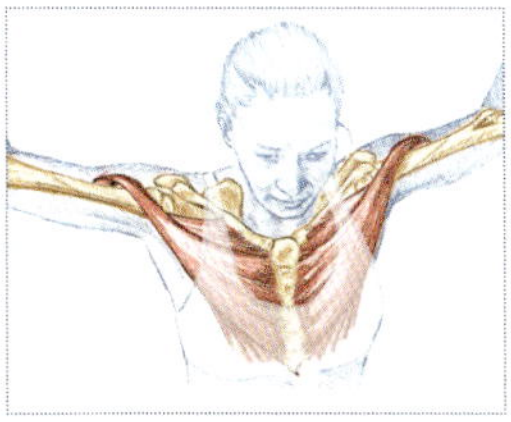

大胸筋(p.40, 42)

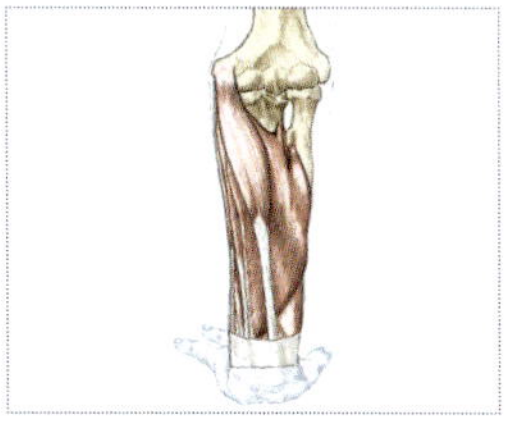

前腕屈筋群(p.112)

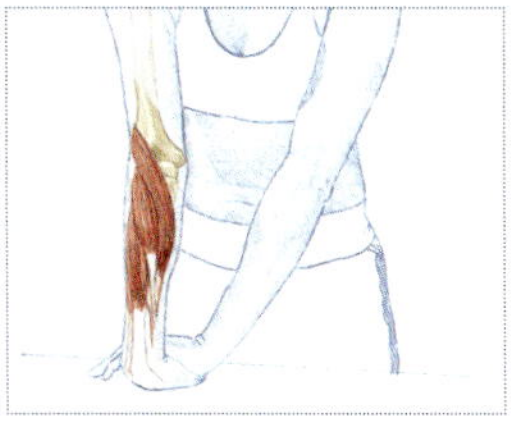

前腕伸筋群(p.114)

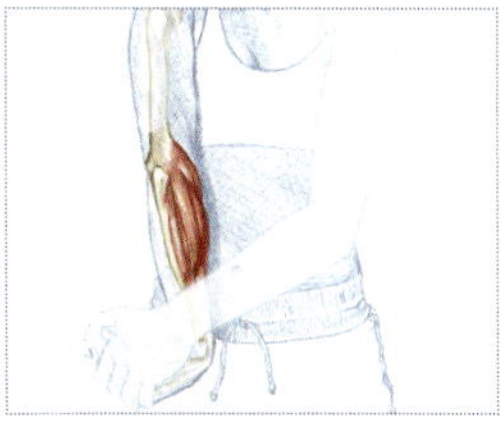

長・短橈側手根伸筋(p.116)

ランナー膝

ランナー膝は、運動をしない人によく起こる、一般的なスポーツ損傷である。

痛みの対象

- 大腿筋膜張筋および中殿筋で起こり、膝関節の外側を走行する、短い腱膜

背 景

疼痛は次の原因で起こる：

- 張りを生じ短縮した臀部と大腿部の筋が腱膜を張り、それにより、膝関節の外側に摩擦が生じる
- 足の角度が悪いままで行う、ランニング、ウォーキングまたはサイクリング

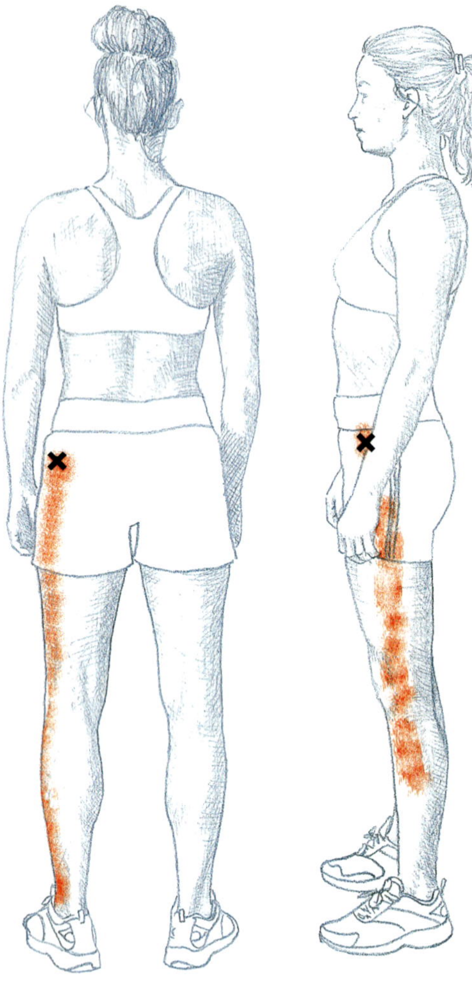

X印はトリガーポイントの位置であり、
色づけされた個所は不快感の拡散を示す。

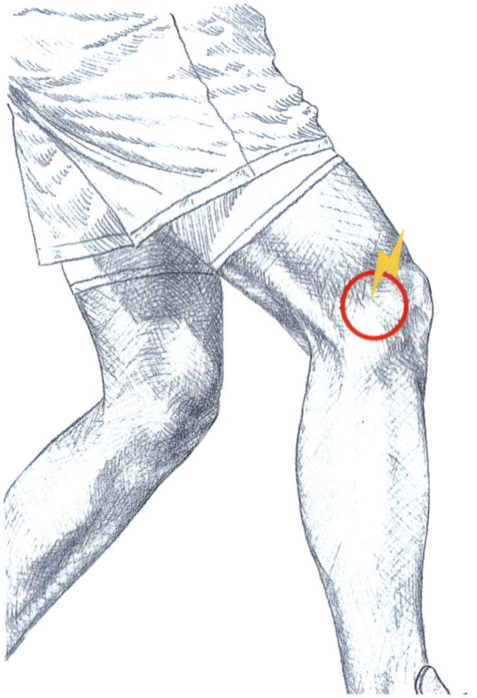

ランナー膝はストレッチングの効果が表れやすい症状である。

基本的な対処法

痛みを覚えたら、ランニング、ウォーキングまたはサイクリングを止める。エクササイズを行ってもよいが、不快感を覚えたらすぐに止めること。

具体的な対処法

次の筋を1日に数回、および、作業の前後にストレッチする。

疼痛が慢性痛に変わる場合は、専門家の診察を受ける。

ストレッチを行う筋

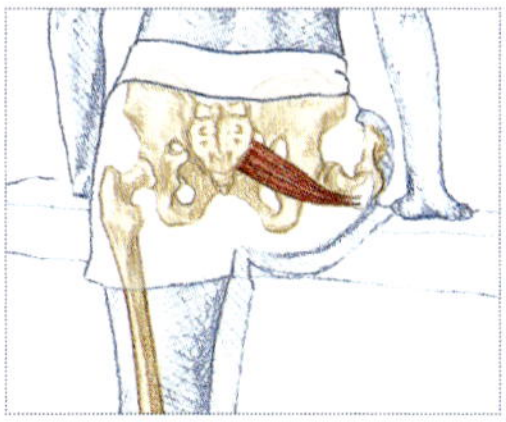

梨状筋(p.72, 75)

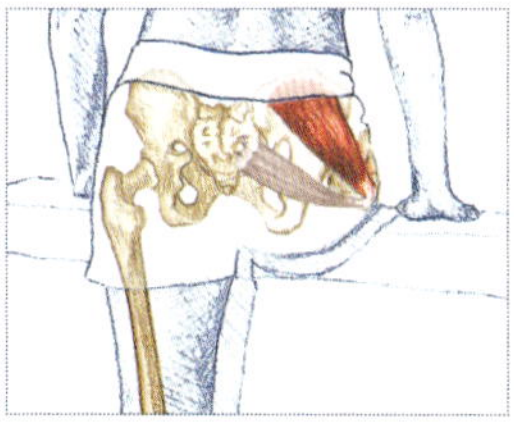

中殿筋および小殿筋(p.70)

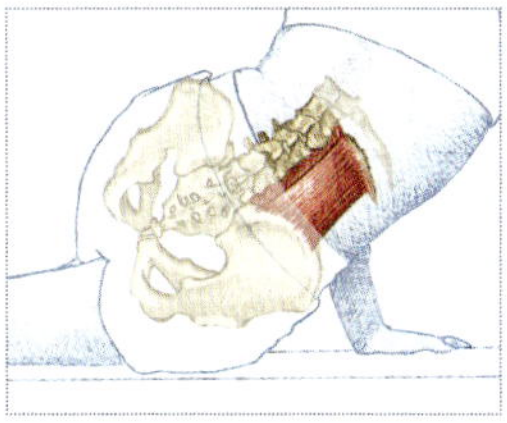

腰方形筋(p.78, 81)

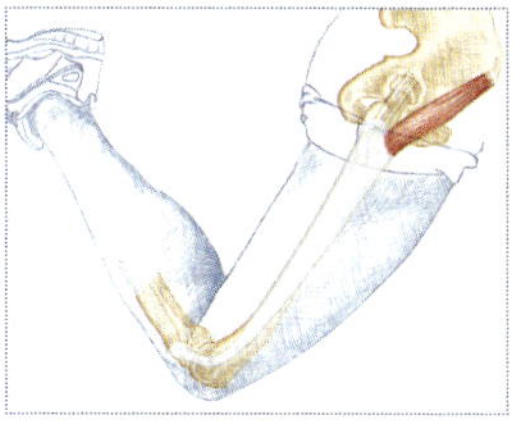

大腿筋膜張筋(p.92)

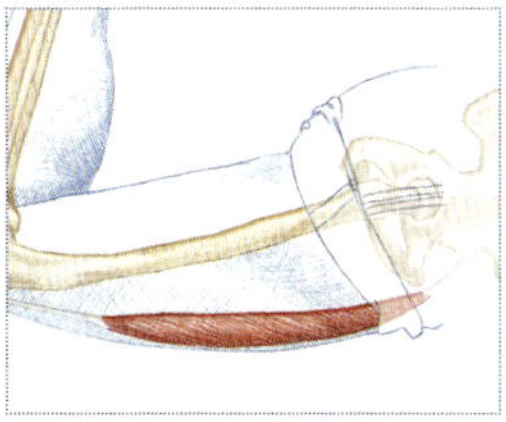

大腿直筋(p.86, 90)

腰 痛

多くの人が腰背部のいくつかの箇所に痛みを覚える。痛みや生活の質の低下という個人だけの問題ではなく、失業、欠勤、障害保険などに関して、社会的に多くのコストがかかる。

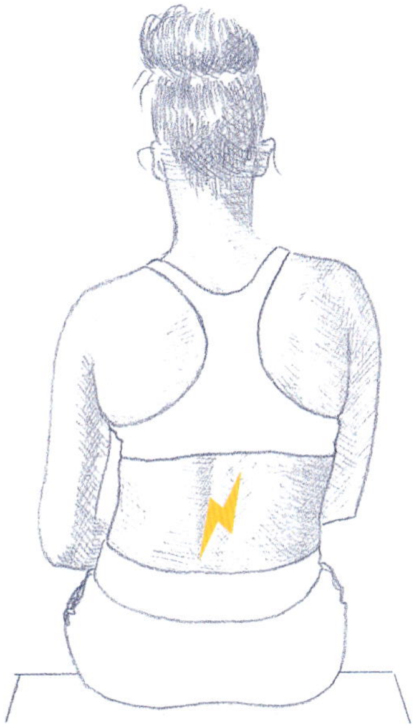

座位は腰痛を引き起こす最も大きな原因である。脚を組んで座ると、背中を痛めるリスクは大きくなる。

痛みの対象

- 椎間板
- 靭帯
- 脊椎関節および股関節の可動性制限
- 過可動状態の脊椎関節および股関節
- 張りを生じ、痙攣する筋

背 景

腰痛には複数の原因が考えられる。主な原因は、頻繁に長時間、長年座っていることにより、椎間板が圧迫され、靭帯が伸びきってしまうことである。座っていることにより、股関節屈筋と臀筋の張りと短縮、腰背部の深部筋の疲労も起こる。

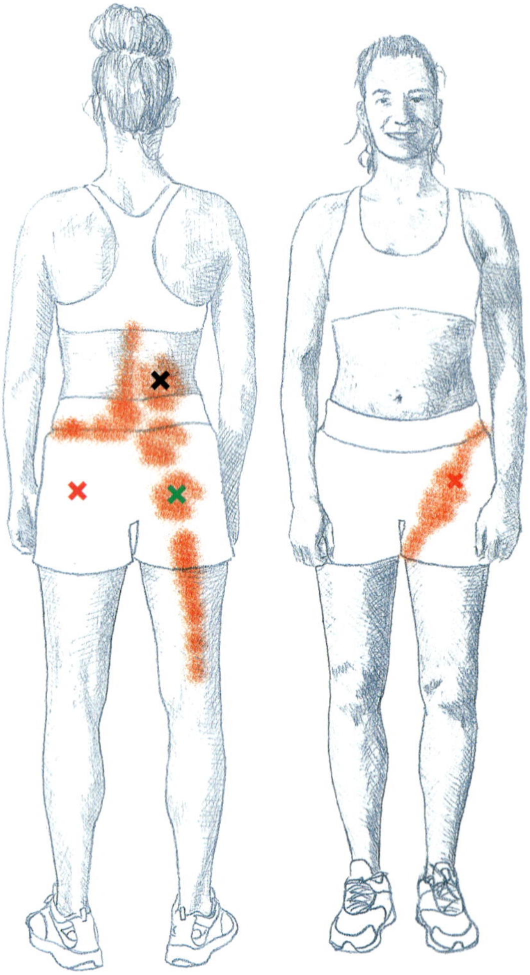

腸腰筋——赤× 腰方形筋——黒× 梨状筋——緑×
X印はトリガーポイントの位置であり、
色づけされた個所は不快感の拡散を示す。

基本的な対処法

筋の活動が減少するため、座らないようにする。1日のうち、短時間でも頻繁に動くようにする。何時間もコンピュータの前に座っていると、背中に深刻な影響が及ぶ。

具体的な対処法

次に挙げる筋を1日に数回エクササイズする。

専門家の診察を受ける場合

次のいずれかの場合は、診察を受ける：

- 眠りが妨げられるほど深刻な鈍痛または疼痛
- 1日中または姿勢を変えても変わらない疼痛
- 脚、下腿部、足に拡散する強い疼痛
- 脚の筋力低下
- 腰を曲げずにつま先や踵で立てない。
- くしゃみや咳をするときの、背部および脚を刺すような痛み

ストレッチを行う筋

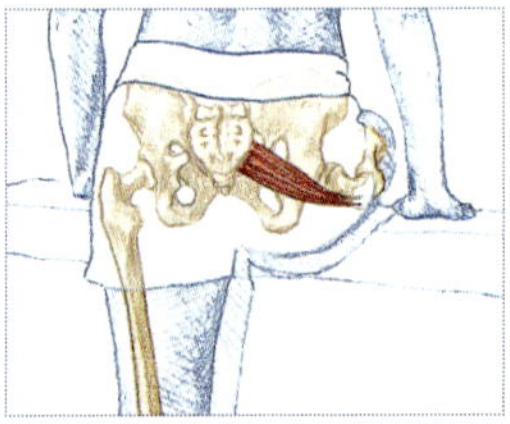

梨状筋(p.72, 75)

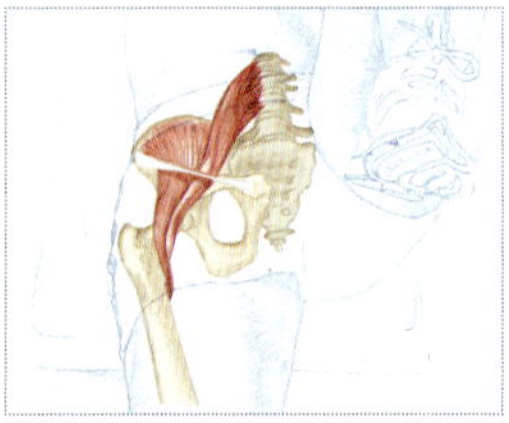

大腰筋および腸骨筋(p.83)

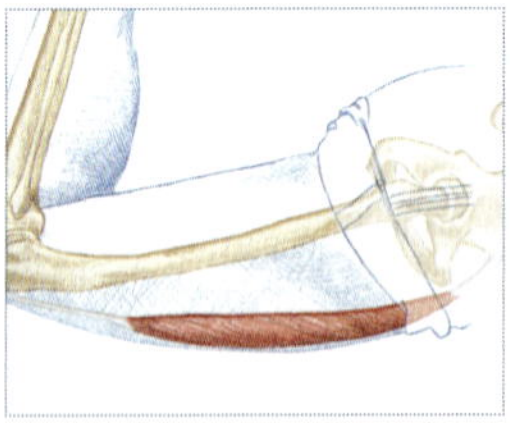

大腿直筋(p.86, 90)

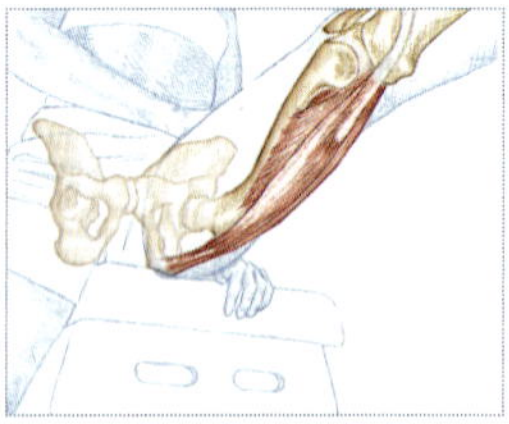

ハムストリングス(p.95)

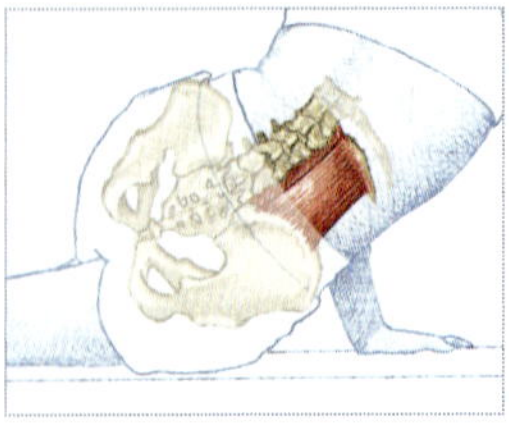

腰方形筋(p.78, 81)

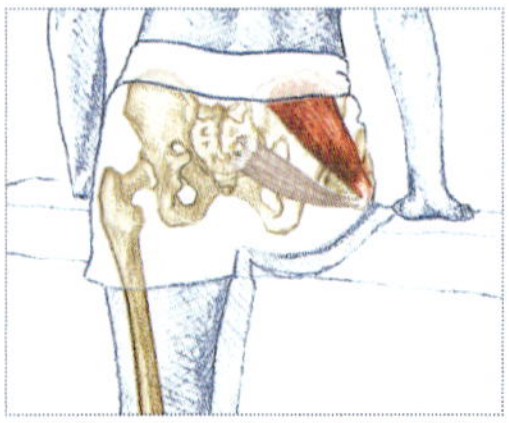

中殿筋および小殿筋(p.70)

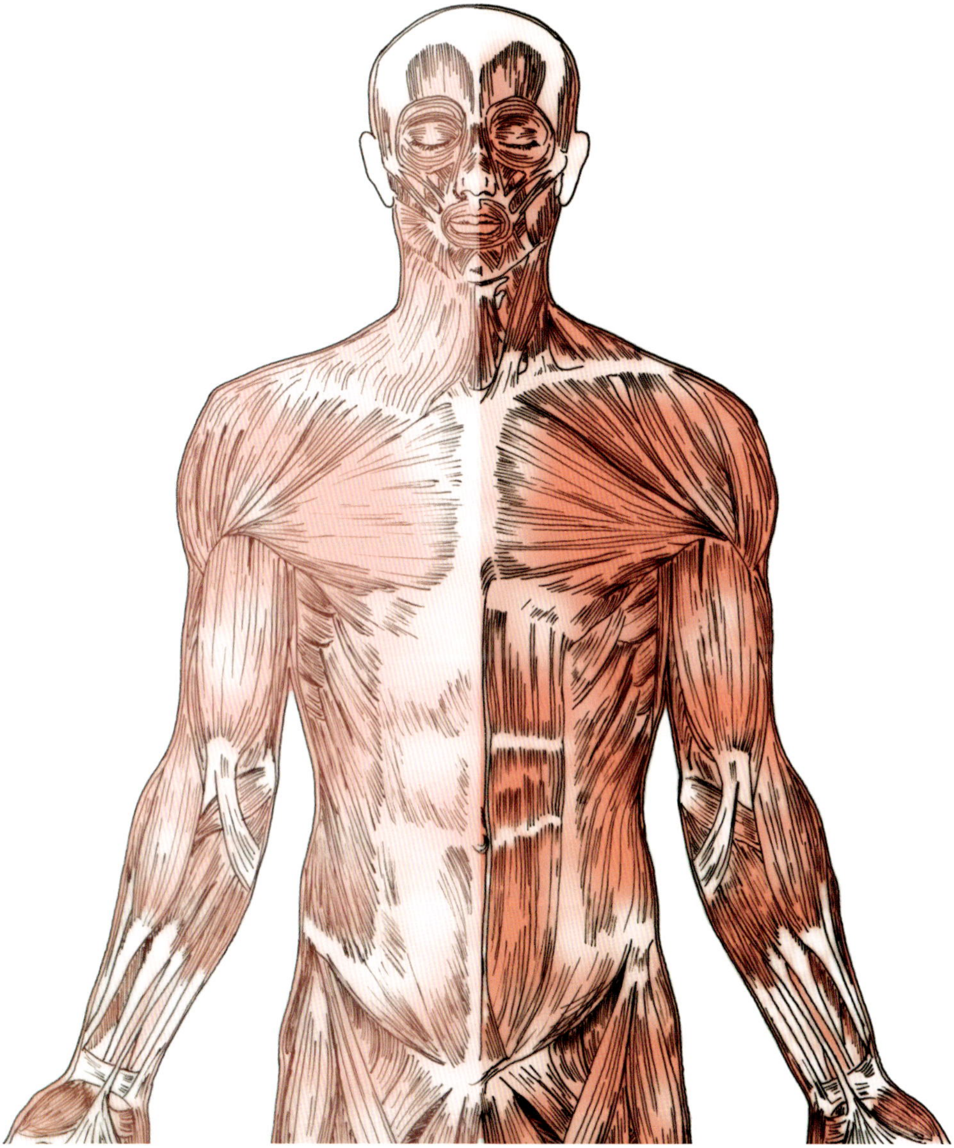

柔軟性および
筋バランスの評価

多くの鈍痛、疼痛および損傷は、左右の筋の柔軟性の不均衡によっておこる。左右の差は小さくても、本格的な問題を引き起こすのには十分である。柔軟性を調べるとき、できるだけストレッチしないようにする。その代わり、筋に抵抗感やちくり感を覚えたときに止める。この感覚が左右同じでなければならない。必ず、左右同じ方法でエクササイズを行うこと。

ストレッチする筋	左側の方が短い	右側の方が短い	等しい
頸部と肩部のテスト			
僧帽筋上部			
肩甲挙筋			
胸鎖乳突筋			
斜角筋			
肩関節のテスト			
棘上筋			
棘下筋			
大円筋			
広背筋			
上背部のテスト			
僧帽筋中部			
菱形筋			
広背筋			
大胸筋			
腰背部のテスト			
大腰筋および腸骨筋			
梨状筋			
中殿筋および小殿筋			
大腿直筋			
ハムストリングス			

参考文献

Amako, M., T. Oda, K. Masuoka, H. Yokoi, and P. Campisi. 2003. Effect of static stretching on prevention of injuries for military recruits. *Military Medicine* 168: 442-446.

Barcsay, Jenö. 1976. *Anatomy for artists.* [Anatomi för konstnärer.] Stockholm: Bonnier.

Bojsen-Möller, Finn. 2000. *The anatomy of the musculoskeletal system.* [Rörelseapparatens anatomi.] Stockholm: Liber.

Feland, J.B., J.W. Myrer, S.S. Schulthies, G.W. Fellingham, and G.W. Measom. 2001. The effect of duration of stretching of the hamstring muscle group for increasing range of motion in people aged 65 years or older. *Physical Therapy* 81: 1110-1117.

Fowles, J.R., D.G. Sale, and J.D. MacDougall. 2000. Reduced strength after passive stretch of the human plantar-flexors. *Journal of Applied Physiology* 89: 1179-1188.

Halbertsma, J.P., Al van Bolhuis, and L.N. Göeken. 1996. Sport stretching: Effect on passive muscle stiffness on short hamstrings. *Archives of Physical Medicine and Rehabilitation* 77: 688-692.

Harvey, L., R. Herbert, and J. Crosbie. 2002. Does stretching induce lasting increases in joint ROM? A systematic review. *Physiotherapy Research International* 7: 1-13.

Handel, M., T. Horstmann, H.H. Dickhuth, and R.W. Gulch. 1997. Effects of contract-relax stretching training on muscle performance in athletes. *European Journal of Applied Physiology and Occupational Physiology* 76: 400-408.

Karlsson, T., and M. Hallonlöf. 2003. *Stretching the hamstrings: The effect on quadriceps femoris regarding strength. [Stretching av hamstrings: Effekt på quadriceps femoris beträffande styrka.]* Stockholm: Karolinska Institute.

Lundeberg, Thomas, and Ralph Nisell. 1993. *Pain and inflammation: Physiology and pain in the moving parts. [Smärta och inflammation: fysiologi och behandling vid smärta i rörelseorganen.]* Stockholm: Syntex Nordica.

Peterson, Florence P., Elizabeth Kendall McCreary, and Patricia Geise Provance. 1993. *Muscles, testing and function: With posture and pain.* Baltimore: Williams & Wilkins.

Petrén, Ture. 1989. *Textbook of anatomy: Musculoskeletal system. [Lärobok i anatomi: Rörelseapparaten.]* Stockholm: Nordic Bookstore.

Pope, R.P., R.D. Herbert, J.D. Kirwan, and B.J. Graham. 2000. A randomized trial of preexercise stretching for prevention of lower limb injury. *Medicine and Science in Sports and Exercise* 32: 271-277.

Putz, R., and R. Pabst, eds. 2001. *Sobotta atlas of human anatomy: Head, neck, upper limb.* Munich: Elsevier, Urban & Fischer.

Putz, R., and R. Pabst, eds. 2001. *Sobotta atlas of human anatomy: Trunk, viscera, lower limb.* Munich: Elsevier, Urban & Fischer.

Richer, Paul. 1971. *Artistic anatomy.* trans. Robert Beverly Hale. New York: Watson-Guptill.

Rohen, Johannes W., Chihiro Yokochi, and Elke Lütjen-Drecoll. 1998. *Color atlas of anatomy: A photographic study of the human body.* Baltimore: Williams & Wilkins.

Szunyoghy, András. 1999. *Anatomical drawing school: Humans, animals, comparative anatomy. [Anatomisk tecknarskola människa, djur, jämförande anatomi.]* London: Könemann.

Travell, Janet G., David G. Simons, and Lois S. Simons. 1999. *Myofascial pain and dysfunction: The trigger point manual.* Baltimore: Williams & Wilkins.

著者・監修者 紹介

〈著 者〉

クリスチャン・バーグ (Kristian Berg)

脊椎と結合組織のマニピュレーションおよびストレッチングに焦点を当てた医療、ナプラパシーのドクター。1988 年から、スウェーデンのストックホルムでクリニックを経営しており、解剖、解剖学および徒手療法の国際訓練コースに毎年参加している。クリニックには 3 万名以上もの患者が訪れ、全身の健康にストレッチングと筋バランスが重要であることを実証している。また、ストックホルムにある「Personal Training School」の学長を務めるほか、「Scandinavian Collage of Naprapathic Manual MedicinePersonal Training」で解剖学の講義も行っている。ストレッチングおよび運動トレーニングに関する講義は、スウェーデンをはじめ、ヨーロッパ各国で高く評価されている。ナプラパシー師になる前は、国内で上位にランキングされる体操選手であり、優れたテニス選手でもあった。最近では、複数競技選手として競技に出場し、南アメリカ最高峰のアコンカグア山に登った。

〈総監修者〉

高田 治実 (たかだ はるみ)

医学博士（昭和大学医学部）。帝京科学大学医療科学部東京理学療法学科教授。専門分野は、補装具学、切断の理学療法学、運動療法学、運動療法の阻害因子に対する即時的治療法の研究。著書に『マイオチューニングアプローチ入門』（協同医書出版社）、監修書に『最新カラーリングブック　筋骨格系の解剖学』『ヘルスケア臨床現場におけるクリニカルマッサージ』『頭痛・頸部痛のためのマッサージセラピストガイド』（いずれもガイアブックス）などがある。

〈監修者〉

前島 洋 (まえじま ひろし)

博士（保健学、広島大学）。帝京科学大学医療科学部東京理学療法学科教授。専門分野は、基礎理学療法学、神経科学。

佐藤 成登志 (さとう なりとし)

博士（工学、新潟大学）。新潟医療福祉大学医療技術学部理学療法学科・大学院医療福祉学研究科准教授。専門分野は腰痛の理学療法、加齢による脊柱アライメントの変化、姿勢分析の研究。共著に『理学療法士のための6ステップ式臨床動作分析マニュアル』（文光堂）、『障害別・ケースで学ぶ理学療法臨床思考』（文光堂）、『臨床理学療法マニュアル 改訂第2版』（南江堂）など。

ガイアブックスは
地球《ガイア》の自然環境を守ると同時に
心と身体の自然を保つべく
“ナチュラルライフ”を提唱していきます。

PRESCRIPTIVE STRETCHING
実践ストレッチ

発　行　2013年3月15日
発行者　平野　陽三
発行所　株式会社**ガイアブックス**
〒169-0074 東京都新宿区北新宿 3-14-8
TEL.03(3366)1411　FAX.03(3366)3503
http://www.gaiajapan.co.jp

ISBN978-4-88282-867-9 C3047

Printed in China

著　者：クリスチャン・バーグ (Kristian Berg)

総監修者：高田 治実 (たかだ はるみ)
監修者：前島　洋 (まえじま ひろし)
　　　　佐藤 成登志 (さとう なりとし)

翻　訳：藤田 真樹子 (ふじた まきこ)
大阪大学人間科学部人間科学科卒業。ソフトウェア関連書籍およびネットワーク管理関係の翻訳をはじめ、経済書の翻訳を手掛ける。